OEUVRES POÉTIQUES

DE

BOILEAU-DESPRÉAUX.

ŒUVRES POÉTIQUES

DE

BOILEAU-DESPRÉAUX,

NOUVELLE EDITION CLASSIQUE,

CORRIGÉE ET ENRICHIE DE NOMBREUSES NOTES LITTÉRAIRES, HISTORIQUES ET GRAMMATICALES,

ET PRÉCÉDÉE

d'une notice sur la vie et les écrits de l'auteur,

PAR M. L'ABBÉ DRIOUX,

PROFESSEUR AU SÉMINAIRE DE LANGRES, AUTEUR DU COURS COMPLET D'HISTOIRE, ETC.

PARIS,

LIBRAIRIE CLASSIQUE D'EUGÈNE BELIN,

RUE CHRISTINE, 5.

1850

Toutes mes éditions sont revêtues de ma griffe.

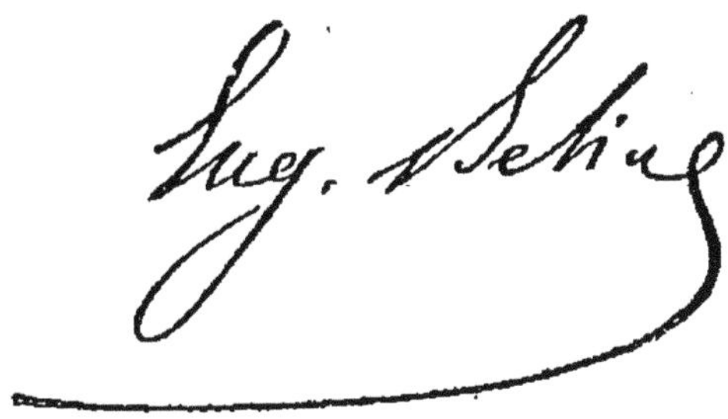

SAINT-CLOUD. — IMPRIMERIE DE BELIN-MANDAR.

AVERTISSEMENT.

Boileau vivait encore que déjà il voyait ses œuvres enrichies de notes et de commentaires. On lui faisait le même honneur qu'aux anciens. Les travaux de Brossette, Du Monteil, Souchay, Saint-Marc, Le Brun, Daunou, Amar, Saint-Surin, Viollet-le-Duc, Berriat-Saint-Prix ont vainement épuisé la matière. Les premiers commentaires ayant été publiés du vivant de l'auteur et Brossette l'ayant consulté sur tous les points douteux, on connait véritablement l'intention particulière de Boileau, on sait positivement le but de toutes ses allusions et rien n'est laissé à l'arbitraire. La moindre des expressions qui lui a été inspirée par les circonstances peut être facilement expliquée puisqu'on a recueilli avec le plus grand soin tout le détail de ces circonstances mêmes.

Dans cette édition, destinée aux jeunes gens qui n'ont pas achevé leurs études, nous aurions eu tort de multiplier les annotations. Quand un volume est trop surchargé sous ce rapport, l'élève se fatigue à suivre toutes ces remarques, et il finit par n'en lire aucune. Nous avons eu soin d'être court et précis dans toutes nos observations, et nous ne nous sommes arrêté qu'aux endroits qui offrent des difficultés historiques ou grammaticales. Toutes les fois que le poëte imite un passage d'Horace, de Perse, de Juvénal ou d'un autre auteur ancien, nous avons eu soin de rapporter les vers qu'il imite pour donner au maître et à l'élève l'occasion de faire un parallèle. Cet exercice n'est pas moins intéressant qu'instructif. Nous avons compris que nous devions également faire connaître les auteurs, aujourd'hui bien inconnus, que Boileau a sévèrement critiqués. A mesure que leurs noms se présentent, nous indiquons dans une note rapide le caractère de leurs ouvrages. Quand il se rencontre quelques expressions dont le sens ou l'orthographe a varié, nous en prévenons pour que l'élève sache ce qu'il doit penser de ces exceptions aux règles actuellement établies.

Toutes ces notes sont placées au bas des pages pour que d'un coup d'œil l'élève voie l'explication du mot embarrassant qu'il trouve dans le texte. Au commencement de chaque pièce nous avons placé deux dates; l'une indique l'année de la publication de la pièce, l'autre l'âge de l'auteur. A la fin nous avons placé un jugement sommaire qui n'est que l'analyse de la pensée des meilleurs critiques, afin que l'élève s'habitue à n'apprécier jamais chaque chose qu'à sa juste valeur.

On pourra remarquer aussi qu'en donnant les *OEuvres poétiques* de Boileau, nous avons tenu beaucoup à être complet. Ce désir ne nous a pas empêché toutefois de faire toutes les suppressions exigées pour une édition classique, de telle sorte que ce volume ne renferme rien qui puisse blesser la délicatesse la plus scrupuleuse.

NOTICE

SUR LA VIE ET LES ÉCRITS DE BOILEAU.

Le 1er novembre 1636 Nicolas Boileau naquit à Crosne près de Paris, dans la maison de campagne de son père. Un petit pré qui se trouvait à l'extrémité du jardin le fit surnommer *Despréaux* pour le distinguer de ses deux autres frères. Il commença ses études au collége d'Harcourt et les acheva au collége de Beauvais. Sa jeunesse fut malheureuse. Il n'avait qu'un an quand il perdit sa mère. Son père confia le soin de son enfance à une domestique impérieuse qui le fit beaucoup souffrir. A onze ans il subit l'opération douloureuse de la pierre, de telle sorte que ses premières années furent traversées par une suite d'incidents fâcheux qui durent lui rendre la vie bien amère. Ces circonstances influèrent sur son caractère et hâtèrent probablement en lui la maturité de la raison en le forçant de bonne heure aux habitudes austères de la réflexion. Son père ne se doutait guère de son avenir ni de ses dispositions quand il disait : *Pour Colin, c'est un bon garçon qui ne dira jamais de mal de personne.*

Sevin, son professeur de troisième, l'avait mieux jugé. Ayant remarqué en lui d'heureuses dispositions pour la poésie, il l'en prévint et l'engagea à les cultiver. Sa famille eût voulu le voir s'appliquer à l'étude du droit pour entrer ensuite dans le barreau. Mais le jeune poëte n'écouta que son inspiration et alla

Loin du Palais errer sur le Parnasse.

Après avoir lu concurremment Homère, Horace, Perse et Juvénal et s'être formé le goût à si bonne école, il se hasarda à lire ses premiers essais à l'hôtel de Rambouillet où le bel esprit du temps tenait ses grandes assises. Ses vers déplurent à Chapelain qui tenait alors le sceptre de la littérature; mais cet échec eut l'avantage de révéler au génie de Boileau toute sa mission. Il comprit qu'avant tout il fallait réformer le goût de son siècle, attaquer une foule de réputations usurpées, et détruire tous ces préjugés qui égaraient la critique et l'empêchaient de discerner le vrai du faux, le bien du mal.

Il se mit donc à écrire des satires dans un genre tout nouveau. Evitant cette affreuse licence où s'étaient jetés Regnier et tous ses devanciers, il ne songea qu'à faire la guerre au mauvais goût. Ses satires ont été accusées d'être trop frivoles dans leur objet. Mais évidemment ceux qui leur ont fait ce reproche ne se sont pas rendu compte de leur influence. Car quelle que soit la frivolité des sujets qui y sont traités, il est certain qu'elles ont eu le glorieux privilége de fixer le goût. Pour s'en convaincre, il faut songer, dit la Harpe, que les pièces de Montfleuri balançaient celles de Molière, que les tragédies de Thomas Corneille avaient des succès aussi grands et plus grands que celles de Racine. Il faut se rappeler ce qu'était Chapelain, regardé comme l'oracle de la littérature, nommé par le roi pour être le distributeur de ses grâces. Cotin régnait à l'hôtel de Rambouillet et avait du crédit à la cour, où il s'en servait contre Molière [1]. Si aujourd'hui nous savons reconnaître clairement la valeur respective de chacun de ces écrivains, c'est précisément à Boileau que nous devons cette lumière. Il a paru au moment où tous ces procès se débattaient devant l'opinion, et il s'est prononcé avec une telle sûreté de tact que la postérité a ratifié tous ses jugements.

C'était déjà beaucoup pour Boileau d'avoir réussi à se faire ainsi reconnaître comme l'arbitre infaillible de toutes les réputations, mais au moment où il acquérait cette gloire, il y joignait encore l'honneur de donner le premier à la France l'exemple d'une versification correcte, élégante et riche. Avant lui plusieurs poëtes avaient enrichi notre littérature de plusieurs compositions excellentes. Corneille avait écrit quelques-unes de ses meilleures pièces, mais son génie élevé avait toujours conservé un caractère d'âpreté et de rudesse qui annonçait que notre langue poétique n'était pas absolument formée. « Boileau, dit encore la Harpe, nous apprit donc le premier à chercher toujours le mot propre, à lui donner sa place dans le vers, à faire valoir les mots par leur arrangement, à élever et à ennoblir les plus petits détails, à se défendre toute construction irrégulière, toute lo-

(1) La Harpe, t. VII, p. 309.

cution basse, toute construction vicieuse, à éviter les tournures louches ou prosaïques ou recherchées, les expressions parasites et les chevilles, à cadencer la période poétique, à la suspendre, à la varier, à tirer parti des césures, à imiter avec les sons et à n'user des figures qu'avec choix et sobriété [1]. »

Ainsi par ses satires Boileau nous donna l'exemple des beaux vers et nous apprit en même temps à juger sainement du mérite des prosateurs et des poëtes. Nous passerons plus rapidement sur ses *Epîtres* et sur son *Art poétique* parce qu'on n'a point été partagé sur la valeur littéraire de ces compositions. Dans ses Épîtres on s'est accordé à reconnaître qu'il avait déployé toute la vigueur et tout l'éclat de son génie. On n'a jamais excepté que celle qu'il a faite sur l'*Amour de Dieu*, et cette exception n'est aujourd'hui contestée par personne. Son *Art poétique*, qui l'emporte sur celui d'Horace par l'heureuse disposition des parties et peut-être aussi par la pureté de la versification, serait absolument à l'abri de tout reproche, s'il eût moins parlé du sonnet et qu'il n'eût pas oublié l'apologue. Il ignorait moins que personne le génie de la Fontaine, comme il l'a bien prouvé par sa dissertation sur *Joconde*, mais peut-être n'osa-t-il pas se prononcer sur le fabuliste. La Fontaine s'était tellement compromis par ses *contes*, que l'esprit austère de Boileau ne voulut pas le placer dans son poëme.

Le *Lutrin* compléta la gloire du législateur du Parnasse en montrant qu'il ne savait pas seulement emprunter aux anciens leur beauté, mais qu'il était encore doué d'un esprit fécond, capable d'enrichir le sujet le plus stérile. Il fit d'une bagatelle un poëme si plaisant et si ingénieux que la palme lui est restée en ce genre, non-seulement parmi les écrivains français, mais encore parmi tous les auteurs anciens et modernes.

Il est inutile que nous parlions ici de ses *Odes* qui sont absolument sans mérite, ni de ses *Poésies diverses* qui ne sont curieuses que par les circonstances qui les ont inspirées. Ce qui peut surprendre c'est que le poëte satirique ait aussi faiblement réussi dans l'épigramme. Généralement elles sont longues, embarrassées, et le trait s'émousse dans le trajet avant d'arriver à la fin.

Tel fut le poëte dans Boileau : ce qui lui fait le plus grand honneur c'est qu'en lui l'homme ne valait pas moins que le

(1) La Harpe, t. VII, p. 282.

poëte. « Le célèbre M. Patru se trouvait, dit de Bèze, à la honte de son siècle, réduit à vendre ses livres, la plus agréable et presque la seule chose qui lui restait. M. Despréaux apprit qu'il était sur le point de les donner pour une somme assez modique, et il alla aussitôt lui offrir près d'un tiers davantage; mais l'argent compté, il mit dans son marché une condition qui étonna M. Patru; ce fut qu'il garderait ses livres comme auparavant et que sa bibliothèque ne serait qu'en survivance à M. Despréaux. »

« Après la mort de Colbert, dit d'Alembert, la pension qu'il avait fait donner à Corneille fut supprimée, quoique ce grand homme fût pauvre, âgé, malade et mourant. Despréaux courut chez le roi pour l'engager à rétablir cette pension. Il offrit le sacrifice de celle dont il jouissait lui-même, disant qu'il ne pouvait sans honte recevoir une pension de Sa Majesté, tandis qu'un homme tel que Corneille en était privé. Le roi envoya deux cents louis à Corneille, et ce fut un parent de Despréaux qui les porta. »

Lié d'une étroite amitié avec tous les grands hommes de son siècle il eut la générosité de les défendre contre toutes les coteries qui cherchaient à leur nuire. Il prit dans ses vers le parti de Molière inquiété pour son *Tartufe*, le chef-d'œuvre de la scène française. Et un jour que Louis XIV lui demandait quel était le plus grand homme de son règne, il n'hésita pas à répondre : *Molière*. Racine était son ami de cœur, et l'illustre auteur d'Athalie dut à cette amitié généreuse l'inimitable perfection de son style. Boileau était pour lui *ce sage ami, toujours rigoureux, inflexible,* dont il a fait dans son *Art poétique* un si brillant tableau (ch. v, v. 99 et suiv.). Il ne lui pardonnait aucun de ses défauts et lui faisait ainsi contracter l'habitude d'une pureté parfaite. Il le soutint contre ses ennemis et le rassura contre l'injustice du public qui n'avait pas d'abord apprécié les beautés de son *Athalie*. Racine était si reconnaissant du zèle de Boileau pour ses intérêts et sa gloire, que sur son lit de mort il lui adressa ces touchantes paroles : « Toute ma consolation est de mourir avant vous. »

Boileau revient si souvent sur l'éloge de Louis XIV qu'on l'a accusé de flatterie. En y regardant de plus près on voit que toutes ces louanges étaient sincères. Le poëte n'a jamais dit que ce qu'il pensait, et à ce titre il ne doit pas être rangé parmi les courtisans. Souvent il n'a pas craint de faire entendre publiquement à Louis XIV des vérités qui pouvaient ne pas lui plaire, comme on le voit par son *Epître sur la paix*. Dans la conversation il donnait aussi libre cours à sa franchise en présence du monarque, seulement il donnait à sa pensée une forme délicate et ingénieuse. Le roi lui montrant un jour quelques vers qu'il avait faits : *Sire,* dit le poëte, *rien n'est impossible à Votre Majesté ; elle a voulu faire de mauvais vers et elle y a réussi.*

Il conservait également toute son indépendance de caractère vis-à-vis ses amis et ses protecteurs les plus puissants. Un jour M. le président Lamoignon vint lui demander son suffrage pour le marquis de Saint-Aulaire qu'il aurait désiré voir académicien. Boileau lui déclara sans détour qu'il ne manquerait pas à la séance, et qu'il donnerait une boule noire au candidat : « Je ne lui conteste pas, disait-il, ses titres de noblesse, mais ses titres au Parnasse. »

Après de longues souffrances, Boileau mourut d'une hydropisie de poitrine le 15 mars 1711. Dans ses derniers instants il disait : *C'est une grande consolation pour un poëte qui va mourir que de n'avoir jamais offensé les mœurs.* Sa dernière action fut une action de bienfaisance. Après avoir fait les legs qu'il croyait nécessaires, il donna ce qui lui restait aux pauvres. Ces traits achèvent heureusement la peinture de son caractère.

OEUVRES

DE

BOILEAU DESPRÉAUX.

DISCOURS AU ROI.

Quoique cette pièce soit placée avant toutes les autres, elle n'a pourtant pas été faite la première. L'auteur la composa au commencement de l'année 1665, ayant déjà fait cinq satires. Louis XIV régnait depuis quatre ans par lui-même; il avait vingt-cinq ans et Boileau vingt-neuf. Ce discours est une imitation de l'épître d'Horace à l'empereur Auguste.

1665. — 29 [1].

Jeune et vaillant héros, dont la haute sagesse
N'est point le fruit tardif d'une lente vieillesse,
Et qui seul, sans ministre, à l'exemple des dieux [2],
Soutiens tout par toi-même, et vois tout par tes yeux,
Grand roi, si jusqu'ici, par un trait de prudence
J'ai demeuré pour toi dans un humble silence,
Ce n'est pas que mon cœur, vainement suspendu
Balance pour t'offrir un encens qui t'est dû :
Mais je sais peu louer; et ma muse tremblante
Fuit d'un si grand fardeau la charge trop pesante;
Et, dans ce haut éclat où tu te viens offrir [3],

(1) La première de ces dates exprime l'époque de la publication de la pièce, la seconde l'âge de l'auteur.

(2) Et qui seul, sans ministre. — Quatre ans auparavant, Mazarin était mort. Après la mort de ce ministre, les courtisans étant venus demander au jeune roi à qui ils s'adresseraient désormais : A moi, leur répondit-il, et il tint parole.

(3) Le début de l'Epître d'Horace à Auguste est plus vif, plus rapide et par là même plus heureux (Liv. II, Ep. I).

Touchant à tes lauriers, craindrait de les flétrir.
Ainsi, sans m'aveugler d'une vaine manie,
Je mesure mon vol à mon faible génie :
Plus sage, en mon respect, que ces hardis mortels
Qui d'un indigne encens profanent les autels ;
Qui, dans ce champ d'honneur, où le gain les amène,
Osent chanter ton nom, sans force et sans haleine ;
Et qui vont tous les jours, d'une importune voix,
T'ennuyer du récit de tes propres exploits.
L'un, en style pompeux habillant une églogue[1],
De ses rares vertus te fait un long prologue,
Et mêle, en se vantant soi-même à tout propos,
Les louanges d'un fat à celles d'un héros.
L'autre, en vain se lassant à polir une rime[2],
Et reprenant vingt fois le rabot et la lime,
Grand et nouvel effort d'un esprit sans pareil !
Dans la fin d'un sonnet te compare au soleil.
Sur le haut Hélicon leur veine méprisée
Fut toujours des neuf sœurs la fable et la risée.
Calliope jamais ne daigna leur parler,
Et Pégase pour eux refuse de voler.
Cependant à les voir, enflés de tant d'audace,
Te promettre en leur nom les faveurs du Parnasse,
On dirait qu'ils ont seuls l'oreille d'Apollon,
Qu'ils disposent de tout dans le sacré vallon :
C'est à leurs doctes mains, si l'on veut les en croire,
Que Phébus a commis tout le soin de ta gloire ;
Et ton nom, du midi jusqu'à l'ourse vanté[3],
Ne devra qu'à leurs vers son immortalité.
Mais plutôt, sans ce nom dont la vive lumière
Donne un lustre éclatant à leur veine grossière,
Ils verraient leurs écrits, honte de l'univers,
Pourrir dans la poussière à la merci des vers.

(1) François Charpentier, mauvais versificateur, qui avait fait une pièce ridicule intitulée : *Louis, églogue royale*. Il avait eu la sottise de mêler son éloge à celui du prince.

(2) Chapelain, un des poëtes que Boileau a le plus maltraités.

(3) *L'ourse*, constellation boréale.

A l'ombre de ton nom[1] ils trouvent leur asile,
Comme on voit dans les champs un arbrisseau débile,
Qui, sans l'heureux appui qui le tient attaché,
Languirait tristement sur la terre couché.
Ce n'est pas que ma plume, injuste et téméraire,
Veuille blâmer en eux le dessein de te plaire;
Et parmi tant d'auteurs, je veux bien l'avouer,
Apollon en connaît qui te peuvent louer :
Oui, je sais qu'entre ceux qui t'adressent leurs veilles,
Parmi les Pelletiers[2] on compte des Corneilles.
Mais je ne puis souffrir qu'un esprit de travers,
Qui, pour rimer des mots, pense faire des vers,
Se donne en te louant un génie inutile;
Pour chanter un Auguste, il faut être un Virgile :
Et j'approuve les soins du monarque guerrier[3]
Qui ne pouvait souffrir qu'un artisan grossier
Entreprît de tracer, d'une main criminelle,
Un portrait réservé pour le pinceau d'Apelle[4].
Moi donc, qui connais peu Phébus et ses douceurs,
Qui suis nouveau sevré sur le mont des neuf sœurs,
Attendant que pour toi l'âge ait mûri ma muse,
Sur de moindres sujets je l'exerce et l'amuse :
Et tandis que ton bras, des peuples redouté,
Va, la foudre à la main, rétablir l'équité,
Et retient les méchants par la peur des supplices,
Moi, la plume à la main, je gourmande les vices;
Et, gardant pour moi-même une juste rigueur,
Je confie au papier les secrets de mon cœur[5].
Ainsi, dès qu'une fois ma verve se réveille,

(1) *A l'ombre de ton nom...* Auparavant il a dit : *Ce nom dont la vive lumière...* Ces images sont disparates.

(2) Pelletier, mauvais versificateur à gages, qui vivait chétivement de ses satires et de ses sonnets. Il mourut en 1680.

(3) Alexandre le Grand.

(4) Plutarque rapporte qu'Alexandre n'avait permis qu'à Lysippe de faire sa statue, et à Apelle son portrait (Vie d'Alexandre). Horace dit la même chose en fort beaux vers (L. II, Ep. I, v. 239 et seq.).

(5) Horace a dit de Lucilius :

Ille velut fidis arcana sodalibus olim
Credebat libris. (L. II, Sat. I, v. 30-33.)

Comme on voit au printemps la diligente abeille
Qui du butin des fleurs va composer son miel,
Des sottises du temps je compose mon fiel :
Je vais de toutes parts où me guide ma veine,
Sans tenir en marchant une route certaine ;
Et, sans gêner ma plume en ce libre métier,
Je la laisse au hasard courir sur le papier.
Le mal est qu'en rimant ma muse un peu légère
Nomme tout par son nom et ne saurait rien taire.
C'est là ce qui fait peur aux esprits de ce temps,
Qui, tout blancs au dehors, sont tout noirs au dedans :
Ils tremblent qu'un censeur que sa verve encourage
Ne vienne en ses écrits démasquer leur visage,
Et, fouillant dans leurs mœurs en toute liberté,
N'aille du fond du puits tirer la vérité [1].
Tous ces gens, éperdus au seul nom de satire,
Font d'abord le procès à quiconque ose rire :
Ce sont eux que l'on voit, d'un discours insensé,
Publier dans Paris que tout est renversé,
Au moindre bruit qui court qu'un auteur les menace
De jouer des bigots la trompeuse grimace ;
Pour eux un tel ouvrage est un monstre odieux :
C'est offenser les lois, c'est s'attaquer aux cieux [2].
Mais, bien que d'un faux zèle ils masquent leur faiblesse,
Chacun voit qu'en effet la vérité les blesse :
En vain d'un lâche orgueil leur esprit revêtu
Se couvre du manteau d'une austère vertu ;
Leur cœur qui se connaît, et qui fuit la lumière,
S'il se moque de Dieu, craint Tartufe et Molière [3].
Mais pourquoi sur ce point sans raison m'écarter ?
Grand roi, c'est mon défaut, je ne saurais flatter ·
Je ne sais point au ciel placer un ridicule,

(1) Démocrite disait que la vérité était dans le fond d'un puits, et que personne ne l'en avait encore pu tirer.

(2) Molière, vers ce temps-là, fit jouer son *Tartufe*.

(3) On peut admirer ici le courage de Boileau qui défend Molière et son chef-d'œuvre, au moment où tout le monde était soulevé contre lui.

D'un nain faire un Atlas, ou d'un lâche un Hercule ;
Et, sans cesse en esclave à la suite des grands,
A des dieux sans vertu prodiguer mon encens.
On ne me verra point d'une veine forcée,
Même pour te louer, déguiser ma pensée ;
Et, quelque grand que soit ton pouvoir souverain,
Si mon cœur en ces vers ne parlait par ma main,
Il n'est espoir de biens, ni raison, ni maxime,
Qui pût en ta faveur m'arracher une rime.
Mais lorsque je te vois, d'une si noble ardeur,
T'appliquer sans relâche aux soins de ta grandeur,
Faire honte à ces rois que le travail étonne,
Et qui sont accablés du faix de la couronne :
Quand je vois ta sagesse, en ses justes projets,
D'une heureuse abondance enrichir tes sujets [1],
Fouler aux pieds l'orgueil et du Tage et du Tibre [2],
Nous faire de la mer une campagne libre [3] ;
Et tes braves guerriers, secondant ton grand cœur,
Rendre à l'aigle éperdu sa première vigueur [4] ;
La France sous tes lois maîtriser la Fortune,
Et nos vaisseaux, domptant l'un et l'autre Neptune,
Nous aller chercher l'or, malgré l'onde et le vent,
Aux lieux où le soleil le forme en se levant [5] ;
Alors, sans consulter si Phébus l'en avoue,
Ma muse toute en feu me prévient et te loue.
Mais bientôt la raison arrivant au secours
Vient d'un si beau projet interrompre le cours,
Et me fait concevoir, quelque ardeur qui m'emporte,

(1) Les années précédentes il y avait eu disette ; le roi fit venir des blés des pays étrangers et soulagea le peuple.

(2) Louis XIV avait obtenu réparation de l'insulte qui lui avait été faite à Londres par l'ambassadeur d'Espagne, et à Rome par les gardes corses.

(3) Allusion à la victoire remportée en 1665 par le duc de Beaufort sur les pirates barbaresques.

(4) Un secours de 6,000 Français commandés par le comte de Coligni, avaient contribué à la défaite des Turcs sur le Raab, par les troupes de l'empereur Léopold Ier.

(5) On avait conçu de grandes espérances de l'établissement de la *Compagnie des Indes orientales et occidentales.*

Que je n'ai ni le ton, ni la voix assez forte.
Aussitôt je m'effraie ; et mon esprit troublé
Laisse là le fardeau dont il est accablé ;
Et, sans passer plus loin, finissant mon ouvrage,
Comme un pilote en mer, qu'épouvante l'orage,
Dès que le bord paraît, sans songer où je suis,
Je me sauve à la nage et j'aborde où je puis.

DISCOURS SUR LA SATIRE[1].

Quand je donnai la première fois mes satires au public, je m'étais bien préparé au tumulte que l'impression de mon livre a excité sur le Parnasse. Je savais que la nation des poëtes, et surtout des mauvais poëtes[2], est une nation farouche qui prend feu aisément, et que ces esprits avides de louanges ne digéreraient pas facilement une raillerie, quelque douce qu'elle pût être. Aussi oserai-je dire, à mon avantage, que j'ai regardé avec des yeux assez stoïques les libelles diffamatoires qu'on a publiés contre moi. Quelques calomnies dont on ait voulu me noircir, quelques faux bruits qu'on ait semés de ma personne[3], j'ai pardonné sans peine ces petites vengeances au déplaisir d'un auteur irrité qui se voyait attaqué par l'endroit le plus sensible d'un poëte, je veux dire par ses ouvrages.

Mais j'avoue que j'ai été un peu surpris du chagrin bizarre de certains lecteurs, qui, au lieu de se divertir d'une querelle du Parnasse dont ils pouvaient être spectateurs indifférents, ont mieux aimé prendre parti et s'affliger avec les ridicules,[4] que de se réjouir avec les honnêtes gens. C'est pour les consoler que j'ai composé ma neuvième satire, où je pense avoir montré assez clairement que, sans blesser l'état ni sa conscience[5], on peut trouver de méchants vers méchants, et s'ennuyer de plein droit à la lecture d'un sot livre. Mais puisque ces messieurs ont parlé de la liberté que je me suis donnée de nommer, comme d'un attentat inouï et sans exemples, et que des exemples ne se peuvent pas mettre en rimes, il est bon d'en dire ici un mot, pour les instruire d'une chose qu'eux seuls veulent ignorer, et leur faire voir qu'en comparaison de tous mes confrères les satiriques, j'ai été un poëte fort retenu.

Et pour commencer par Lucilius, inventeur de la satire,

(1) Ce discours parut pour la première fois en 1668, avec la satire IX.

(2) Ceci regarde particulièrement Cotin, qui avait publié une satire contre l'auteur.

(3) Qu'on ait semés de ma personne... Mauvaise locution.

(4) On disait au XVIIe siècle, les *ridicules*, comme on dit encore aujourd'hui, *les méchants*. V. dans le *Discours au roi*, vers 105.

(5) Expression louche et presque amphibologique.

quelle liberté, ou plutôt quelle licence ne s'est-il point donnée dans ses ouvrages? Ce n'était point seulement des poëtes et des auteurs qu'il attaquait; c'étaient des gens de la première qualité de Rome; c'étaient des personnes consulaires. Cependant Scipion et Lélius ne jugèrent pas ce poëte, tout déterminé rieur qu'il était, indigne de leur amitié : et vraisemblablement, dans les occasions, ils ne lui refusèrent pas leurs conseils sur ses écrits, non plus qu'à Térence. Ils ne s'avisèrent point de prendre le parti de Lupus et de Métellus, qu'il avait joués dans ses satires; et ils ne crurent pas lui donner rien du leur en lui abandonnant tous les ridicules de la république :

> Num Lælius, et qui
> Duxit ab oppressa meritum Carthagine nomen,
> Ingenio offensi, aut læso doluere Metello,
> Famosisque Lupo cooperto versibus?
>
> HORAT., L. II, Sat. I, v. 65.

En effet Lucilius n'épargnait ni petits ni grands; et souvent des nobles et des patriciens il descendait jusqu'à la lie du peuple :

> Primores populi arripuit, populumque tributim. *Ibidem.*

On me dira que Lucilius vivait dans une république[1], où ces sortes de libertés peuvent être permises. Voyons donc Horace, qui vivait sous un empereur, dans les commencements d'une monarchie, où il est bien plus dangereux de rire qu'en un autre temps. Qui ne nomme-t-il point dans ses satires? et Fabius le grand causeur et Tigellius le fantasque, et Nasidiénus le ridicule, et Nomentanus le débauché, et tout ce qui vient au bout de sa plume. On me répondra que ce sont des noms supposés. Oh! la belle réponse! comme si ceux qu'il attaque n'étaient pas des gens connus d'ailleurs : comme si l'on ne savait pas que Fabius était un chevalier romain qui avait composé un livre de droit; que Tigellius fut en son temps un musicien chéri d'Auguste; que Nasidiénus Rufus était un ridicule célèbre dans Rome; que Cassius Nomenta-

(1) Boileau aurait dû plutôt faire observer la différence de caractère qu'il y a entre la société ancienne et la société moderne. Nous ne lui faisons pas un reproche de ses satires. Elles ont contribué à former le goût et à épurer la langue. Mais nous ne trouvons pas ici son argumentation très-pressante. Toutes les autorités qu'il allègue ne sont pas par elles-mêmes concluantes. Si un poëte français s'était jamais permis tout ce qu'ont fait Horace, Juvénal, Perse, et les autres satiriques anciens, Boileau eût été le premier à l'en blâmer.

nus était un des plus fameux débauchés de l'Italie. Certainement il faut que ceux qui parlent de la sorte n'aient pas fort lu les anciens, et ne se soient pas fort instruits des affaires de la cour d'Auguste. Horace ne se contente pas d'appeler les gens par leur nom ; il a si peur qu'on les méconnaisse, qu'il a soin de rapporter jusqu'à leur surnom, jusqu'au métier qu'ils faisaient, jusqu'aux charges qu'ils avaient exercées. Voyez, par exemple, comme il parle d'Aufidius Luscus, préteur de Fondi.

> Fundos, Aufidio Lusco prætore, libenter
> Linquimus, insani ridentes præmia scribæ,
> Prætextam, et latum clavum, etc.
> L. I, Sat. v, v. 36.

« Nous abandonnâmes, dit-il, avec joie le bourg de Fondi, dont était préteur un certain Aufidius Luscus ; mais ce ne fut pas sans avoir bien ri de la folie de ce préteur, auparavant commis, qui faisait le sénateur et l'homme de qualité. »

Peut-on désigner un homme plus précisément ? et les circonstances seules ne suffisaient-elles pas pour le faire connaître ? On me dira peut-être qu'Aufidius était mort alors : mais Horace parle là d'un voyage fait depuis peu. Et puis, comment mes censeurs répondront-ils à cet autre passage ?

> Turgidus Alpinus jugulat dum Memnona, dumque
> Diffingit Rheni luteum caput, hæc ego ludo.
> L. I, Sat. x, v. 39.

« Pendant, dit Horace, que ce poëte enflé d'Alpinus égorge Memnon dans son poëme, et s'embourbe dans la description du Rhin, je me joue en ces satires. »

Alpinus vivait donc du temps qu'Horace se jouait en ces satires : et si Alpinus en cet endroit est un nom supposé, l'auteur du poëme de Memnon pouvait-il s'y méconnaître ? Horace, dit-on, vivait sous le règne du plus poli de tous les empereurs ; mais vivons-nous sous un règne moins poli ? et veut-on qu'un prince qui a tant de qualités communes avec Auguste soit moins dégoûté que lui des méchants livres, et plus rigoureux envers ceux qui les blâment ?

Examinons pourtant Perse, qui écrivait sous le règne de Néron. Il ne raille pas simplement les ouvrages des poëtes de son temps : il attaque les vers de Néron même. Car enfin tout le monde sait, et toute la cour de Néron le savait, que ces quatre vers, *Torva Mimalloneis*, etc., dont Perse fait une raillerie si amère dans sa première satire, étaient des vers de

Néron. Cependant on ne remarque point que Néron, tout Néron qu'il était, ait fait punir Perse ; et ce tyran, ennemi de la raison, et amoureux, comme on sait, de ses ouvrages, fut assez galant homme pour entendre raillerie sur ses vers, et ne crut pas que l'empereur, en cette occasion, dût prendre les intérêts du poëte.

Pour Juvénal, qui florissait sous Trajan, il est un peu plus respectueux envers les grands seigneurs de son siècle. Il se contente de répandre l'amertume de ses satires sur ceux du règne précédent : mais, à l'égard des auteurs, il ne les va point chercher hors de son siècle. A peine est-il entré en matière, que le voilà en mauvaise humeur contre tous les écrivains de son temps. Demandez à Juvénal ce qui l'oblige de prendre la plume. C'est qu'il est las d'entendre et la *Théséide* de Codrus, et l'*Oreste* de celui-ci, et le *Télèphe* de cet autre, et tous les poëtes enfin, comme il dit ailleurs, qui récitaient leurs vers au mois d'août, *et augusto recitantes mense poetas.* Tant il est vrai que le droit de blâmer les auteurs est un droit ancien, passé en coutume parmi tous les satiriques, et souffert dans tous les siècles.

Que s'il faut venir des anciens aux modernes, Regnier, qui est presque notre seul poëte satirique, a été véritablement un peu plus discret que les autres. Cela n'empêche pas néanmoins qu'il ne parle hardiment de Gallet, ce célèbre joueur, *qui assignait ses créanciers sur sept et quatorze ;* et du sieur de Provins, *qui avait changé son balandran*[1] *en manteau court ;* et du Cousin, *qui abandonnait sa maison de peur de la réparer ;* et de Pierre du Puis, et de plusieurs autres.

Que répondront à cela mes censeurs ? Pour peu qu'on les presse, ils chasseront de la république des lettres tous les poëtes satiriques, comme autant de perturbateurs du repos public. Mais que diront-ils de Virgile, le sage, le discret Virgile, qui, dans une églogue[2], où il n'est pas question de satire, tourne d'un seul vers deux poëtes de son temps en ridicule ?

Qui Bavium non odit, amet tua carmina, Mævi.

dit un berger satirique dans cette églogue. Et qu'on ne me dise point que Bavius et Mævius en cet endroit sont des noms supposés, puisque ce serait donner un trop cruel démenti

(1) Casaque de campagne.
(2) Eglogue III, v. 90.

au docte Servius, qui assure positivement le contraire. En un mot, qu'ordonneront mes censeurs de Catulle, de Martial, et de tous les poëtes de l'antiquité, qui n'en ont pas usé avec plus de discrétion que Virgile? Que penseront-ils de Voiture, qui n'a point fait conscience de rire aux dépens du célèbre Neuf-Germain, quoique également recommandable par l'antiquité de sa barbe et par la nouveauté de sa poésie? Le banniront-ils du Parnasse, lui et tous les poëtes de l'antiquité, pour établir la sûreté des sots et des ridicules? Si cela est, je me consolerai aisément de mon exil : il y aura du plaisir à être relégué en si bonne compagnie. Raillerie à part, ces messieurs veulent-ils être plus sages que Scipion et Lélius plus délicats qu'Auguste, plus cruels que Néron? Mais eux, qui sont si rigoureux envers les critiques, d'où vient cette clémence qu'ils affectent pour les méchants auteurs? Je vois bien ce qui les afflige; ils ne veulent pas être détrompés. Il leur fâche [1] d'avoir admiré sérieusement des ouvrages que mes satires exposent à la risée de tout le monde, et de se voir condamnés à oublier dans leur vieillesse ces mêmes vers qu'ils ont autrefois appris par cœur comme des chefs-d'œuvre de l'art. Je les plains sans doute : mais quel remède? Faudra-t-il, pour s'accommoder à leur goût particulier, renoncer au sens commun? Faudra-t-il applaudir indifféremment à toutes les impertinences qu'un ridicule aura répandues sur le papier? Et au lieu qu'en certain pays [2] on condamnait les méchants poëtes à effacer leurs écrits avec la langue, les livres deviendront-ils désormais un asile inviolable, où toutes les sottises auront droit de bourgeoisie, où l'on n'osera toucher sans profanation?

J'aurais bien d'autres choses à dire sur ce sujet; mais comme j'ai déjà traité de cette matière dans ma neuvième satire, il est bon d'y renvoyer le lecteur.

(1) Il leur fâche... Ce verbe ne pourrait plus s'employer ainsi dans un sens impersonnel.

(2) Dans le temple qui est aujourd'hui l'abbaye d'Ainay, à Lyon. Caligula avait été l'auteur de cette institution ridicule.

SATIRES.

SATIRE PREMIÈRE.

(LE DÉPART DU POÈTE.)

1660. — 24.

Cette satire est une imitation de la troisième satire de Juvénal, dans laquelle est aussi décrite la retraite d'un philosophe qui abandonne le séjour de Rome, à cause des vices affreux qui y régnaient. Juvénal y décrit encore les embarras de la même ville; et à son exemple, Boileau, dans cette première satire, avait fait la description des embarras de Paris; mais il s'aperçut que cette description était comme hors d'œuvre; qu'elle faisait un double sujet. C'est ce qui l'obligea de l'en détacher, et il en fit une satire particulière, qui est la sixième.

Damon[1], ce grand auteur dont la muse fertile
Amusa si longtemps et la cour et la ville;
Mais qui, n'étant vêtu que de simple bureau[2],
Passe l'été sans linge, et l'hiver sans manteau;
Et de qui le corps sec et la mine affamée
N'en sont pas mieux refaits pour tant de renommée;
Las de perdre en rimant et sa peine et son bien,
D'emprunter en tous lieux, et de ne gagner rien,
Sans habits, sans argent, ne sachant plus que faire,
Vient de s'enfuir, chargé de sa seule misère[3];
Et, bien loin des sergents, des clercs, et du Palais,
Va chercher un repos qu'il ne trouva jamais;

(1) J'ai eu en vue Cassandre, celui qui a traduit la *Rhétorique* d'Aristote (BOILEAU).

(2) *Bureau :* étoffe plus grossière encore que la bure.

(3) Le poëte Cassandre avait le malheur d'être en effet tel que le dépeint Boileau. Il mourut dans l'indigence, accusant de sa misère Dieu et les hommes.

Sans attendre qu'ici la justice ennemie
L'enferme en un cachot le reste de sa vie,
Ou que d'un bonnet vert le salutaire affront[1]
Flétrisse les lauriers qui lui couvrent le front.
Mais le jour qu'il partit, plus défait et plus blême
Que n'est un pénitent sur la fin du carême,
La colère dans l'âme et le feu dans les yeux,
Il distilla sa rage en ces tristes adieux :
Puisqu'en ce lieu, jadis aux muses si commode,
Le mérite et l'esprit ne sont plus à la mode;
Qu'un poëte, dit-il, s'y voit maudit de Dieu,
Et qu'ici la vertu n'a plus ni feu ni lieu[2] ;
Allons du moins chercher quelque antre ou quelque roche
D'où jamais ni l'huissier ni le sergent n'approche;
Et, sans lasser le ciel par des vœux impuissants,
Mettons-nous à l'abri des injures du temps,
Tandis que, libre encor malgré les destinées,
Mon corps n'est point courbé sous le faix des années,
Qu'on ne voit point mes pas sous l'âge chanceler,
Et qu'il reste à la Parque encor de quoi filer[3] :
C'est là dans mon malheur le seul conseil à suivre.
Que George vive ici, puisque George y sait vivre,
Qu'un million comptant, par ses fourbes acquis,
De clerc, jadis laquais, a fait comte et marquis[4] ;
Que Jaquin[5] vive ici, dont l'adresse funeste

(1) Du temps que cette satire fut faite, un débiteur insolvable pouvait sortir de prison en faisant cession, c'est-à-dire en souffrant qu'on lui mît en pleine rue un bonnet vert sur la tête.

(2) Juvénal a dit :

...... Quando artibus, inquit, honestis
Nullus in urbe locus, nulla emolumenta laborum.
(Juv., III, v. 21-22.)

(3) Horace avait dit :

Dum res, et ætas, et sororum
Fila trium patiuntur atra (Liv. II, Ode III).

(4) Ce Georges avait acheté le marquisat d'Entragues et en avait pris le nom.

(5) Personnage supposé, comme l'Arturius et le Catulus de Juvénal :

.... Vivant Arturius istic
Et Catulus, manent qui nigra in candida vertant.
(Juv., III, v. 29 et 30.)

A plus causé de maux que la guerre et la peste;
Qui de ses revenus écrits par alphabet
Peut fournir aisément un Calepin[1] complet;
Qu'il règne dans ces lieux; il a droit de s'y plaire.
Mais moi, vivre à Paris! Eh! qu'y voudrais-je faire[2]?
Je ne sais ni tromper, ni feindre, ni mentir;
Et, quand je le pourrais, je n'y puis consentir.
Je ne sais point en lâche essuyer les outrages
D'un faquin orgueilleux qui vous tient à ses gages,
De mes sonnets flatteurs lasser tout l'univers,
Et vendre au plus offrant mon encens et mes vers:
Pour un si bas emploi ma muse est trop altière.
Je suis rustique et fier, et j'ai l'âme grossière:
Je ne puis rien nommer, si ce n'est par son nom;
J'appelle un chat un chat, et Rolet[3] un fripon.
Mais pourquoi, dira-t-on, cette vertu sauvage
Qui court à l'hôpital, et n'est plus en usage?
La richesse permet une juste fierté;
Mais il faut être souple avec la pauvreté.
C'est par là qu'un auteur que presse l'indigence
Peut des astres malins corriger l'influence,
Et que le sort burlesque, en ce siècle de fer,
D'un pédant, quand il veut, sait faire un duc et pair[4].
Ainsi de la vertu la fortune se joue:
Tel aujourd'hui triomphe au plus haut de sa roue,
Qu'on verrait, de couleurs bizarrement orné,
Conduire le carrosse où l'on le voit traîné[5],

(1) Dictionnaire polyglotte, dont Ambroise Calepino eut le premier l'idée.

(2) Quid Romæ faciam? mentiri nescio......
Nec volo, nec possum. (Juv., v. 41-44.)

(3) Procureur très-décrié, qui a été dans la suite condamné à faire amende honorable, et banni à perpétuité.

(4) Ce vers s'applique à Louis Barbier, abbé de la Rivière, qui avait été régent au collége du Plessis, puis aumônier de l'évêque de Cahors et enfin évêque de Langres. Ce dernier titre lui avait valu ceux de duc et pair de France.

(5) Quum sint
Quales ex humili magna ad fastigia rerum
Extollit, quoties voluit fortuna jocari (Juv., III, 38-40).

Si dans les droits du roi sa funeste science
Par deux ou trois avis n'eût ravagé la France.
Je sais qu'un juste effroi l'éloignant de ces lieux
L'a fait pour quelques mois disparaître à nos yeux :
Mais en vain pour un temps une taxe l'exile;
On le verra bientôt, pompeux en cette ville,
Marcher encor chargé des dépouilles d'autrui,
Et jouir du ciel même irrité contre lui ;
Tandis que Colletet[1], crotté jusqu'à l'échine,
S'en va chercher son pain de cuisine en cuisine,
Savant en ce métier, si cher aux beaux esprits,
Dont Montmaur[2] autrefois fit leçon dans Paris.
Il est vrai que du roi la bonté secourable
Jette enfin sur la muse un regard favorable;
Et, réparant du sort l'aveuglement fatal,
Va tirer désormais Phébus de l'hôpital[3].
On doit tout espérer d'un monarque si juste :
Mais, sans un Mécénas[4], à quoi sert un Auguste?
Et fait comme je suis, au siècle d'aujourd'hui,
Qui voudra s'abaisser à me servir d'appui?
Et puis, comment percer cette foule effroyable
De rimeurs affamés dont le nombre l'accable;
Qui, dès que sa main s'ouvre, y courent les premiers,
Et ravissent un bien qu'on devait aux derniers;
Comme on voit les frelons, troupe lâche et stérile,
Aller piller le miel que l'abeille distille?
Cessons donc d'aspirer à ce prix tant vanté
Que donne la faveur à l'importunité.
Saint-Amand[5] n'eut du ciel que sa veine en partage :
L'habit qu'il eut sur lui fut son seul héritage;
Un lit et deux placets composaient tout son bien;

(1) Poëte fort gueux, dont on a encore plusieurs ouvrages.

(2) Célèbre parasite, dont Ménage a écrit la vie.

(3) Le roi en ce temps-là, à la sollicitation de Colbert, donna plusieurs pensions aux gens de lettres.

(4) Chapelain remplissait les fonctions de Mécène. Il avait dressé la liste de tous les écrivains qui méritaient les bienfaits du monarque.

(5) On a plusieurs ouvrages de lui où il y a beaucoup de génie. Il ne savait pas le latin, et était fort pauvre.

Ou, pour en mieux parler, Saint-Amand n'avait rien.
Mais quoi ! las de traîner une vie importune,
Il engagea ce rien pour chercher la fortune,
Et, tout chargé des vers qu'il devait mettre au jour,
Conduit d'un vain espoir, il parut à la cour[1].
Qu'arriva-t-il enfin de sa muse abusée?
Il en revint couvert de honte et de risée;
Et la fièvre, au retour terminant son destin,
Fit par avance en lui ce qu'aurait fait la faim.
Un poëte à la cour fut jadis à la mode;
Mais des fous aujourd'hui c'est le plus incommode;
Et l'esprit le plus beau, l'auteur le plus poli,
N'y parviendra jamais au sort de l'Angéli[2].
Faut-il donc désormais jouer un nouveau rôle?
Dois-je, las d'Apollon, recourir à Barthole?
Et feuilletant Louet allongé par Brodeau[3],
D'une robe à longs plis balayer le barreau?
Mais à ce seul penser je sens que je m'égare.
Moi ! que j'aille crier dans ce pays barbare,
Où l'on voit tous les jours l'innocence aux abois
Errer dans les détours d'un dédale de lois,
Et, dans l'amas confus des chicanes énormes,
Ce qui fut blanc au fond rendu noir par les formes;
Où Patru gagne moins qu'Huot et Le Mazier,
Et dont les Cicérons se font chez Pé-Fournier[4] !
Avant qu'un tel dessein m'entre dans la pensée,
On pourra voir la Seine à la Saint-Jean glacée;
Arnauld à Charenton devenir huguenot,
Saint-Sorlin janséniste, et Saint-Pavin bigot[5].

(1) Le poëme qu'il y porta était intitulé le *Poëme de la Lune;* et il y louait le roi, surtout de savoir bien nager. Son poëme fut mal accueilli et il en mourut de chagrin.

(2) Célèbre fou que M. le Prince avait amené avec lui des Pays-Bas, et qu'il donna au roi. Il devint le *premier fou* de Louis XIII et fit une grande fortune.

(3) Brodeau a commenté Louet.

(4) Célèbre procureur. Il s'appelait Pierre Fournier; mais les gens de palais, pour abréger, l'appelaient Pé-Fournier.

(5) Arnauld est célèbre par ses controverses contre les calvinistes et

Quittons donc pour jamais une ville importune,
Où l'honneur a toujours guerre avec la fortune;
Où le vice orgueilleux s'érige en souverain,
Et va la mitre en tête et la crosse à la main [1];
Où la science, triste, affreuse, délaissée,
Est partout des bons lieux comme infâme chassée [2];
Où le seul art en vogue est l'art de bien voler;
Où tout me choque; enfin, où... Je n'ose parler.
Et quel homme si froid ne serait plein de bile
A l'aspect odieux des mœurs de cette ville?
Qui pourrait les souffrir? et qui, pour les blâmer,
Malgré Muse et Phébus n'apprendrait à rimer?
Non, non, sur ce sujet pour écrire avec grâce
Il ne faut point monter au sommet du Parnasse;
Et, sans aller rêver dans le double vallon,
La colère suffit, et vaut un Apollon[3].
Tout beau, dira quelqu'un, vous entrez en furie.
A quoi bon ces grands mots? doucement, je vous prie;
Ou bien montez en chaire; et là, comme un docteur,
Allez de vos sermons endormir l'auditeur:
C'est là que bien ou mal on a droit de tout dire.
Ainsi parle un esprit qu'irrite la satire,
Qui contre ses défauts croit être en sûreté
En raillant d'un censeur la triste austérité;
Qui fait l'homme intrépide, et, tremblant de faiblesse,
Attend pour croire en Dieu que la fièvre le presse;
Et, toujours dans l'orage au ciel levant les mains,
Dès que l'air est calmé, rit des faibles humains.
Car, de penser alors qu'un Dieu tourne le monde,
Et règle les ressorts de la machine ronde[4],
Ou qu'il est une vie au delà du trépas,

les réformés. Desmarets de Saint-Sorlin écrivit contre les religieux de Port-Royal, et Saint-Pavin faisait profession d'impiété.

(1) Ces abus n'étaient que trop fréquents.

(2) Ce vers est lourd et embarrassé.

(3) J'aime mieux le vers de Juvénal :

Si natura negat, facit indignatio versum. (Sat. I, v. 79.)

(4) Lebrun critique avec raison ces deux vers.

C'est là, tout haut du moins, ce qu'il n'avouera pas.
Pour moi, qu'en santé même un autre monde étonne,
Qui crois l'âme immortelle, et que c'est Dieu qui tonne,
Il vaut mieux pour jamais me bannir de ce lieu.
Je me retire donc. Adieu, Paris, adieu.

SATIRE II.

A M. DE MOLIÈRE.

(LA RIME ET LA RAISON.)

1664. — 28.

Le sujet de cette satire est *la difficulté de trouver la rime, et de la faire accorder avec la raison.* Mais l'auteur s'est appliqué à les concilier toutes deux en n'employant dans cette pièce que des rimes extrêmement exactes.

Cette satire n'a été composée qu'après la septième ; ainsi elle est la quatrième dans l'ordre du temps. Elle fut faite en 1664.

Rare et fameux esprit, dont la fertile veine
Ignore en écrivant le travail et la peine ;
Pour qui tient Apollon tous ses trésors ouverts,
Et qui sais à quel coin se marquent les bons vers ;
Dans les combats d'esprit, savant maître d'escrime,
Enseigne-moi, Molière, où tu trouves la rime [1].
On dirait, quand tu veux, qu'elle te vient chercher :
Jamais au bout du vers on ne te voit broncher ;
Et, sans qu'un long détour t'arrête ou t'embarrasse,

(1) La *rime* ne coûtait aucun effort à Molière. Quoique Boileau ait dit plus tard :

> Quand à la bien chercher d'abord on s'évertue,
> L'esprit à la trouver aisément s'habitue.

il paraît qu'il eut beaucoup de peine à contracter cette habitude. C'est pour ce motif qu'il demandait à Molière son secret.

A peine as-tu parlé, qu'elle-même s'y place [1].
Mais moi, qu'un vain caprice, une bizarre humeur,
Pour mes péchés, je crois, fit devenir rimeur,
Dans ce rude métier où mon esprit se tue,
En vain, pour la trouver, je travaille et je sue.
Souvent j'ai beau rêver du matin jusqu'au soir ;
Quand je veux dire blanc, la quinteuse dit noir ;
Si je veux d'un galant dépeindre la figure,
Ma plume pour rimer trouve l'abbé de Pure [2].
Si je pense exprimer un auteur sans défaut,
La raison dit Virgile, et la rime Quinault [3] :
Enfin, quoi que je fasse ou que je veuille faire,
La bizarre toujours vient m'offrir le contraire.
De rage quelquefois, ne pouvant la trouver,
Triste, las, et confus, je cesse d'y rêver ;
Et, maudissant vingt fois le démon qui m'inspire,
Je fais mille serments de ne jamais écrire.
Mais, quand j'ai bien maudit et Muses et Phébus,
Je la vois qui paraît quand je n'y pense plus ;
Aussitôt, malgré moi, tout mon feu se rallume,
Je reprends sur-le-champ le papier et la plume,
Et, de mes vains serments perdant le souvenir,
J'attends de vers en vers qu'elle daigne venir.
Encor si pour rimer, dans sa verve indiscrète,
Ma muse au moins souffrait une froide épithète,
Je ferais comme un autre [4] ; et, sans chercher si loin,
J'aurais toujours des mots pour les coudre au besoin :
Si je louais Philis *en miracles féconde :*
Je trouverais bientôt, *à nulle autre seconde ;*
Si je voulais vanter un objet *nonpareil,*

(1) Cette facilité est en effet surprenante dans les comédies de Molière.

(2) L'abbé de Pure, après avoir fort mal traduit Quintilien, eut le tort de prendre contre Molière la défense des *Précieuses ridicules,* et de publier un livre sur ce sujet.

(3) Quinault s'est distingué par ses *opéras.* C'est un des auteurs trop dépréciés par Boileau.

(4) Ménage, né en 1613 à Angers. Mauvais poëte, qui rimait en dépit de Minerve.

Je mettrais à l'instant, *plus beau que le soleil ;*
Enfin, parlant toujours d'*astres* et de *merveilles*,
De *chefs-d'œuvre des cieux*, de *beautés sans pareilles*,
Avec tous ces beaux mots, souvent mis au hasard,
Je pourrais aisément, sans génie et sans art,
Et transposant cent fois et le nom et le verbe,
Dans mes vers recousus mettre en pièces Malherbe.
Mais mon esprit, tremblant sur le choix de ses mots,
N'en dira jamais un, s'il ne tombe à propos,
Et ne saurait souffrir qu'une phrase insipide
Vienne à la fin d'un vers remplir la place vide :
Ainsi, recommençant un ouvrage vingt fois,
Si j'écris quatre mots j'en effacerai trois.
  Maudit soit le premier dont la verve insensée
Dans les bornes d'un vers renferma sa pensée,
Et, donnant à ses mots une étroite prison,
Voulut avec la rime enchaîner la raison !
Sans ce métier fatal au repos de ma vie,
Mes jours pleins de loisir couleraient sans envie :
Je n'aurais qu'à chanter, rire, boire d'autant [1],
Et, comme un gras chanoine, à mon aise et content,
Passer tranquillement, sans souci, sans affaire,
La nuit à bien dormir, et le jour à rien faire [2].
Mon cœur, exempt de soins, libre de passion,
Sait donner une borne à son ambition ;
Et, fuyant des grandeurs la présence importune,
Je ne vais point au Louvre adorer la fortune :
Et je serais heureux, si, pour me consumer,
Un destin envieux ne m'avait fait rimer.
  Mais depuis le moment que cette frénésie
De ses noires vapeurs troubla ma fantaisie,
Et qu'un démon jaloux de mon contentement
M'inspira le dessein d'écrire poliment,
Tous les jours, malgré moi, cloué sur un ouvrage,
Retouchant un endroit, effaçant une page,
Enfin passant ma vie en ce triste métier,

(1) *Autant qu'on veut.* Expression consacrée.
(2) Aujourd'hui il faudrait nécessairement *ne rien faire.*

J'envie, en écrivant, le sort de Pelletier [1].
Bienheureux Scudéri [2], dont la fertile plume
Peut tous les mois sans peine enfanter un volume !
Tes écrits, il est vrai, sans art et languissants,
Semblent être formés en dépit du bon sens :
Mais ils trouvent pourtant, quoi qu'on en puisse dire,
Un marchand pour les vendre, et des sots pour les lire ;
Et quand la rime enfin se trouve au bout des vers,
Qu'importe que le reste y soit mis de travers ?
Malheureux mille fois celui dont la manie
Veut aux règles de l'art asservir son génie !
Un sot, en écrivant, fait tout avec plaisir [3] :
Il n'a point en ses vers l'embarras de choisir ;
Et, toujours amoureux de ce qu'il vient d'écrire,
Ravi d'étonnement, en soi-même il s'admire.
Mais un esprit sublime en vain veut s'élever
A ce degré parfait qu'il tâche de trouver ;
Et, toujours mécontent de ce qu'il vient de faire,
Il plaît à tout le monde, et ne saurait se plaire :
Et tel, dont en tous lieux chacun vante l'esprit,
Voudrait pour son repos n'avoir jamais écrit.
Toi donc, qui vois les maux où ma muse s'abîme,
De grâce, enseigne-moi l'art de trouver la rime :
Ou, puisque enfin tes soins y seraient superflus,
Molière, enseigne-moi l'art de ne rimer plus.

(1) Poëte du dernier ordre, qui faisait tous les jours un sonnet. — Boileau en a déjà parlé dans son *Discours au roi*.

(2) C'est le fameux Scudéri, auteur de beaucoup de romans, et frère de la célèbre mademoiselle de Scudéri.

(3) Ces vers et les suivants sont traduits d'Horace :

Ridentur mala qui componunt carmina ; verum
Gaudent scribentes, et se venerantur, et ultro,
Si taceas, laudant quidquid scripsere beati.
At qui legitimum cupiet fecisse poema,
Cum tabulis animum censoris sumet honesti ;
Audebit, quæcumque parum splendoris habebunt,
Et sine pondere erunt, et honore indigna ferentur,
Verba movere loco, quamvis invita recedant,
Et versentur adhuc intra penetralia Vestæ.

(Epist., l. II, 2, v. 106-115.)

SATIRE III.

(LE REPAS RIDICULE.)

1665. — 29.

Cette satire a été faite en l'année 1665. Elle contient le récit d'un festin donné par un homme d'un goût faux et extravagant, qui se piquait néanmoins de raffiner sur la bonne chère. Horace, dans la satire VIII du l. II, fait pareillement le récit d'un repas ridicule, et Regnier, dans sa dixième satire, l'a aussi imité.

A. Quel sujet inconnu vous trouble et vous altère?
D'où vous vient aujourd'hui cet air sombre et sévère,
Et ce visage enfin plus pâle qu'un rentier,
A l'aspect d'un arrêt[1] qui retranche un quartier?
Qu'est devenu ce teint dont la couleur fleurie
Semblait d'ortolans seuls et de bisques[2] nourrie,
Où la joie en son lustre attirait les regards,
Et le vin en rubis brillait de toutes parts?
Qui vous a pu plonger dans cette humeur chagrine?
A-t-on par quelque édit réformé la cuisine?
Ou quelque longue pluie inondant vos vallons
A-t-elle fait couler vos vins et vos melons?
Répondez donc enfin, ou bien je me retire.
P. Ah! de grâce, un moment, souffrez que je respire,
Je sors de chez un fat, qui pour m'empoisonner,
Je pense, exprès chez lui m'a forcé de dîner.
Je l'avais bien prévu. Depuis près d'une année,
J'éludais tous les jours sa poursuite obstinée.
Mais hier il m'aborde, et, me serrant la main :
« Ah! monsieur, m'a-t-il dit, je vous attends demain.
N'y manquez pas au moins. J'ai quatorze bouteilles

(1) Le roi, en ce temps-là, avait supprimé un quartier des rentes.
(2) *Bisques*, espèce de potage.

D'un vin vieux... Boucingo[1] n'en a point de pareilles;
Et je gagerais bien que, chez le commandeur[2],
Villandri[3] priserait sa séve et sa verdeur.
Molière avec Tartufe[4] y doit jouer son rôle;
Et Lambert[5], qui plus est, m'a donné sa parole.
C'est tout dire, en un mot, et vous le connaissez. —
Quoi! Lambert? — Oui, Lambert : à demain. — C'est as-[sez. »
Ce matin donc, séduit par sa vaine promesse,
J'y cours midi sonnant[6], au sortir de la messe.
A peine étais-je entré, que, ravi de me voir,
Mon homme, en m'embrassant, m'est venu recevoir :
Et montrant à mes yeux une allégresse entière :
« Nous n'avons, m'a-t-il dit, ni Lambert, ni Molière;
Mais, puisque je vous vois, je me tiens trop content.
Vous êtes un brave homme; entrez, on vous attend. »
A ces mots, mais trop tard, reconnaissant ma faute,
Je le suis en tremblant dans une chambre haute,
Où, malgré les volets, le soleil irrité
Formait un poêle ardent au milieu de l'été.
Le couvert était mis dans ce lieu de plaisance,
Où j'ai trouvé d'abord, pour toute connaissance,
Deux nobles campagnards, grands lecteurs de romans,
Qui m'ont dit tout Cyrus[7] dans leurs longs compliments.
J'enrageais. Cependant on apporte un potage :
Un coq y paraissait en pompeux équipage,
Qui, changeant sur ce plat et d'état et de nom,
Par tous les conviés s'est appelé chapon.

(1) Fameux marchand de vins.

(2) Le commandeur de Saint-Jean de Latran, Jacques de Souvré, réputé pour la bonne chère.

(3) Homme de qualité qui allait fréquemment dîner chez le commandeur de Souvré.

(4) *Le Tartufe*, en ce temps-là, avait été interdit au théâtre, et tout le monde voulait avoir Molière pour le lui entendre réciter.

(5) Michel Lambert, fameux musicien, que l'on regardait comme inventeur du beau chant; il mourut à Paris au mois de juin 1696, âgé de 87 ans. C'était un fort bon homme, qui promettait à tout le monde de venir, mais qui ne venait jamais.

(6) On dînait alors *à midi* et on soupait à sept heures.

(7) Roman de dix tomes de mademoiselle de Scudéri.

Deux assiettes suivaient, dont l'une était ornée
D'une langue en ragoût, de persil couronnée ;
L'autre, d'un godiveau tout brûlé par dehors,
Dont un beurre gluant inondait tous les bords [1].
On s'assied : mais d'abord notre troupe serrée
Tenait à peine autour d'une table carrée,
Où chacun malgré soi, l'un sur l'autre porté,
Faisait un tour à gauche, et mangeait de côté.
Jugez en cet état si je pouvais me plaire,
Moi qui ne compte rien ni le vin ni la chère,
Si l'on n'est plus au large assis en un festin,
Qu'aux sermons de Cassagne, ou de l'abbé Cotin [2].
Notre hôte cependant s'adressant à la troupe,
« Que vous semble, a-t-il dit, du goût de cette soupe ?
Sentez-vous le citron dont on a mis le jus
Avec des jaunes d'œufs mêlés dans du verjus ?
Ma foi, vive Mignot [3] et tout ce qu'il apprête ! »
Les cheveux cependant me dressaient à la tête :
Car Mignot, c'est tout dire : et dans le monde entier
Jamais empoisonneur ne sut mieux son métier.
J'approuvais tout pourtant de la mine et du geste,
Pensant qu'au moins le vin dût réparer le reste.
Pour m'en éclaircir donc, j en demande : et d'abord
Un laquais effronté m'apporte un rouge-bord
D'un auvernat fumeux, qui, mêlé de lignage [4],
Se vendait chez Crenet [5] pour vin de l'Ermitage [6],
Et qui, rouge et vermeil, mais fade et doucereux,

(1) Ce tableau est charmant. Horace est loin de faire une aussi belle description (V. liv. II, Sat. VIII, v. 6 et seq.).

(2) Cassagne et Cotin furent tous deux de l'Académie. Cassagne avait remplacé Saint-Amand en 1661, et il venait d'être choisi pour prêcher à la cour, au moment où Boileau lança contre lui ce trait satirique. Cotin était conseiller et aumônier du roi, et abusait de sa réputation usurpée pour intriguer contre Molière et Boileau.

(3) Mignot était un pâtissier-traiteur, qui portait le titre de surintendant des cuisines du roi et d'écuyer de la bouche de la reine.

(4) Deux fameux vins du terroir d'Orléans.

(5) Fameux marchand de vin logé à la Pomme-de-pin.

(6) L'Ermitage est un coteau du Dauphiné, très-renommé pour ses bons vins.

N'avait rien qu'un goût plat et qu'un déboire affreux.
A peine ai-je senti cette liqueur traîtresse,
Que de ces vins mêlés je reconnus l'adresse.
Toutefois avec l'eau que j'y mets à foison
J'espérais adoucir la force du poison.
Mais, qui l'aurait pensé? pour comble de disgrâce,
Par le chaud qu'il faisait nous n'avions pas de glace.
Point de glace, bon dieu! dans le fort de l'été!
Au mois de juin! Pour moi, j'étais si transporté,
Que, donnant de fureur tout le festin au diable,
Je me suis vu vingt fois prêt à quitter la table;
Et, dût-on m'appeler et fantasque et bourru,
J'allais sortir enfin quand le rôt a paru.
  Sur un lièvre flanqué de six poulets étiques
S'élevaient trois lapins, animaux domestiques,
Qui, dès leur tendre enfance élevés dans Paris,
Sentaient encor le chou dont ils furent nourris.
Autour de cet amas de viandes entassées
Régnait un long cordon d'alouettes pressées,
Et sur le bord du plat six pigeons étalés
Présentaient pour renfort leurs squelettes brûlés [1].
A côté de ce plat paraissaient deux salades,
L'une de pourpier jaune, et l'autre d'herbes fades,
Dont l'huile de fort loin saisissait l'odorat,
Et nageait dans des flots de vinaigre rosat.
Tous mes sots, à l'instant changeant de contenance,
Ont loué du festin la superbe ordonnance;
Tandis que mon faquin, qui se voyait priser,
Avec un ris moqueur les priait d'excuser.
Surtout certain hâbleur, à la gueule affamée,
Qui vint à ce festin conduit par la fumée,
Et qui s'est dit profès en l'ordre des coteaux [2],

(1) Horace a dit :

Tum pectore adusto
Vidimus et merulas poni, et sine clune palumbes:
Suaves res, si non causas narraret earum
Naturas dominus. (L. II, Sat. VIII, v. 90-93.)

(2) Ce nom fut donné à trois grands seigneurs qui tenaient table

2

A fait, en bien mangeant, l'éloge des morceaux.
Je riais de le voir avec sa mine étique,
Son rabat jadis blanc, et sa perruque antique,
En lapins de garenne ériger nos clapiers[1],
Et nos pigeons cauchois[2] en superbes ramiers;
Et, pour flatter notre hôte, observant son visage,
Composer sur ses yeux son geste et son langage :
Quand notre hôte charmé, m'avisant sur ce point :
« Qu'avez-vous-donc, dit-il, que vous ne mangez point?
Je vous trouve aujourd'hui l'âme toute inquiète,
Et les morceaux entiers restent sur votre assiette.
Aimez-vous la muscade? on en a mis partout.
Ah! monsieur, ces poulets sont d'un merveilleux goût?
Ces pigeons sont dodus, mangez, sur ma parole.
J'aime à voir aux lapins cette chair blanche et molle.
Ma foi, tout est passable, il le faut confesser,
Et Mignot aujourd'hui s'est voulu surpasser.
Quand on parle de sauce, il faut qu'on y raffine :
Pour moi, j'aime surtout que le poivre y domine :
J'en suis fourni, Dieu sait! et j'ai tout Pelletier
Roulé dans mon office en cornets de papier. »
A tous ces beaux discours j'étais comme une pierre,
Ou comme la statue est au Festin de Pierre[3];
Et, sans dire un seul mot, j'avalais au hasard
Quelque aile de poulet dont j'arrachais le lard.
  Cependant mon hâbleur, avec une voix haute,
Porte à mes campagnards la santé de notre hôte,
Qui tous deux pleins de joie, en jetant un grand cri,
Avec un rouge-bord acceptent son défi.
Un si galant exploit réveillant tout le monde,
On a porté partout des verres à la ronde,
Où les doigts des laquais, dans la crasse tracés,
Témoignaient par écrit qu'on les avait rincés :

et qui étaient partagés sur l'estime qu'on devait faire des vins des coteaux des environs de Reims : ils avaient chacun leurs partisans.

(1) Le clapier est la cage où l'on élève les lapins domestiques.

(2) *Cauchois*. Du pays de Caux en Normandie.

(3) Pièce de Molière qu'on venait de représenter.

Quand un des conviés, d'un ton mélancolique,
Lamentant tristement une chanson bachique,
Tous mes sots à la fois, ravis de l'écouter,
Détonnant de concert, se mettent à chanter.
La musique sans doute était rare et charmante!
L'un traîne en longs fredons une voix glapissante :
Et l'autre, l'appuyant de son aigre fausset,
Semble un violon faux qui jure sous l'archet [1].
Sur ce point un jambon d'assez maigre apparence
Arrive sous le nom de jambon de Mayence.
Un valet le portait, marchant à pas comptés,
Comme un recteur suivi des quatre facultés [2].
Deux marmitons crasseux, revêtus de serviettes,
Lui servaient de massiers [3], et portaient deux assiettes,
L'une de champignons avec des ris de veau,
Et l'autre de pois verts qui se noyaient dans l'eau.
Un spectacle si beau surprenant l'assemblée,
Chez tous les conviés la joie est redoublée;
Et la troupe à l'instant, cessant de fredonner,
D'un ton gravement fou s'est mise à raisonner.
Le vin au plus muet fournissant des paroles,
Chacun a débité ses maximes frivoles,
Réglé les intérêts de chaque potentat,
Corrigé la police, et réformé l'Etat;
Puis, de là s'embarquant dans la nouvelle guerre [4],
A vaincu la Hollande ou battu l'Angleterre.
Enfin, laissant en paix tous ces peuples divers,
De propos en propos on a parlé de vers [5].

(1) Tous ces vers sont de la plus grande beauté.

(2) Horace est plus gracieux, mais moins plaisant quand il dit :

Ut Attica virgo
Cum sacris Cereris, procedit fuscus Hydaspes,
Cæcuba vina ferens. (L. II, Sat. VIII, v. 13-15.)

(3) Le recteur, quand il va en procession, est toujours accompagné de deux massiers (B.).

(4) L'Angleterre et la Hollande étaient toujours en guerre, et le roi avait envoyé du secours aux Hollandais (B.).

(5) Ecce inter pocula quærunt
Romulidæ saturi, quid dia poemata narrent.
(Pers., Sat. I, v. 30 et seq.)

Là, tous mes sots, enflés d'une nouvelle audace,
Ont jugé des auteurs en maîtres du Parnasse.
Mais notre hôte surtout, pour la justesse et l'art,
Elevait jusqu'au ciel Théophile et Ronsard[1],
Quand un des campagnards relevant sa moustache
Et son feutre à grands poils ombragé d'un panache,
Impose à tous silence, et, d'un ton de docteur,
« Morbleu ! dit-il, la Serre[2] est un charmant auteur !
Ses vers sont d'un beau style et sa prose est coulante.
La Pucelle est encore une œuvre bien galante,
Et je ne sais pourquoi je bâille en la lisant[3].
Le Pays[4], sans mentir, est un bouffon plaisant :
Mais je ne trouve rien de beau dans ce Voiture.
Ma foi, le jugement sert bien dans la lecture.
A mon gré, le Corneille est joli quelquefois.
En vérité, pour moi j'aime le beau françois.
Je ne sais pas pourquoi l'on vante l'Alexandre[5] ;
Ce n'est qu'un glorieux qui ne dit rien de tendre.
Les héros chez Quinault parlent bien autrement,
Et jusqu'à Je vous hais, tout s'y dit tendrement.
On dit qu'on l'a drapé dans certaine satire :
Qu'un jeune homme... Ah ! je sais ce que vous voulez dire,
A répondu notre hôte : « Un auteur sans défaut,
» La raison dit Virgile, et la rime Quinault. »
— Justement. A mon gré, la pièce est assez plate.
Et puis, blâmer Quinault !... Avez-vous vu l'Astrate[6] ?
C'est là ce qu'on appelle un ouvrage achevé.
Surtout l'Anneau royal me semble bien trouvé[7].

(1) Théophile Viand n'eut aucune célébrité. Ronsard fit école et eut une réputation immense. Mais en parlant en français grec et latin, il brouilla tout et ne fit faire à la langue aucun progrès.

(2) Ecrivain célèbre pour son galimatias.

(3) La *Pucelle* était le poëme de Chapelain. Mme de Longueville en avait porté le jugement que Boileau rappelle ici.

(4) Ecrivain célèbre chez les provinciaux, à cause du livre qu'il a fait, intitulé *Amitié, Amours et Amourettes*.

(5) C'est la seconde tragédie de Racine.

(6) Tragédie de Quinault, qu'on avait représentée l'année précédente.

(7) C'était un incident puéril qui méritait bien d'être critiqué.

Son sujet est conduit d'une belle manière ;
Et chaque acte, en sa pièce, est une pièce entière[1].
Je ne puis plus souffrir ce que les autres font.
— Il est vrai que Quinault est un esprit profond,
A repris certain fat, qu'à sa mine discrète
Et son maintien jaloux j'ai reconnu poëte :
Mais il en est pourtant qui le pourraient valoir.
— Ma foi, ce n'est pas vous qui nous le ferez voir,
A dit mon campagnard avec une voix claire,
Et déjà tout bouillant de vin et de colère.
— Peut-être, a dit l'auteur pâlissant de courroux :
Mais vous, pour en parler, vous y connaissez-vous ?
— Mieux que vous mille fois, dit le noble en furie.
— Vous ? mon Dieu ! mêlez-vous de boire, je vous prie,
A l'auteur sur-le-champ aigrement reparti.
— Je suis donc un sot, moi ? vous en avez menti, »
Reprend le campagnard ; et, sans plus de langage,
Lui jette pour défi son assiette au visage.
L'autre esquive le coup ; et l'assiette volant,
S'en va frapper le mur, et revient en roulant.
A cet affront l'auteur, se levant de la table,
Lance à mon campagnard un regard effroyable ;
Et, chacun vainement se ruant entre deux,
Nos braves s'accrochant se prennent aux cheveux.
Aussitôt sous leurs pieds les tables renversées
Font voir un long débris de bouteilles cassées :
En vain à lever tout les valets sont fort prompts,
Et les ruisseaux de vin coulent aux environs.
Enfin, pour arrêter cette lutte barbare,
De nouveau l'on s'efforce, on crie, on les sépare ;
Et, leur première ardeur passant en un moment,
On a parlé de paix et d'accommodement.
Mais, tandis qu'à l'envi tout le monde y conspire,
J'ai gagné doucement la porte sans rien dire,
Avec un bon serment que, si pour l'avenir
En pareille cohue on me peut retenir,

(1) Manière adroite de relever dans cette pièce le défaut d'unité.

Je consens de bon cœur, pour punir ma folie,
Que tous les vins pour moi deviennent vins de Brie ;
Qu'à Paris le gibier manque tous les hivers,
Et qu'à peine au mois d'août l'on mange des pois verts[1].

SATIRE IV.

A M. L'ABBÉ LE VAYER.

(LES FOLIES HUMAINES.)

1664. — 28.

La satire IV a été faite en l'année 1664, immédiatement après la seconde satire, et avant le discours au roi. Boileau en conçut l'idée dans une conversation qu'il eut avec l'abbé le Vayer et Molière, dans laquelle on prouva par divers exemples, que *tous les hommes sont fous, et que chacun croit néanmoins être sage tout seul.* Cette proposition fait le sujet de cette satire.

D'où vient, cher le Vayer[2], que l'homme le moins sage
Croit toujours seul avoir la sagesse en partage,
Et qu'il n'est point de fou qui, par belles raisons,
Ne loge son voisin aux Petites Maisons[3] ?
Un pédant, enivré de sa vaine science,

(1) Virgile avait employé cette figure, d'ailleurs très-fréquente dans les poëtes :

Ante leves ergo pascentur in æthere cervi,
Et freta destituent nudos in littore pisces ;
Ante pererratis amborum finibus, exul
Aut Ararim Parthus bibet aut Germania Tigrim.
(Egl. I, v. 60 et seq.)

(2) L'abbé le Vayer était le fils de l'académicien la Mothe le Vayer, qui s'est rendu célèbre par une foule d'ouvrages qu'il composa sur l'histoire, la littérature, la morale et la politique.

(3) Ce nom fut d'abord donné à un hospice d'aliénés, fondé à Paris en 1557, à l'endroit où se trouve aujourd'hui l'*hospice des Ménages*. On l'emploie maintenant pour désigner en général tous les établissements de cette nature.

Tout hérissé de grec, tout bouffi d'arrogance,
Et qui, de mille auteurs retenus mot pour mot,
Dans sa tête entassés, n'a souvent fait qu'un sot[1],
Croit qu'un livre fait tout, et que, sans Aristote,
La raison ne voit goutte, et le bon sens radote.
  D'autre part un galant, de qui tout le métier
Est de courir le jour de quartier en quartier,
Et d'aller, à l'abri d'une perruque blonde,
De ses froides douceurs fatiguer le beau monde,
Condamne la science ; et, blâmant tout écrit,
Croit qu'en lui l'ignorance est un titre d'esprit,
Que c'est des gens de cour le plus beau privilége[2],
Et renvoie un savant dans le fond d'un collége.
  Un bigot orgueilleux, qui, dans sa vanité,
Croit duper jusqu'à Dieu par son zèle affecté,
Couvrant tous ses défauts d'une sainte apparence,
Damne tous les humains, de sa pleine puissance.
  Un libertin d'ailleurs, qui, sans âme et sans foi,
Se fait de son plaisir une suprême loi,
Tient que ces vieux propos de démons et de flammes
Sont bons pour étonner des enfants et des femmes ;
Que c'est s'embarrasser de soucis superflus,
Et qu'enfin tout dévot a le cerveau perclus.
N'en déplaise à ces fous nommés sages de Grèce,
En ce monde il n'est point de parfaite sagesse :
Tous les hommes sont fous, et, malgré tous leurs soins,
Ne diffèrent entre eux que du plus ou du moins.
  Comme on voit qu'en un bois que cent routes séparent
Les voyageurs sans guide assez souvent s'égarent,
L'un à droit, l'autre à gauche, et, courant vainement,
La même erreur les fait errer diversement[3] :

(1) Construction embarrassée, peut-être à dessein.

(2) Allusion à ces nobles qui se faisaient autrefois gloire de ne savoir signer.

(3) Cette comparaison est d'Horace :

Velut silvis, ubi passim
Palantes err r certo de tramite pellit,
Ille sinistror um, hic dextrorsum abit; unus utrique
Error, sed va 'is illudit partibus. (L. II, Sat. III, v. 48-51.)

Chacun suit dans le monde une route incertaine,
Selon que son erreur le joue et le promène;
Et tel y fait l'habile et nous traite de fous,
Qui sous le nom de sage est le plus fou de tous.
Mais, quoi que sur ce point la satire publie [1],
Chacun veut en sagesse ériger sa folie;
Et, se laissant régler à son esprit tortu,
De ses propres défauts se fait une vertu.
Ainsi, cela soit dit pour qui veut se connaître,
Le plus sage est celui qui ne pense point l'être;
Qui, toujours pour un autre enclin vers la douceur,
Se regarde soi-même en sévère censeur,
Rend à tous ses défauts une exacte justice,
Et fait sans se flatter le procès à son vice.
Mais chacun pour soi-même est toujours indulgent.
Un avare idolâtre et fou de son argent,
Rencontrant la disette au sein de l'abondance,
Appelle sa folie une rare prudence,
Et met toute sa gloire et son souverain bien
A grossir un trésor qui ne lui sert de rien.
Plus il le voit accru, moins il en sait l'usage.
Sans mentir l'avarice est une étrange rage,
Dira cet autre fou, non moins privé de sens,
Qui jette, furieux, son bien à tous venants,
Et dont l'âme inquiète, à soi-même importune,
Se fait un embarras de sa bonne fortune.
Qui des deux en effet est le plus aveuglé [2] ?
L'un et l'autre, à mon sens, ont le cerveau troublé,
Répondra chez Fredoc ce marquis sage et prude [3],

(1) Vers trop prosaïque.

(2) On eût pu répondre avec Horace qu'on pouvait n'être ni avare ni prodigue :

Pergis pugnantia secum
Frontibus adversis componere. Non ego, avarum
Quum veto te fieri, vappam jubeo ad nebulonem.
Est inter Tanaïm quiddam socerumque Viselli :
Est modus in rebus, sunt certi denique fines,
Quos ultra citraque nequit consistere rectum.
(L. I, Sat. I, v. 102-107.)

(3) Fredoc était le maître d'une maison de jeu très-fréquentée.

Et qui sans cesse au jeu, dont il fait son étude,
Attendant son destin d'un quatorze ou d'un sept,
Voit sa vie ou sa mort sortir de son cornet.
Que si d'un sort fâcheux la maligne inconstance
Vient par un coup fatal faire tourner la chance,
Vous le verrez bientôt, les cheveux hérissés,
Et les yeux vers le ciel de fureur élancés,
Ainsi qu'un possédé que le prêtre exorcise,
Fêter dans ses serments tous les saints de l'Eglise.
Qu'on le lie ; ou je crains, à son air furieux,
Que ce nouveau Titan n'escalade les cieux.
  Mais laissons-le plutôt en proie à son caprice.
Sa folie, aussi bien, lui tient lieu de supplice.
Il est d'autres erreurs dont l'aimable poison
D'un charme bien plus doux enivre la raison :
L'esprit dans ce nectar heureusement s'oublie.
  Chapelain veut rimer [1], et c'est là sa folie.
Mais bien que ses durs vers, d'épithètes enflés [2],
Soient des moindres grimauds chez Ménage [3] sifflés,
Lui-même il s'applaudit, et, d'un esprit tranquille,
Prend le pas au Parnasse au-dessus de Virgile.
Que ferait-il, hélas ! si quelque audacieux
Allait pour son malheur lui dessiller les yeux,
Lui faisant voir ses vers et sans force et sans grâces
Montés sur deux grands mots, comme sur deux échasses [4],
Ses termes sans raison l'un de l'autre écartés,
Et ses froids ornements à la ligne plantés ?
Qu'il maudirait le jour où son âme insensée
Perdit l'heureuse erreur qui charmait sa pensée ?

(1) Cet auteur, avant que sa *Pucelle* fût imprimée, passait pour le premier poëte du siècle : l'impression de ce poëme le perdit.

(2) Imitation maligne de la dureté du style de Chapelain.

(3) Ménage publiait ses *Mercuriales*, et tous les mercredis des gens de lettres s'assemblaient chez lui pour contribuer à cette publication. Ménage et tous ces littérateurs avaient pourtant plus de mérite que les vers de Boileau ne permettraient de le supposer.

(4) Boileau en donnait un exemple en disposant ainsi un des vers de Chapelain :

De ce sourcilleux
l'inébranlable cime.

Jadis certain bigot, d'ailleurs homme sensé,
D'un mal assez bizarre eut le cerveau blessé,
S'imaginant sans cesse en sa douce manie,
Des esprits bienheureux entendre l'harmonie.
Enfin un médecin fort expert en son art
Le guérit par adresse, ou plutôt par hasard :
Mais voulant de ses soins exiger le salaire,
Moi, vous payer ? lui dit le bigot en colère,
Vous dont l'art infernal, par des secrets maudits,
En me tirant d'erreur m'ôte du paradis [1] !
J'approuve son courroux ; car, puisqu'il faut le dire,
Souvent de tous nos maux la raison est le pire [2].
C'est elle qui, farouche au milieu des plaisirs,
D'un remords importun vient brider nos désirs [3].
La fâcheuse a pour nous des rigueurs sans pareilles [4] ;
C'est un pédant qu'on a sans cesse à ses oreilles,
Qui toujours nous gourmande, et, loin de nous toucher,
Souvent, comme Joli [5], perd son temps à prêcher.
En vain certains rêveurs nous l'habillent en reine,
Veulent sur tous nos sens la rendre souveraine,
Et, s'en formant en terre une divinité,
Pensent aller par elle à la félicité :
C'est elle, disent-ils, qui nous montre à bien vivre.
Ces discours, il est vrai, sont fort beaux dans un livre ;
Je les estime fort : mais je trouve en effet
Que le plus fou souvent est le plus satisfait [6].

(1) Ce passage rappelle les vers d'Horace :

Fuit haud ignobilis Argis
Qui se credebat miros audire tragœdos...
(V. L. II, Ep. II, v. 128-140.)

(2) Boileau ne faisait ici qu'une plaisanterie qu'on doit bien se garder de prendre au sérieux.

(3) Ces deux vers n'ont pas même le mérite d'être bien tournés.

(4) Imitation des stances de Malherbe :

La mort a des rigueurs à nulle autre pareilles, etc.

(5) Illustre prédicateur, alors curé de Saint-Nicolas des Champs, à Paris, et depuis évêque d'Agen. Malgré Boileau, ses prônes ont été souvent réimprimés.

(6) Toutes ces dernières pensées nous semblent regrettables ; car elles ne peuvent avoir d'autre effet que de fausser la vraie morale.

SATIRE V.

A M. LE MARQUIS DE DANGEAU.

(SUR LA NOBLESSE.)

1665. — 29.

Cette satire a été faite en l'année 1665. L'auteur fait voir que la véritable noblesse consiste dans la vertu, indépendamment de la naissance. Juvénal a traité la même matière dans sa satire VIII.

La noblesse, Dangeau [1], n'est pas une chimère,
Quand, sous l'étroite loi d'une vertu sévère,
Un homme issu d'un sang fécond en demi-dieux
Suit, comme toi, la trace où marchaient ses aïeux.
Mais je ne puis souffrir qu'un fat, dont la mollesse
N'a rien pour s'appuyer qu'une vaine noblesse,
Se pare insolemment du mérite d'autrui,
Et me vante un bonheur qui ne vient pas de lui.
Je veux que la valeur de ses aïeux antiques
Ait fourni de matière aux plus vieilles chroniques,
Et que l'un des Capets, pour honorer leur nom,
Ait de trois fleurs de lys doté leur écusson [2].
Que sert ce vain amas d'une inutile gloire,
Si de tant de héros célèbres dans l'histoire
Il ne peut rien offrir aux yeux de l'univers

(1) Le marquis de Dangeau n'était pas moins remarquable par son esprit que par sa naissance. Il remplaça Scudéri à l'Académie française en 1668, et le marquis de l'Hôpital à l'académie des sciences en 1704.

(2) Cet honneur avait été accordé à la maison d'Estaing par Philippe Auguste, qui avait été sauvé à la bataille de Bouvines par le chef de cette maison.

Que de vieux parchemins qu'ont épargnés les vers ;
Si, tout sorti qu'il est d'une source divine,
Son cœur dément en lui sa superbe origine,
Et, n'ayant rien de grand qu'une sotte fierté,
S'endort dans une lâche et molle oisiveté ?
Cependant, à le voir avec tant d'arrogance
Vanter le faux éclat de sa haute naissance,
On dirait que le ciel est soumis à sa loi,
Et que Dieu l'a pétri d'autre limon que moi.
Enivré de lui-même, il croit, dans sa folie,
Qu'il faut que devant lui d'abord tout s'humilie.
Aujourd'hui toutefois, sans trop le ménager,
Sur ce ton un peu haut je vais l'interroger :
  Dites-moi, grand héros, esprit rare et sublime [1],
Entre tant d'animaux, qui sont ceux qu'on estime ?
On fait cas d'un coursier qui, fier et plein de cœur,
Fait paraître en courant sa bouillante vigueur ;
Qui jamais ne se lasse, et qui dans la carrière
S'est couvert mille fois d'une noble poussière :
Mais la postérité d'Alfane [2] et de Bayard [3],
Quand ce n'est qu'une rosse, est vendue au hasard,
Sans respect des aïeux dont elle est descendue,
Et va porter la malle, ou tirer la charrue.
Pourquoi donc voulez-vous que, par un sot abus,
Chacun respecte en vous un honneur qui n'est plus ?
On ne m'éblouit point d'une apparence vaine :
La vertu d'un cœur noble est la marque certaine.
Si vous êtes sorti de ces héros fameux,
Montrez-nous cette ardeur qu'on vit briller en eux,

(1) Ce passage est traduit de Juvénal : nous rapportons ici les vers du poëte latin :

Dic mihi, Teucrorum proles, animalia muta
Quis generosa putet, nisi fortia ? Nempe volucrem
Sic laudamus equum, facili cui plurima palma
Fervet et exultat rauco victoria circo.
Nobilis hic, quocumque venit de gramine, cujus
Clara fuga ante alios, et primus in æquore pulvis.
(Sat. VIII, v. 54 et seq.)

(2) Cheval du géant Gradasse, dans l'Arioste.

(3) Cheval de Renaud de Montauban, l'aîné des quatre fils Aymon.

Ce zèle pour l'honneur, cette horreur pour le vice.
Respectez-vous les lois ? fuyez-vous l'injustice ?
Savez-vous pour la gloire oublier le repos,
Et dormir en plein champ le harnais sur le dos ?
Je vous connais pour noble à ces illustres marques.
Alors soyez issu des plus fameux monarques,
Venez de mille aïeux ; et, si ce n'est assez,
Feuilletez à loisir tous les siècles passés ;
Voyez de quel guerrier il vous plaît de descendre,
Choisissez de César, d'Achille ou d'Alexandre :
En vain un faux censeur voudrait vous démentir,
Et si vous n'en sortez, vous en devez sortir.
Mais, fussiez-vous issu d'Hercule en droite ligne,
Si vous ne faites voir qu'une bassesse indigne,
Ce long amas d'aïeux que vous diffamez tous
Sont autant de témoins qui parlent contre vous ;
Et tout ce grand éclat de leur gloire ternie
Ne sert plus que de jour à votre ignominie.
En vain, tout fier d'un sang que vous déshonorez,
Vous dormez à l'abri de ces noms révérés ;
En vain vous vous couvrez des vertus de vos pères :
Ce ne sont à mes yeux que de vaines chimères ;
Je ne vois rien en vous qu'un lâche, un imposteur,
Un traître, un scélérat, un perfide, un menteur,
Un fou dont les accès vont jusqu'à la furie,
Et d'un tronc fort illustre une branche pourrie.
  Que maudit soit le jour où cette vanité
Vint ici de nos mœurs souiller la pureté !
Dans les temps bienheureux du monde en son enfance,
Chacun mettait sa gloire en sa seule innocence :
Chacun vivait content, et sous d'égales lois,
Le mérite y faisait la noblesse et les rois ;
Et, sans chercher l'appui d'une naissance illustre,
Un héros de soi-même empruntait tout son lustre.
Mais enfin par le temps le mérite avili
Vit l'honneur en roture, et le vice ennobli ;
Et l'orgueil, d'un faux titre appuyant sa faiblesse,
Maîtrisa les humains sous le nom de noblesse.

De là vinrent en foule et marquis et barons [1] :
Chacun pour ses vertus n'offrit plus que des noms.
Aussitôt maint esprit fécond en rêveries
Inventa le blason [2] avec les armoiries ;
De ses termes obscurs fit un langage à part,
Composa tous ces mots de cimier et d'écart,
De pal, de contre-pal, de lambel et de fasce [3],
Et tout ce que Segoing [4] dans son Mercure entasse.
Une vaine folie enivrant la raison,
L'honneur triste et honteux ne fut plus de saison.
Alors, pour soutenir son rang et sa naissance,
Il fallut étaler le luxe et la dépense ;
Il fallut habiter un superbe palais,
Faire par les couleurs distinguer ses valets ;
Et, traînant en tous lieux de pompeux équipages,
Le duc, et le marquis [5], se reconnut aux pages.
Bientôt, pour subsister, la noblesse sans bien
Trouva l'art d'emprunter, et de ne rendre rien ;
Et, bravant des sergents la timide cohorte,
Laissa le créancier se morfondre à sa porte :
Mais, pour comble, à la fin le marquis en prison
Sous le faix des procès vit tomber sa maison,
Alors le noble altier, pressé de l'indigence,
Humblement du faquin rechercha l'alliance ;
Avec lui trafiquant d'un nom si précieux,
Par un lâche contrat vendit tous ses aïeux ;
Et, corrigeant ainsi la fortune ennemie,
Rétablit son honneur à force d'infamie.

(1) Le mot de baron avait été primitivement destiné aux *braves* ; celui de *marquis* aux défenseurs des *marches*, des frontières ; celui de *comte* à ceux qui accompagnaient le souverain (*comites*), et celui de duc (*dux*) à ceux qui commandaient les troupes.

(2) L'art héraldique, la science des armoiries.

(3) Le *cimier*, la partie du casque qui est au-dessus de l'écu. — *Ecart*, quartier de l'écu. — *Pal*, pièce perpendiculaire qui traverse l'écu. — *Contre-pal*, deuxième pal, opposé au premier. — *Lambel*, sorte de brisure dans l'écu des puînés. — *Fasce*, pièce honorable qui occupe le milieu de l'écu.

(4) Auteur qui a fait le *Mercure armorial*.

(5) Tous les gentilshommes considérables, en ce temps-là, avaient des pages.

Car, si l'éclat de l'or ne relève le sang,
En vain l'on fait briller la splendeur de son rang ;
L'amour de vos aïeux passe en vous pour manie,
Et chacun pour parent vous fuit et vous renie.
Mais quand un homme est riche, il vaut toujours son prix ;
Et, l'eût-on vu porter la mandille [1] à Paris,
N'eût-il de son vrai nom ni titre ni mémoire,
D'Hozier [2] lui trouvera cent aïeux dans l'histoire.
Toi donc, qui, de mérite et d'honneurs revêtu,
Des écueils de la cour as sauvé ta vertu,
Dangeau, qui, dans le rang où notre roi t'appelle,
Le vois, toujours orné d'une gloire nouvelle,
Et, plus brillant par soi que par l'éclat des lis,
Dédaigner tous ces rois dans la pourpre amollis ;
Fuir d'un honteux loisir la douceur importune ;
A ses sages conseils asservir la fortune ;
Et, de tout son bonheur ne devant rien qu'à soi,
Montrer à l'univers ce que c'est qu'être roi :
Si tu veux te couvrir d'un éclat légitime,
Va par mille beaux faits mériter son estime ;
Sers un si noble maître ; et fais voir qu'aujourd'hui
Ton prince a des sujets qui sont dignes de lui.

SATIRE VI.

LES EMBARRAS DE PARIS.

1660. — 24.

Cette satire contient la description des embarras de Paris. Elle a été composée dans le même temps que la première satire, dont elle faisait partie. C'est une imitation de la satire II de Juvénal.

Qui frappe l'air, bon dieu ! de ces lugubres cris ?
Est-ce donc pour veiller qu'on se couche à Paris ?

(1) Petite casaque qu'en ce temps-là portaient les laquais.
(2) Auteur très-savant dans les généalogies.

Et quel fâcheux démon, durant les nuits entières,
Rassemble ici les chats de toutes les gouttières ?
J'ai beau sauter du lit, plein de trouble et d'effroi,
Je pense qu'avec eux tout l'enfer est chez moi :
L'un miaule en grondant comme un tigre en furie ;
L'autre roule sa voix comme un enfant qui crie.
Ce n'est pas tout encor : les souris et les rats
Semblent, pour m'éveiller, s'entendre avec les chats,
Plus importuns pour moi, durant la nuit obscure,
Que jamais, en plein jour, ne fut l'abbé de Pure[1].
  Tout conspire à la fois à troubler mon repos,
Et je me plains ici du moindre de mes maux :
Car à peine les coqs, commençant leur ramage,
Auront de cris aigus frappé le voisinage,
Qu'un affreux serrurier, laborieux Vulcain,
Qu'éveillera bientôt l'ardente soif du gain,
Avec un fer maudit qu'à grand bruit il apprête,
De cent coups de marteau me va fendre la tête.
J'entends déjà partout les charrettes courir,
Les maçons travailler, les boutiques s'ouvrir ;
Tandis que dans les airs mille cloches émues
D'un funèbre concert font retentir les nues,
Et, se mêlant au bruit de la grêle et des vents,
Pour honorer les morts font mourir les vivants.
  Encor je bénirais la bonté souveraine,
Si le ciel à ces maux avait borné ma peine.
Mais si seul en mon lit je peste avec raison,
C'est encor pis vingt fois en quittant la maison :
En quelque endroit que j'aille, il faut fendre la presse
D'un peuple d'importuns qui fourmillent sans cesse.
L'un me heurte d'un ais, dont je suis tout froissé ;
Je vois d'un autre coup mon chapeau renversé[2].

(1) Ennuyeux célèbre. Boileau en a déjà parlé dans la satire II, v. 18.
(2) Juvénal avait dit :

Properantibus obstat
Unda prior : magno populus premit agmine lumbos
Qui sequitur : ferit hic cubito, ferit assere duro
Alter ; at hic tignum capiti incutit, ille metretam.
(Sat. III, v. 243.)

Là d'un enterrement la funèbre ordonnance
D'un pas lugubre et lent vers l'église s'avance;
Et plus loin des laquais, l'un l'autre s'agaçants
Font aboyer les chiens et jurer les passants.
Des paveurs en ce lieu me bouchent le passage.
Là je trouve une croix [1] de funeste présage;
Et des couvreurs, grimpés au toit d'une maison,
En font pleuvoir l'ardoise et la tuile à foison.
Là, sur une charrette une poutre branlante
Vient menaçant de loin la foule qu'elle augmente [2];
Six chevaux, attelés à ce fardeau pesant,
Ont peine à l'émouvoir sur le pavé glissant.
D'un carrosse en tournant il accroche une roue,
Et du choc le renverse en un grand tas de boue,
Quand un autre à l'instant, s'efforçant de passer,
Dans le même embarras se vient embarrasser.
Vingt carosses bientôt arrivant à la file,
Y sont en moins de rien suivis de plus de mille;
Et, pour surcroît de maux, un sort malencontreux
Conduit en cet endroit un grand troupeau de bœufs:
Chacun prétend passer; l'un mugit, l'autre jure.
Des mulets en sonnant augmentent le murmure [3].
Aussitôt cent chevaux, dans la foule appelés,
De l'embarras qui croît ferment les défilés,
Et partout des passants enchaînant les brigades,
Au milieu de la paix font voir les barricades [4];
On n'entend que des cris poussés confusément:
Dieu pour s'y faire ouïr tonnerait vainement.
Moi donc, qui dois souvent en certain lieu me rendre,

(1) On faisait pendre alors du toit de toutes les maisons que l'on couvrait une croix de lattes pour avertir les passants de s'éloigner. On n'y pend plus maintenant qu'une simple latte.

(2) Boileau lutte ici avantageusement avec son modèle :

Modo longa coruscat
Sarraco veniente abies, atque altera pinum
Plaustra vehunt : nutant alte populoque minantur.
(Sat. III, v. 254.)

(3) Le murmure, expression faible.

(4) Allusion aux barricades qui eurent lieu sous la Fronde en 1648.

Le jour déjà baissant, et qui suis las d'attendre,
Ne sachant plus tantôt à quel saint me vouer,
Je me mets au hasard de me faire rouer.
Je saute vingt ruisseaux, j'esquive, je me pousse ;
Guenaud [1] sur son cheval en passant m'éclabousse :
Et, n'osant plus paraître en l'état où je suis,
Sans songer où je vais, je me sauve où je puis.
Tandis que dans un coin en grondant je m'essuie,
Souvent, pour m'achever, il survient une pluie :
On dirait que le ciel, qui se fond tout en eau,
Veuille inonder ces lieux d'un déluge nouveau.
Pour traverser la rue, au milieu de l'orage,
Un ais sur deux pavés forme un étroit passage ;
Le plus hardi laquais n'y marche qu'en tremblant :
Il faut pourtant passer sur ce pont chancelant ;
Et les nombreux torrents qui tombent des gouttières,
Grossissant les ruisseaux, en ont fait des rivières.
J'y passe en trébuchant ; mais malgré l'embarras,
La frayeur de la nuit précipite mes pas.
Car, sitôt que du soir les ombres pacifiques
D'un double cadenas font fermer les boutiques ;
Que, retiré chez lui, le paisible marchand
Va revoir ses billets et compter son argent ;
Que dans le Marché-Neuf tout est calme et tranquille,
Les voleurs à l'instant s'emparent de la ville [2] :
Le bois le plus funeste et le moins fréquenté
Est, au prix de Paris, un lieu de sûreté.
Malheur donc à celui qu'une affaire imprévue
Engage un peu trop tard au détour d'une rue !
Bientôt quatre bandits lui serrant les côtés,
La bourse !... Il faut se rendre : ou bien, non, résistez,
Afin que votre mort, de tragique mémoire,

(1) C'était le plus célèbre médecin de Paris, et qui s'était permis d'aller à cheval, tandis qu'alors la monture habituelle des médecins était une mule.

(2) On volait beaucoup en ce temps-là dans les rues de Paris. Les premiers édits qui eurent pour objet d'y maintenir l'ordre, ne parurent qu'en 1667, par conséquent sept ans après que Boileau eut publié cette petite pièce.

Des massacres fameux aille grossir l'histoire [1].
Pour moi, fermant ma porte, et cédant au sommeil,
Tous les jours je me couche avecque le soleil [2] :
Mais en ma chambre à peine ai-je éteint la lumière,
Qu'il ne m'est plus permis de fermer la paupière.
Des filous effrontés, d'un coup de pistolet,
Ebranlent ma fenêtre et percent mon volet ;
J'entends crier partout : Au meurtre ! On m'assassine !
Ou : Le feu vient de prendre à la maison voisine.
Tremblant et demi-mort, je me lève à ce bruit,
Et souvent sans pourpoint [3] je cours toute la nuit.
Car le feu, dont la flamme en ondes se déploie,
Fait de notre quartier une seconde Troie,
Où maint Grec affamé, maint avide Argien,
Au travers des charbons va piller le Troyen.
Enfin sous mille crocs la maison abimée
Entraîne aussi le feu qui se perd en fumée.
Je me retire donc, encor pâle d'effroi :
Mais le jour est venu quand je rentre chez moi.
Je fais pour reposer un effort inutile :
Ce n'est qu'à prix d'argent qu'on dort en cette ville.
Il faudrait, dans l'enclos d'un vaste logement,
Avoir loin de la rue un autre appartement.
Paris est pour un riche un pays de Cocagne [4] ;
Sans sortir de la ville, il trouve la campagne :
Il peut dans son jardin, tout peuplé d'arbres verts,
Recéler le printemps au milieu des hivers,
Et, foulant le parfum de ses plantes fleuries,
Aller entretenir ses douces rêveries.
Mais moi, grâce au destin, qui n'ai ni feu ni lieu,
Je me loge où je puis, et comme il plaît à Dieu.

(1) Il y a une histoire intitulée : *Histoire des larrons.*

(2) *Avecque.* On rencontre souvent cette licence dans Corneille. Boileau l'a corrigée dans tous ses vers, sauf dans celui-ci.

(3) Tout le monde, en ce temps-là, portait des pourpoints, veste ronde avec manches.

(4) Contrée fabuleuse où l'on supposait que la nature était prodigue de ses dons.

SATIRE VII.

(LE GENRE SATIRIQUE.)

1663. — 27.

Cette satire a été faite immédiatement après la satire première et la sixième, à la fin de l'année 1663. L'auteur délibère avec sa muse s'il doit continuer à composer des satires ; mais comme son génie l'entraîne de ce côté-là, il se détermine enfin à suivre son inclination. Horace lui a fourni cette idée dans la satire I du l. II.

Muse, changeons de style, et quittons la satire;
C'est un méchant métier que celui de médire;
A l'auteur qui l'embrasse il est toujours fatal :
Le mal qu'on dit d'autrui ne produit que du mal.
Maint poëte, aveuglé d'une telle manie,
En courant à l'honneur, trouve l'ignominie;
Et tel mot, pour avoir réjoui le lecteur,
A coûté bien souvent des larmes à l'auteur[1].
Un éloge ennuyeux, un froid panégyrique,
Peut pourrir à son aise au fond d'une boutique,
Ne craint point du public les jugements divers,
Et n'a pour ennemis que la poudre et les vers :
Mais un auteur malin, qui rit et qui fait rire,
Qu'on blâme en le lisant, et pourtant qu'on veut lire,
Dans ses plaisants accès qui se croit tout permis,
De ses propres rieurs se fait des ennemis.

(1) Le début d'Horace nous semble plus vif. Le dialogue rend son idée plus incisive et plus frappante :

Trebati,
Quid faciam præscribe.
TREB. Quiescas.
HOR. Ne faciam, inquis,
Omnino versus?
TREB. Aio.
HORAT. Peream male... (L. II, Sat. I, v. 4-6.)

Un discours trop sincère aisément nous outrage ;
Chacun dans ce miroir pense voir son visage ;
Et tel, en vous lisant, admire chaque trait,
Qui, dans le fond de l'âme, et vous craint et vous hait[1].
Muse, c'est donc en vain que la main vous démange :
S'il faut rimer ici, rimons quelque louange;
Et cherchons un héros, parmi cet univers,
Digne de notre encens et digne de nos vers.
Mais à ce grand effort en vain je vous anime :
Je ne puis pour louer rencontrer une rime ;
Dès que j'y veux rêver, ma veine est aux abois[2].
J'ai beau frotter mon front, j'ai beau mordre mes doigts,
Je ne puis arracher du creux de ma cervelle
Que des vers plus forcés que ceux de la Pucelle[3].
Je pense être à la gêne ; et, pour un tel dessein,
La plume et le papier résistent à ma main.
Mais quand il faut railler, j'ai ce que je souhaite.
Alors, certes, alors je me connais poëte :
Phébus, dès que je parle, est prêt à m'exaucer ;
Mes mots viennent sans peine, et courent se placer.
Faut-il peindre un fripon fameux dans cette ville?
Ma main, sans que j'y rêve, écrira Raumaville[4].
Faut-il d'un sot parfait peindre l'original,
Ma plume au bout du vers d'abord trouve Sofal[5] :
Je sens que mon esprit travaille de génie.

(1) Horace avait dit :

Quum sibi quisque timet, quanquam est intactus, et odit.
(L. II, Sat. I, v. 24.)

(2) Boileau suit encore ici son modèle :

Si tantus amor scribendi te rapit, aude
Cæsaris invicti res dicere, multa laborum
Præmia laturus.
HORAT. Cupidum, pater optime, vires
Deficiunt : neque enim quivis horrentia pilis
Agmina, nec fracta pereuntes cuspide Gallos,
Aut labentis equo describat vulnera Parthi. (Ibid., v. 9-15.)

(3) Poëme héroïque de Chapelain, dont tous les vers semblent faits en dépit de Minerve.

(4) Raumaville pour *Somaville*, fameux libraire de l'époque.

(5) Sofal pour Sauval, l'auteur des *Antiquités de la ville de Paris*, 3 vol. in-fol.

Faut-il d'un froid rimeur dépeindre la manie,
Mes vers, comme un torrent, coulent sur le papier ;
Je rencontre à la fois Perrin et Pelletier,
Bonnecorse, Pradon, Colletet, Titreville[1] ;
Et, pour un que je veux, j'en trouve plus de mille.
Aussitôt je triomphe, et ma muse en secret
S'estime et s'applaudit du beau coup qu'elle a fait.
C'est en vain qu'au milieu de ma fureur extrême
Je me fais quelquefois des leçons à moi-même ;
En vain je veux au moins faire grâce à quelqu'un :
Ma plume aurait regret d'en épargner aucun ;
Et, sitôt qu'une fois la verve me domine,
Tout ce qui s'offre à moi passe par l'étamine[2].
Le mérite pourtant m'est toujours précieux :
Mais tout fat me déplaît, et me blesse les yeux ;
Je le poursuis partout comme un chien fait sa proie,
Et ne le sens jamais qu'aussitôt je n'aboie.
Enfin, sans perdre temps en de si vains propos,
Je sais coudre une rime au bout de quelques mots ;
Souvent j'habille en vers une maligne prose :
C'est par là que je vaux, si je vaux quelque chose.
Ainsi, soit que bientôt, par une dure loi,
La mort d'un vol affreux vienne fondre sur moi,
Soit que le ciel me garde un cours long et tranquille,
A Rome ou dans Paris, aux champs ou dans la ville,
Dût ma muse par là choquer tout l'univers,
Riche, gueux, triste ou gai, je veux faire des vers[3].

(1) L'abbé Perrin fit une mauvaise traduction en vers de l'*Enéide*, et introduisit en France l'opéra italien. Pelletier, V. le *Discours au roi*, v. 54. Bonnecorse avait fait la *Montre d'amour*. Il se vengea de Boileau en publiant le *Lutrigot*, qui n'était qu'une plate parodie du Lutrin. Pradon eut la sottise de vouloir lutter plus tard contre la *Phèdre* de Racine. Nous avons déjà vu Colletet. Titreville n'est qu'un mauvais rimailleur, uniquement connu par la satire de Boileau.

(2) Nous trouverions aujourd'hui cette métaphore trop commune pour la poésie.

(3) Ce passage est encore emprunté à Horace :

Seu me tranquilla senectus
Expectat, seu mors atris circumvolat alis ;
Dives, inops ; Romæ, seu fors ita jusserit, exul ;
Quisquis erit vitæ, scribam, color. (L. II, Sat. 1, v. 57-60.)

Pauvre esprit, dira-t-on, que je plains ta folie!
Modère ces bouillons de ta mélancolie ;
Et garde qu'un de ceux que tu penses blâmer
N'éteigne dans ton sang cette ardeur de rimer.
Eh quoi! lorsqu'autrefois Horace, après Lucile,
Exhalait en bons mots les vapeurs de sa bile,
Et, vengeant la vertu par des traits éclatants,
Allait ôter le masque aux vices de son temps ;
Ou bien, quand Juvénal, de sa mordante plume
Faisant couler des flots de fiel et d'amertume,
Gourmandait en courroux tout le peuple latin,
L'un ou l'autre fit-il une tragique fin [1] ?
Et que craindre, après tout, d'une fureur si vaine?
Personne ne connaît ni mon nom ni ma veine.
On ne voit point mes vers, à l'envi de Montreuil [2],
Grossir impunément les feuillets d'un recueil.
A peine quelquefois je me force à les lire,
Pour plaire à quelque ami que charme la satire [3],
Qui me flatte peut-être, et d'un air imposteur,
Rit tout haut de l'ouvrage, et tout bas de l'auteur.
Enfin c'est mon plaisir ; je veux me satisfaire :
Je ne puis bien parler, et ne saurais me taire ;
Et, dès qu'un mot plaisant vient luire à mon esprit,
Je n'ai point de repos qu'il ne soit en écrit :
Je ne résiste point au torrent qui m'entraîne.
Mais c'est assez parlé : prenons un peu d'haleine :
Ma main, pour cette fois, commence à se lasser.
Finissons. Mais demain, Muse, à recommencer.

(1) Horace se défend de même par l'exemple de Lucilius :

Quid ? quum est Lucilius ausus
Primus in hunc operis componere carmina morem,
Detrahere et pellem, nitidus qua quisque per ora
Cederet, introrsum turpis ; num Lælius, aut qui
Duxit ab oppressa meritum Carthagine nomen,
Ingenio offensi. (L. II, Sat. I, v. 62-67.)

(2) Le nom de Montreuil dominait dans tous les fréquents recueils de poésies qu'on faisait alors.

(3) Horace dit aussi :

Nec recito cuiquam, nisi amicis, idque coactus,
Non ubivis, coramve quibuslibet. (L. I, Sat. IV, v. 72-73.)

SATIRE VIII.

A M. M*** (MOREL),

DOCTEUR DE SORBONNE.

(L'HOMME.)

1667. — 31.

Cette satire, que l'auteur nommait la *satire de l'Homme*, fut composée en 1667. Elle est tout à fait dans le goût de Perse, et marque un philosophe chagrin qui ne peut souffrir les vices des hommes. Elle est adressée à M. Morel, docteur de Sorbonne, qui était de Châlons en Champagne, d'une bonne famille de robe ; il mourut à Paris le 30 avril 1679, étant doyen de la faculté de théologie et chanoine théologal de Paris.

De tous les animaux qui s'élèvent dans l'air,
Qui marchent sur la terre, ou nagent dans la mer,
De Paris au Pérou, du Japon jusqu'à Rome,
Le plus sot animal, à mon avis, c'est l'homme.
Quoi ! dira-t-on d'abord, un ver, une fourmi,
Un insecte rampant qui ne vit qu'à demi,
Un taureau qui rumine, une chèvre qui broute,
Ont l'esprit mieux tourné que n'a l'homme? Oui, sans doute.
Ce discours te surprend, docteur, je l'aperçoi.
L'homme de la nature est le chef et le roi :
Bois, prés, champs, animaux, tout est pour son usage,
Et lui seul a, dis-tu, la raison en partage.
Il est vrai, de tout temps la raison fut son lot :
Mais de là je conclus que l'homme est le plus sot.
Ces propos, diras-tu, sont bons dans la satire,
Pour égayer d'abord un lecteur qui veut rire :
Mais il faut les prouver. En forme. — J'y consens.

Réponds-moi donc, docteur, et mets-toi sur les bancs.
  Qu'est-ce que la sagesse? Une égalité d'âme
Que rien ne peut troubler, qu'aucun désir n'enflamme ;
Qui marche en ses conseils à pas plus mesurés
Qu'un doyen au palais ne monte les degrés.
Or cette égalité dont se forme le sage,
Qui jamais moins que l'homme en a connu l'usage?
La fourmi, tous les ans traversant les guérets,
Grossit ses magasins des trésors de Cérès :
Et dès que l'aquilon, ramenant la froidure,
Vient de ses noirs frimas attrister la nature,
Cet animal, tapi dans son obscurité,
Jouit, l'hiver, des biens conquis durant l'été.
Mais on ne la voit point, d'une humeur inconstante,
Paresseuse au printemps, en hiver diligente,
Affronter en plein champ les fureurs de janvier,
Ou demeurer oisive au retour du bélier[1].
Mais l'homme, sans arrêt dans sa course insensée,
Voltige incessamment de pensée en pensée :
Son cœur, toujours flottant entre mille embarras,
Ne sait ni ce qu'il veut ni ce qu'il ne veut pas[2].
Importun à tout autre, à soi-même incommode,
Il change à tous moments d'esprit comme de mode :
Il tourne au moindre vent, il tombe au moindre choc,
Aujourd'hui dans un casque, et demain dans un froc.
  Cependant à le voir, plein de vapeurs légères,

(1) Ces vers sont imités d'Horace, qui en fait d'ailleurs une autre application :

> Parvula (nam exemplo est) magni formica laboris.
> Ore trahit quodcumque potest, atque addit acervo
> Quem struit, haud ignara ac non incauta futuri.
> Quæ, simul inversum contristat Aquarius annum,
> Non usquam prorepit, et illis utitur antè
> Quæsitis sagiens..... (L. I, Sat. I, v. 32 et seq.)

(2) Horace a peint ainsi l'inconstance de l'homme :

> Quod petiit, spernit ; repetit quod nuper omisit?
> Æstuat, et vitæ disconvenit ordine toto?
> Diruit, ædificat, mutat quadrata rotundis?
> (L. I, Ep. I, v. 98-101.)

Soi-même se bercer de ses propres chimères,
Lui seul de la nature est la base et l'appui,
Et le dixième ciel ne tourne que pour lui[1].
De tous les animaux il est, dit-il, le maître. —
Qui pourrait le nier? poursuis-tu. — Moi, peut-être.
Mais, sans examiner si vers les antres sourds
L'ours a peur du passant, ou le passant de l'ours :
Et si, sur un édit des pâtres de Nubie,
Les lions de Barca videraient la Libye;
Ce maître prétendu qui leur donne des lois,
Ce roi des animaux, combien a-t-il de rois!
L'ambition, l'amour, l'avarice, la haine,
Tiennent comme un forçat son esprit à la chaîne.
Le sommeil sur ses yeux commence à s'épancher :
Debout, dit l'avarice, il est temps de marcher ! — [ques.
Hé ! laissez-moi. — Debout ! — Un moment. — Tu répli-
— A peine le soleil fait ouvrir les boutiques. —
N'importe, lève-toi. — Pourquoi faire après tout?
— Pour courir l'océan de l'un à l'autre bout[2],
Chercher jusqu'au Japon la porcelaine et l'ambre,
Rapporter de Goa[3] le poivre et le gingembre.
— Mais j'ai des biens en foule, et je puis m'en passer.
— On n'en peut trop avoir; et pour en amasser
Il ne faut épargner ni crime ni parjure;
Il faut souffrir la faim, et coucher sur la dure;
Eût-on plus de trésors que n'en perdit Galet[4],

(1) Ce vers fait allusion au système astronomique de Ptolémée, qui avait imaginé des cieux emportant tous les astres dans d'immenses révolutions autour de la terre, dans l'ordre suivant : la Lune, Mercure, Vénus, le Soleil, Mars, Jupiter, Saturne, puis venaient des cristallins, des mobiles, et le ciel des fixes, qui était le dixième. Toute la création tournait donc pour la terre.

(2) Ce beau dialogue se trouve dans Perse :

Surge ! inquit avaritia. — Eia !—
Surge ! — Negas ? instat :—Surge, inquit.—Non queo.—Surge
Sed quid agam ?—Rogitas ? en saperdam advehe Ponto...
(Sat. v, v. 132 et seq.)

(3) Ville des Portugais dans les Indes orientales.

(4) Fameux joueur dont il est fait mention dans Regnier.

N'avoir en sa maison ni meubles ni valet;
Parmi les tas de blé vivre de seigle et d'orge;
De peur de perdre un liard, souffrir qu'on vous égorge.
— Et pourquoi cette épargne enfin? — L'ignores-tu?
Afin qu'un héritier, bien nourri, bien vêtu,
Profitant d'un trésor en tes mains inutile,
De son train quelque jour embarrasse la ville[1].
— Que faire? — Il faut partir : les matelots sont prêts.
Ou, si pour l'entraîner l'argent manque d'attraits,
Bientôt l'ambition et toute son escorte
Dans le sein du repos vient le prendre à main forte,
L'envoie en furieux, au milieu des hasards,
Se faire estropier sur les pas des Césars;
Et, cherchant sur la brèche une mort indiscrète,
De sa folle valeur embellir la gazette.
Tout beau, dira quelqu'un, raillez plus à propos;
Ce vice fut toujours la vertu des héros.
Quoi donc! à votre avis, fut-ce un fou qu'Alexandre?
Qui? cet écervelé qui mit l'Asie en cendre?
Ce fougueux l'Angéli[2], qui, de sang altéré,
Maître du monde entier, s'y trouvait trop serré?
L'enragé qu'il était, né roi d'une province
Qu'il pouvait gouverner en bon et sage prince,
S'en alla follement, et pensant être dieu,
Courir comme un bandit qui n'a ni feu ni lieu;
Et, traînant avec soi les horreurs de la guerre,
De sa vaste folie emplir toute la terre:
Heureux, si de son temps, pour cent bonnes raisons,
La Macédoine eût eu des Petites-Maisons[3];
Et qu'un sage tuteur l'eût en cette demeure,
Par avis de parents, enfermé de bonne heure!
Mais, sans nous égarer dans ces digressions,
Traiter, comme Senaut[4], toutes les passions,

(1) Comparez les vers d'Horace (L. II, Sat. III, v. 110 et seq.).
(2) Voy. v. 112 de la Ire satire.
(3) Voy. v. 4 de la IVe satire.
(4) Senaut, général de l'Oratoire, a composé un *Traité de l'usage des passions.*

Et, les distribuant par classes et par titres,
Dogmatiser en vers, et rimer par chapitres,
Laissons-en discourir La Chambre et Coeffeteau [1],
Et voyons l'homme enfin par l'endroit le plus beau.
  Lui seul, vivant, dit-on, dans l'enceinte des villes,
Fait voir d'honnêtes mœurs, des coutumes civiles,
Se fait des gouverneurs, des magistrats, des rois,
Observe une police, obéit à des lois.
  Il est vrai. Mais pourtant sans lois et sans police,
Sans craindre archers, prévôt, ni suppôt de justice,
Voit-on les loups brigands, comme nous inhumains,
Pour détrousser les loups courir les grands chemins?
Jamais, pour s'agrandir, vit-on dans sa manie
Un tigre en factions partager l'Hyrcanie [2]
L'ours a-t-il dans les bois la guerre avec les ours ?
Le vautour dans les airs fond-il sur les vautours [3] ?
A-t-on vu quelquefois dans les plaines d'Afrique,
Déchirant à l'envi leur propre république,
« Lions contre lions, parents contre parents,
Combattre follement pour le choix des tyrans [4] ? »
L'animal le plus fier qu'enfante la nature
Dans un autre animal respecte sa figure ;
De sa rage avec lui modère les accès ;
Vit sans bruit, sans débats, sans noise, sans procès.

(1) Lachambre était un académicien. Il a laissé les *Caractères des passions*, 5 vol. in-4°. Coeffeteau était un dominicain qui a composé le *Tableau des passions humaines, leurs causes et leurs effets.*

(2) Province de Perse sur les bords de la mer Caspienne.

(3) Juvénal a fourni à Boileau ce passage :

> Sed jam serpentum major concordia : parcit
> Cognatis maculis similis fera. Quando leoni.
> Fortior eripuit vitam leo? (Juv., Sat. xv, v. 159-165.)

Horace a dit aussi :

> Neque hic lupis mos, nec fuit leonibus,
> Nunquam, nisi in dispar, feris.
> (Horat., Od. vii, v. 11 et 12.)

(4) Parodie. Il y a dans *Cinna :*

Romains contre Romains, parents contre parents, etc.

Un aigle, sur un champ prétendant droit d'aubaine[1]
Ne fait point appeler un aigle à la huitaine;
Jamais, contre un renard chicanant un poulet,
Un renard de son sac[2] n'alla charger Rollet[3];
On ne connaît chez eux ni placets ni requêtes,
Ni haut ni bas conseil, ni chambre des enquêtes.
Chacun, l'un avec l'autre en toute sûreté,
Vit sous les pures lois de la simple équité.
L'homme seul, l'homme seul, en sa fureur extrême,
Met un brutal honneur à s'égorger soi-même.
C'était peu que sa main, conduite par l'enfer,
Eût pétri le salpêtre, eût aiguisé le fer;
Il fallait que sa rage, à l'univers funeste,
Allât encor de lois embrouiller un Digeste[4];
Cherchât, pour l'obscurcir, des gloses, des docteurs;
Accablât l'équité sous des monceaux d'auteurs;
Et, pour comble de maux, apportât dans la France
Des harangeurs du temps l'ennuyeuse éloquence.
   Doucement, diras-tu: que sert de s'emporter?
L'homme a ses passions, on n'en saurait douter:
Il a comme la mer ses flots et ses caprices:
Mais ses moindres vertus balancent tous ses vices.
N'est-ce pas l'homme enfin dont l'art audacieux
Dans le tour d'un compas a mesuré les cieux;
Dont la vaste science, embrassant toutes choses,
A fouillé la nature, en a percé les causes?
Les animaux ont-ils des universités?
Voit-on fleurir chez eux des quatre facultés?
Y voit-on des savants en droit, en médecine,
Endosser l'écarlate et se fourrer d'hermine[5]?

(1) C'est un droit qu'a le roi de succéder aux biens des étrangers qui demeurent en France, et qui n'y sont point naturalisés.

(2) Sac contenant des pièces de procès.

(3) Voy. Satire I, v. 52.

(4) On appelle ainsi le recueil des décisions des anciens jurisconsultes, composé par ordre de Justinien.

(5) L'université est composée de quatre facultés, qui sont les arts, la théologie, le droit, et la médecine. Les docteurs portent, les jours de cérémonie, des robes rouges fourrées d'hermine.

Non, sans doute ; et jamais chez eux un médecin
N'empoisonna les bois de son art assassin.
Jamais docteur, armé d'un argument frivole,
Ne s'enroua chez eux sur les bancs d'une école.
Mais, sans chercher au fond si notre esprit déçu
Sait rien de ce qu'il sait, s'il n'a jamais rien su,
Toi-même réponds-moi : Dans le siècle où nous sommes,
Est-ce au pied du savoir qu'on mesure les hommes ?
Veux-tu voir tous les grands à ta porte courir ?
Dit un père à son fils dont le poil va fleurir ;
Prends-moi le bon parti : laisse là tous les livres.
Cent francs au denier cinq combien font-ils ? — Vingt [livres[1].
C'est bien dit. Va, tu sais tout ce qu'il faut savoir.
Que de biens, que d'honneurs sur toi s'en vont pleuvoir !
Exerce-toi, mon fils, dans ces hautes sciences[2] ;
Prends, au lieu d'un Platon, le Guidon des finances[3] ;
Sache quelle province enrichit les traitants,
Combien le sel au roi peut fournir tous les ans.
Endurcis-toi le cœur : sois arabe, corsaire,
Injuste, violent, sans foi, double, faussaire.
Ne va point sottement faire le généreux :
Engraisse-toi, mon fils, du suc des malheureux :
Et, trompant de Colbert la prudence importune,
Va par tes cruautés mériter la fortune,
Aussitôt tu verras poëtes, orateurs,
Rhéteurs, grammairiens, astronomes, docteurs,
Dégrader les héros pour te mettre en leurs places,
De tes titres pompeux enfler leurs dédicaces,
Te prouver à toi-même en grec, hébreu, latin,
Que tu sais de leur art et le fort et le fin.
Quiconque est riche est tout : sans sagesse il est sage ;
Il a, sans rien savoir, la science en partage ;

(1) Vingt livres d'intérêt par an. C'est un usurier qui parle.
(2) Horace reproche aussi aux Romains de ne s'occuper que de calcul.

Romani pueri longis rationibus assem
Discunt in partes centum diducere. Dicat
Filius Albini si de quincunce remota est
Uncia, quid superest ? (Ars poet., v. 325-330.)

(3) Livre qui traite des finances.

Il a l'esprit, le cœur, le mérite, le rang,
La vertu, la valeur, la dignité, le sang [1].
C'est ainsi qu'à son fils un usurier habile
Trace vers la richesse une route facile :
Et souvent tel y vient, qui sait, pour tout secret,
Cinq et quatre font neuf, ôtez deux, reste sept.
Après cela, docteur, va pâlir sur la Bible ;
Va marquer les écueils de cette mer terrible ;
Perce la sainte horreur de ce livre divin ;
Confonds dans un ouvrage et Luther et Calvin ;
Débrouille des vieux temps les querelles célèbres ;
Eclaircis des rabbins les savantes ténèbres :
Afin qu'en ta vieillesse un livre en maroquin
Aille offrir ton travail à quelque heureux faquin,
Qui, pour digne loyer de la Bible éclaircie,
Te paie, en l'acceptant, d'un : Je vous remercie.
Ou, si ton cœur aspire à des honneurs plus grands,
Quitte là le bonnet, la Sorbonne, et les bancs [2] ;
Et, prenant désormais un emploi salutaire,
Mets-toi chez un banquier, ou bien chez un notaire :
Laisse là saint Thomas s'accorder avec Scot [3] ;
Et conclus avec moi qu'un docteur n'est qu'un sot.
Un docteur ! diras-tu. Parlez de vous, poëte :
C'est pousser un peu loin votre muse indiscrète.
Mais, sans perdre en discours le temps hors de saison,
L'homme, venez au fait, n'a-t-il pas la raison ?
N'est-ce pas son flambeau, son pilote fidèle ?
Oui. Mais de quoi lui sert que sa voix le rappelle,
Si, sur la foi des vents tout prêt à s'embarquer,
Il ne voit point d'écueil qu'il ne l'aille choquer ?

(1) Cette idée a été ainsi rendue par Horace :

Omnis enim res,
Virtus, fama, decus, divina humanaque pulchris
Divitiis parent... (L. II, Sat. III, v. 94-98.)

(2) Le bonnet de docteur, la faculté de théologie et l'école.

(3) Scot, habile théologien, mort en 1308, avait pris à tâche de soutenir, en matière libre, les sentiments opposés à ceux de saint Thomas, et il avait réussi à faire une école célèbre, sous le nom de *scotiste*.

Et que sert à Cotin[1] la raison qui lui crie :
N'écris plus, guéris-toi d'une vaine furie ;
Si tous ces vains conseils, loin de la réprimer,
Ne font qu'accroître en lui la fureur de rimer ?
Tous les jours de ses vers, qu'à grand bruit il récite,
Il met chez lui voisins, parents, amis, en fuite[2] ;
Car, lorsque son démon commence à l'agiter,
Tout, jusqu'à sa servante, est prêt à déserter.
Un âne, pour le moins, instruit par la nature,
A l'instinct qui le guide obéit sans murmure ;
Ne va pas follement de sa bizarre voix
Défier aux chansons les oiseaux dans les bois :
Sans avoir la raison, il marche sur sa route.
L'homme seul, qu'elle éclaire, en plein jour ne voit goutte ;
Réglé par ses avis, fait tout à contre-temps,
Et, dans tout ce qu'il fait, n'a ni raison ni sens.
Tout lui plaît et déplaît, tout le choque et l'oblige ;
Sans raison il est gai, sans raison il s'afflige ;
Son esprit au hasard aime, évite, poursuit,
Défait, refait, augmente, ôte, élève, détruit.
Et voit-on, comme lui, les ours ni les panthères
S'effrayer sottement de leurs propres chimères ;
Plus de douze attroupés craindre le nombre impair
Ou croire qu'un corbeau[3] les menace dans l'air ?
Jamais l'homme, dis-moi, vit-il la bête folle
Sacrifier à l'homme, adorer son idole ;
Lui venir, comme au dieu des saisons et des vents,
Demander à genoux la pluie ou le beau temps ?
Non ; mais cent fois la bête a vu l'homme hypocondre[4]
Adorer le métal que lui-même il fit fondre ;

(1) Il avait écrit contre moi et contre Molière ; ce qui donna occasion à Molière de faire *les Femmes savantes,* et d'y tourner Cotin en ridicule (Boileau).

(2) Horace, Art poét.,

Certe, furit ac velut ursus... V. 472 et seq.

(3) Bien des gens croyaient encore que, lorsqu'on se trouve treize à table, il y a toujours dans l'année un des treize qui meurt, et qu'un corbeau aperçu dans l'air présage quelque chose de sinistre.

(4) Pour *hypocondriaque,* morose, bizarre.

A vu dans un pays les timides mortels
Trembler aux pieds d'un singe assis sur leurs autels ;
Et sur les bords du Nil les peuples imbéciles,
L'encensoir à la main, chercher les crocodiles [1].
Mais pourquoi, diras-tu, cet exemple odieux?
Que peut servir ici l'Egypte et ses faux dieux ?
Quoi ! me prouverez-vous par ce discours profane
Que l'homme, qu'un docteur, est au dessous d'un âne ?
Un âne, le jouet de tous les animaux,
Un stupide animal, sujet à mille maux ;
Dont le nom seul en soi comprend une satire !
— Oui, d'un âne : et qu'a-t-il qui nous excite à rire?
Nous nous moquons de lui : mais s'il pouvait un jour,
Docteur, sur nos défauts s'exprimer à son tour ;
Si, pour nous réformer, le ciel, prudent et sage,
De la parole enfin lui permettait l'usage;
Qu'il pût dire tout haut ce qu'il se dit tout bas ;
Ah ! docteur, entre nous, que ne dirait-il pas !
Et que peut-il penser, lorsque dans une rue,
Au milieu de Paris, il promène sa vue;
Qu'il voit de toutes parts les hommes bigarrés,
Les uns gris, les uns noirs, les autres chamarrés ?
Que dit-il, quand il voit, avec la mort en trousse,
Courir chez un malade un assassin en housse [2] ;
Qu'il trouve de pédants un escadron fourré,
Suivi par un recteur de bedeaux entouré [3] ;
Ou qu'il voit la Justice, en grosse compagnie,
Mener tuer un homme avec cérémonie ?
Que pense-t-il de nous, lorsque sur le midi
Un hasard au palais le conduit un jeudi [4] ;
Lorsqu'il entend de loin, d'une gueule infernale,
La chicane en fureur mugir dans la grand'salle ?
Que dit-il, quand il voit les juges, les huissiers,
Les clercs, les procureurs, les sergents, les greffiers ?

(1) Juvénal se moque aussi de la folie des Egyptiens, Sat. xv.
(2) Nouvelle allusion au médecin Guénaud. V. Sat. vi, v. 68.
(3) Procession de l'université.
(4) C'était le jour des grandes audiences.

Oh ! que si l'âne alors, à bon droit misanthrope,
Pouvait trouver la voix qu'il eut au temps d'Ésope ;
De tous côtés, docteur, voyant les hommes fous,
Qu'il dirait de bon cœur, sans en être jaloux,
Content de ses chardons, et secouant la tête :
Ma foi, non plus que nous, l'homme n'est qu'une bête !

SATIRE IX.

A SON ESPRIT.

(L'APOLOGIE.)

1667. — 31.

Cette satire est entièrement dans le goût d'Horace. M. Despréaux, sous prétexte de censurer ses propres défauts, y tourne adroitement en ridicule une foule d'auteurs qui s'étaient servis des expressions les plus grossières, en critiquant la liberté qu'il s'était donnée de nommer dans ses premières satires des auteurs encore vivants. Il la composa en 1667, mais il ne la fit imprimer que l'année suivante.

C'est à vous, mon esprit, à qui je veux parler [1].
Vous avez des défauts que je ne puis céler :
Assez et trop longtemps ma lâche complaisance
De vos jeux criminels a nourri l'insolence ;
Mais, puisque vous poussez ma patience à bout,
Une fois en ma vie il faut vous dire tout.
On croirait, à vous voir dans vos libres caprices
Discourir en Caton des vertus et des vices,
Décider du mérite et du prix des auteurs,
Et faire impunément la leçon aux docteurs [2],

(1) A vous... à qui... Tous les grammairiens condamnent ce vers. Pour la justification de l'auteur, il suffit d'observer que cette locution n'était point condamnée de son temps et qu'il l'a employée pour exciter tout d'abord l'attention.

(2) Comme il l'a fait dans la satire précédente.

Qu'étant seul à couvert des traits de la satire
Vous avez tout pouvoir de parler et d'écrire.
Mais moi, qui dans le fond sais bien ce que j'en crois,
Qui compte tous les jours vos défauts par mes doigts,
Je ris, quand je vous vois si faible et si stérile,
Prendre sur vous le soin de réformer la ville,
Dans vos discours chagrins plus aigre et plus mordant
Qu'une femme en furie, ou Gauthier [1] en plaidant.
  Mais répondez un peu. Quelle verve indiscrète
Sans l'aveu des neuf sœurs vous a rendu poëte?
Sentiez-vous, dites-moi, ces violents transports,
Qui d'un esprit divin font mouvoir les ressorts [2] ?
Qui vous a pu souffler une si folle audace?
Phébus a-t-il pour vous aplani le Parnasse?
Et ne savez-vous pas que, sur ce mont sacré,
Qui ne vole au sommet, tombe au plus bas degré [3] ;
Et qu'à moins d'être au rang d'Horace ou de Voiture,
On rampe dans la fange avec l'abbé de Pure [4] ?
  Que si tous mes efforts ne peuvent réprimer
Cet ascendant malin qui vous force à rimer,
Sans perdre en vains discours tout le fruit de vos veilles,
Osez chanter du roi les augustes merveilles [5]:
Là, mettant à profit vos caprices divers,
Vous verriez tous les ans fructifier vos vers :
Et par l'espoir du gain votre muse animée,
Vendrait au poids de l'or une once de fumée.
Mais en vain, direz-vous, je pense vous tenter
Par l'éclat d'un fardeau trop pesant à porter :
Tout chantre ne peut pas, sur le ton d'un Orphée,
Entonner en grands vers la Discorde étouffée ;
Peindre Bellone en feu tonnant de toutes parts,

(1) Avocat célèbre et très-mordant.

(2) Ce sont les conditions que Boileau exige de tout poëte au commencement de son Art poétique. Voyez le début du 1er chant.

(3) Horace, Art poét., v. 378.

Si paulum a summo discessit, vergit ad imum.

(4) V. Sat. II, v. 18.

(5) Boileau revient sur un passage d'Horace que nous avons déjà cité (HORAT., l. II, Sat. I, v. 10-15).

Et le Belge effrayé fuyant sur ses remparts[1].
Sur un ton si hardi, sans être téméraire,
Racan pourrait chanter, au défaut d'un Homère[2] ;
Mais pour Cotin et moi, qui rimons au hasard,
Que l'amour de blâmer fit poëtes par art,
Quoiqu'un tas de grimauds vante notre éloquence,
Le plus sûr est pour nous de garder le silence.
Un poëme insipide et sottement flatteur
Déshonore à la fois le héros et l'auteur ;
Enfin de tels projets passent notre faiblesse.
  Ainsi parle un esprit languissant de mollesse,
Qui, sous l'humble dehors d'un respect affecté,
Cache le noir venin de sa malignité.
Mais, dussiez-vous en l'air voir vos ailes fondues[3],
Ne valait-il pas mieux vous perdre dans les nues,
Que d'aller sans raison, d'un style peu chrétien,
Faire insulte en rimant à qui ne vous dit rien,
Et du bruit dangereux d'un livre téméraire
A vos propres périls enrichir le libraire ?
  Vous vous flattez peut-être, en votre vanité,
D'aller comme un Horace à l'immortalité :
Et déjà vous croyez dans vos rimes obscures
Aux Saumaises[4] futurs préparer des tortures.
Mais combien d'écrivains, d'abord si bien reçus,
Sont de ce fol espoir honteusement déçus !
Combien, pour quelques mois, ont vu fleurir leur livre,
Dont les vers en paquet se vendent à la livre !
Vous pourrez voir, un temps, vos écrits estimés
Courir de main en main par la ville semés ;
Puis de là, tout poudreux, ignorés sur la terre,

(1) Cette satire a été faite dans le temps que le roi prit Lille en Flandre et plusieurs autres villes (13 août 1667).

(2) Boileau est plus heureux dans son Art poétique, quand il dit que Racan peut chanter Philis, les bergers et les bois (Ch. I, v. 18).

(3) Allusion à la fable d'Icare, qui a fourni à Horace cette belle strophe si connue :

Pindarum quisquis studet æmulari, etc. (L. IV, Od. I.)

(4) Saumaise, célèbre commentateur.

Suivre chez l'épicier Neuf-Germain et la Serre [1] ;
Ou, de trente feuillets réduits peut-être à neuf,
Parer, demi-rongés, les rebords du Pont-Neuf [2].
Le bel honneur pour vous, en voyant vos ouvrages
Occuper le loisir des laquais et des pages,
Et souvent, dans un coin renvoyés à l'écart,
Servir de second tome aux airs du Savoyard [3] !
  Mais je veux que le sort, par un heureux caprice,
Fasse de vos écrits prospérer la malice,
Et qu'enfin votre livre aille, au gré de vos vœux,
Faire siffler Cotin chez nos derniers neveux :
Que vous sert-il qu'un jour l'avenir vous estime,
Si vos vers aujourd'hui vous tiennent lieu de crime,
Et ne produisent rien, pour prix de leurs bons mots,
Que l'effroi du public et la haine des sots ?
Quel démon vous irrite et vous porte à médire ?
Un livre vous déplaît : qui vous force à le lire ?
Laissez mourir un fat dans son obscurité :
Un auteur ne peut-il pourrir en sûreté ?
Le Jonas inconnu sèche dans la poussière ;
Le David imprimé n'a point vu la lumière ;
Le Moïse [4] commence à moisir par les bords.
Quel mal cela fait-il ? Ceux qui sont morts sont morts :
Le tombeau contre vous ne peut-il les défendre ?
Et qu'ont fait tant d'auteurs, pour remuer leur cendre ?
Que vous ont fait Perrin, Bardin, Pradon, Hainaut,
Colletet, Pelletier, Titreville, Quinault [5], [ches,
Dont les noms en cent lieux, placés comme en leurs ni-
Vont de vos vers malins remplir les hémistiches ?

(1) Neuf-Germain vécut sous Louis XIII, et publia 2 vol. in-4°, de fort mauvais vers. Boileau a déjà parlé de la Serre (Sat. III, v. 176).

(2) Où l'on vend d'ordinaire des livres de rebut.

(3) Fameux chanteur du Pont-Neuf, dont on vante encore les chansons.

(4) Ces trois poëmes avaient été faits, le *Jonas* par Coras, le *David* par Les-Fargues, et le *Moïse* par Saint-Amand.

(5) Tous ces auteurs ont déjà été cités (Sat. VII, v. 44 et 45), sauf Bardin et Hainaut. Bardin fut de l'Académie, et on n'a de lui qu'un ouvrage en prose, intitulé *le Lycée*. Hainaut, mort en 1682, n'était pourtant pas un poëte sans mérite.

Ce qu'ils font vous ennuie. O le plaisant détour !
Ils ont bien ennuyé le roi, toute la cour,
Sans que le moindre édit ait, pour punir leur crime,
Retranché les auteurs, ou supprimé la rime.
Ecrive qui voudra : chacun à ce métier
Peut perdre impunément de l'encre et du papier.
Un roman, sans blesser les lois ni la coutume,
Peut conduire un héros au dixième volume [1].
De là vient que Paris voit chez lui de tout temps
Les auteurs à grands flots déborder tous les ans ;
Et n'a point de portail où, jusques aux corniches,
Tous les piliers ne soient enveloppés d'affiches.
Vous seul, plus dégoûté, sans pouvoir et sans nom,
Viendrez régler les droits et l'état d'Apollon !
  Mais vous, qui raffinez sur les écrits des autres,
De quel œil pensez-vous qu'on regarde les vôtres ?
Il n'est rien en ce temps à couvert de vos coups :
Mais savez-vous aussi comme on parle de vous ?
  Gardez-vous, dira l'un, de cet esprit critique :
On ne sait bien souvent quelle mouche le pique.
Mais c'est un jeune fou qui se croit tout permis,
Et qui pour un bon mot va perdre vingt amis [2].
Il ne pardonne pas aux vers de la Pucelle,
Et croit régler le monde au gré de sa cervelle.
Jamais dans le barreau trouva-t-il rien de bon ?
Peut-on si bien prêcher qu'il ne dorme au sermon ?
Mais lui, qui fait ici le régent du Parnasse,
N'est qu'un gueux revêtu des dépouilles d'Horace.
Avant lui, Juvénal avait dit en latin [3]

(1) Les romans de *Cyrus*, de *Clélie*, et de *Pharamond*, sont chacun de dix volumes.

(2) Horace, L. I, Sat. IV, v. 32-35 :

Omnes hi metuunt versus, odere poetas.
Fœnum habet in cornu, longe fuge : dummodo risum
Excutiat sibi, non hic cuiquam parcet amico.

(3) Cette raillerie est une réponse très-spirituelle à l'adresse de Cotin lui-même qui avait dit dans sa *Satire des satires :*

Il applique à Paris ce qu'il a lu de Rome :
Ce qu'il dit en français il le doit au latin ,

Qu'on est assis à l'aise aux sermons de Cotin ;
L'un et l'autre avant lui s'étaient plaints de la rime,
Et c'est aussi sur eux qu'il rejette son crime ;
Il cherche à se couvrir de ces noms glorieux.
J'ai peu lu ces auteurs : mais tout n'irait que mieux,
Quand de ces médisants l'engeance toute entière
Irait, la tête en bas, rimer dans la rivière [1].
Voilà comme on vous traite : et le monde effrayé
Vous regarde déjà comme un homme noyé.
En vain quelque rieur, prenant votre défense,
Veut faire au moins, de grâce, adoucir la sentence :
Rien n'apaise un lecteur toujours tremblant d'effroi,
Qui voit peindre en autrui ce qu'il remarque en soi.
Vous ferez-vous toujours des affaires nouvelles ?
Et faudra-t-il sans cesse essuyer des querelles ?
N'entendrai-je qu'auteurs se plaindre et murmurer ?
Jusqu'à quand vos fureurs doivent-elles durer ?
Répondez, mon Esprit ; ce n'est plus raillerie :
Dites... Mais, direz-vous, pourquoi cette furie ?
Quoi ! pour un maigre auteur que je glose en passant,
Est-ce un crime, après tout, et si noir et si grand ?
Et qui, voyant un fat s'applaudir d'un ouvrage
Où la droite raison trébuche à chaque page,
Ne s'écrie aussitôt : L'impertinent auteur !
L'ennuyeux écrivain ! Le maudit traducteur !
A quoi bon mettre au jour tous ces discours frivoles,
Et ces riens enfermés dans de grandes paroles ?
Est-ce donc là médire, ou parler franchement ?
Non, non, la médisance y va plus doucement.
Si l'on vient à chercher pour quel secret mystère
Alidor à ses frais bâtit un monastère :
Alidor ! dit un fourbe ; il est de mes amis :
Je l'ai connu laquais avant qu'il fût commis :

Et ne fait pas un vers qu'il ne fasse un larcin.
Si le bon Juvénal était mort sans écrire,
Le malin Despréaux n'eût pas fait de satire.

(1) Le duc de Montausier avait dit en effet qu'il faudrait envoyer Boileau et tous les poëtes satiriques, rimer dans la rivière.

C'est un homme d'honneur, de piété profonde,
Et qui veut rendre à Dieu ce qu'il a pris au monde [1].
Voilà jouer d'adresse, et médire avec art ;
Et c'est avec respect enfoncer le poignard [2].
Un esprit né sans fard, sans basse complaisance,
Fuit ce ton radouci que prend la médisance.
Mais de blâmer des vers ou durs ou languissants,
De choquer un auteur qui choque le bon sens,
De railler d'un plaisant qui ne sait pas nous plaire,
C'est ce que tout lecteur eut toujours droit de faire.
Tous les jours à la cour un sot de qualité
Peut juger de travers avec impunité ;
A Malherbe, à Racan, préférer Théophile,
Et le clinquant du Tasse à tout l'or de Virgile [3].
Un clerc, pour quinze sous, sans craindre le hola [4],
Peut aller au parterre attaquer Attila ;
Et, si le roi des Huns ne lui charme l'oreille,
Traiter de visigoths tous les vers de Corneille.
Il n'est valet d'auteur, ni copiste, à Paris,
Qui, la balance en main, ne pèse les écrits.
Dès que l'impression fait éclore un poëte,

(1) Cette épigramme est attribuée à Louis XI, qui disait d'un concussionnaire qui faisait bâtir un hôpital : *Qu'après avoir fait tant de pauvres, il était bien juste qu'il les logeât.* Le P. Vavasseur en a fait un joli distique :

Has Matho mendicis fecit justissimus ædes ;
Hos et mendicos fecerat ante Matho.

(2) Horac., L. I, Sat. IV, v. 99 et suiv. :

Hic nigræ succus loliginis, hæc est
Ærugo mera : quod vitium procul abfore chartis,
Atque animo prius, ut si quid promittere de me
Possum aliud, vere promitto.

(3) Un homme de qualité fit un jour ce beau jugement en ma présence (BOILEAU).

(4) Quand l'*Agésilas* et l'*Attila* de Corneille eurent paru, Boileau fit l'épigramme suivante :

Après l'Agésilas,
Hélas !
Mais après l'Attila,
Hola.

C'est à cette épigramme qu'il fait ici allusion

Il est esclave né de quiconque l'achète :
Il se soumet lui-même aux caprices d'autrui,
Et ses écrits tout seuls doivent parler pour lui.
Un auteur à genoux, dans une humble préface,
Au lecteur qu'il ennuie a beau demander grâce,
Il ne gagnera rien sur ce juge irrité,
Qui lui fait son procès de pleine autorité.
Et je serai le seul qui ne pourrai rien dire !
On sera ridicule, et je n'oserai rire !
Et qu'ont produit mes vers de si pernicieux,
Pour armer contre moi tant d'auteurs furieux ?
Loin de les décrier, je les ai fait paraître :
Et souvent, sans ces vers qui les ont fait connaître,
Leur talent dans l'oubli demeurerait caché ;
Et qui saurait sans moi que Cotin a prêché ?
La satire ne sert qu'à rendre un fat illustre :
C'est une ombre au tableau qui lui donne du lustre.
En le blâmant enfin, j'ai dit ce que j'en croi ;
Et tel qui m'en reprend, en pense autant que moi.
Il a tort, dira l'un ; pourquoi faut-il qu'il nomme ?
Attaquer Chapelain ! ah ! c'est un si bon homme !
Balzac en fait l'éloge en cent endroits divers [1].
Il est vrai, s'il m'eût cru, qu'il n'eût point fait de vers.
Il se tue à rimer ; que n'écrit-il en prose ?
Voilà ce que l'on dit. Et que dis-je autre chose ?
En blâmant ses écrits, ai-je d'un style affreux
Distillé sur sa vie un venin dangereux ?
Ma muse, en l'attaquant, charitable et discrète,
Sait de l'homme d'honneur distinguer le poëte.
Qu'on vante en lui la foi, l'honneur, la probité ;
Qu'on prise sa candeur et sa civilité ;
Qu'il soit doux, complaisant, officieux, sincère :
On le veut, j'y souscris, et suis prêt à me taire.
Mais que pour un modèle on montre ses écrits ;

(1) Beaucoup d'autres l'ont loué, et il méritait de l'être, non-seulement comme homme, mais comme littérateur. Son seul tort est vraiment d'avoir voulu faire des vers.

Qu'il soit le mieux renté[1] de tous les beaux esprits;
Comme roi des auteurs qu'on l'élève à l'empire:
Ma bile alors s'échauffe, et je brûle d'écrire;
Et, s'il ne m'est permis de le dire au papier,
J'irai creuser la terre, et, comme ce barbier,
Faire dire aux roseaux par un nouvel organe:
Midas, le roi Midas a des oreilles d'âne[2].
Quel tort lui fais-je enfin? Ai-je par un écrit
Pétrifié sa veine et glacé son esprit?
Quand un livre au Palais se vend et se débite,
Que chacun par ses yeux juge de son mérite,
Que Bilaine[3] l'étale au deuxième pilier,
Le dégoût d'un censeur peut-il le décrier?
En vain contre le Cid un ministre se ligue[4]:
Tout Paris pour Chimène a les yeux de Rodrigue.
L'Académie en corps a beau le censurer,
Le public révolté s'obstine à l'admirer.
Mais lorsque Chapelain met une œuvre en lumière,
Chaque lecteur d'abord lui devient un Linière[5].
En vain il a reçu l'encens de mille auteurs;
Son livre en paraissant dément tous ses flatteurs.
Ainsi, sans m'accuser, quand tout Paris le joue,
Qu'il s'en prenne à ses vers, que Phébus désavoue,
Qu'il s'en prenne à sa muse allemande en françois.
Mais laissons Chapelain pour la dernière fois[6].
La satire, dit-on, est un métier funeste,
Qui plaît à quelques gens, et choque tout le reste.
La suite en est à craindre: en ce hardi métier
La peur plus d'une fois fit repentir Regnier[7].

(1) Chapelain avait de divers endroits 8000 livres de pension.
(2) Malgré la licence qu'on accorde aux poëtes, Boileau ici exagère.
(3) Libraire du Palais.
(4) Allusion à Richelieu qui avait obligé l'Académie à condamner le Cid, et qui avait cherché à le faire tomber. Voyez l'*Histoire de l'Académie*, par Pellisson.
(5) Auteur qui a écrit contre Chapelain.
(6) Ces deux rimes désagréables à l'oreille ont probablement été mises à dessein pour faire allusion à la mauvaise poésie de Chapelain qui manque absolument d'harmonie.
(7) Satyrique célèbre, né à Chartres en 1573, et mort à Rouen en

Quittez ces vains plaisirs dont l'appât vous abuse :
A de plus doux emplois occupez votre muse :
Et laissez à Feuillet [1] réformer l'univers.
Et sur quoi donc faut-il que s'exercent mes vers ?
Irai-je dans une ode, en phrase de Malherbe,
Troubler dans ses roseaux le Danube superbe ;
Délivrer de Sion le peuple gémissant ;
Faire trembler Memphis, ou pâlir le croissant ;
Et, passant du Jourdain les ondes alarmées,
Cueillir mal à propos les palmes idumées ?
Viendrai-je, en une églogue, entouré de troupeaux,
Au milieu de Paris enfler mes chalumeaux,
Et, dans mon cabinet assis au pied des hêtres,
Faire dire aux échos des sottises champêtres ?
Faudra-t-il de sang-froid, et sans être amoureux,
Pour quelque Iris en l'air faire le langoureux,
Lui prodiguer les noms de soleil et d'aurore,
Et toujours bien mangeant, mourir par métaphore [2] ?
Je laisse aux doucereux ce langage affété,
Où s'endort un esprit de mollesse hébété.
La satire, en leçons, en nouveautés fertile,
Sait seule assaisonner le plaisant et l'utile,
Et, d'un vers qu'elle épure aux rayons du bon sens,
Détromper les esprits des erreurs de leur temps.
Elle seule, bravant l'orgueil et l'injustice,
Va jusque sous le dais faire pâlir le vice ;
Et souvent sans rien craindre, à l'aide d'un bon mot,
Va venger la raison des attentats d'un sot.
C'est ainsi que Lucile [3], appuyé de Lélie [4],
Fit justice en son temps des Cotins d'Italie,
Et qu'Horace, jetant le sel à pleines mains,
Se jouait aux dépens des Pelletiers romains.
C'est elle qui, m'ouvrant le chemin qu'il faut suivre,

1616. Il précéda Boileau qui lui a fait plusieurs emprunts, comme Lucilius a précédé Horace.

(1) Fameux prédicateur fort outré dans ses prédications.
(2) On ne peut plus spirituellement se moquer de tous ces travers.
(3) Poëte latin satirique.
(4) Consul romain et ami de Scipion.

M'inspira dès quinze ans la haine d'un sot livre;
Et sur ce mont fameux, où j'osai la chercher,
Fortifia mes pas et m'apprit à marcher.
C'est pour elle, en un mot, que j'ai fait vœu d'écrire.
Toutefois, s'il le faut, je veux bien m'en dédire,
Et, pour calmer enfin tous ces flots d'ennemis,
Réparer en mes vers les maux qu'ils ont commis.
Puisque vous le voulez, je vais changer de style.
Je le déclare donc : Quinault est un Virgile;
Pradon comme un soleil en nos ans a paru;
Pelletier écrit mieux qu'Ablancourt ni Patru [1];
Cotin, à ses sermons traînant toute la terre,
Fend les flots d'auditeurs pour aller à sa chaire;
Sofal [2] est le phénix des esprits relevés;
Perrin... Bon, mon Esprit! courage! poursuivez.
Mais ne voyez-vous pas que leur troupe en furie
Va prendre encor ces vers pour une raillerie?
Et Dieu sait aussitôt que d'auteurs en courroux,
Que de rimeurs blessés s'en vont fondre sur vous!
Vous les verrez bientôt, féconds en impostures,
Amasser contre vous des volumes d'injures;
Traiter en vos écrits chaque vers d'attentat,
Et d'un mot innocent faire un crime d'Etat [3].
Vous aurez beau vanter le roi dans vos ouvrages,
Et de ce nom sacré sanctifier vos pages;
Qui méprise Cotin n'estime point son roi,
Et n'a, selon Cotin, ni Dieu, ni foi, ni loi.
Mais quoi! répondrez-vous, Cotin nous peut-il nuire?
Et par ses cris enfin que saurait-il produire?
Interdire à mes vers, dont peut-être il fait cas,
L'entrée aux pensions où je ne prétends pas?
Non, pour louer un roi que tout l'univers loue,

(1) Tous ces noms ont déjà paru dans les satires précédentes, sauf celui de Perrot d'Ablancourt, célèbre traducteur, qui recherchait l'élégance dans ses traductions, sans s'occuper de l'exactitude, ce qui les a fait surnommer les *belles infidèles*.

(2) Sofal. V. Sat. VII, v. 40.

(3) Cotin, dans un de ses écrits, m'accusait d'être criminel de lèse-majesté divine et humaine (BOILEAU).

Ma langue n'attend point que l'argent la dénoue ;
Et, sans espérer rien de mes faibles écrits,
L'honneur de le louer m'est un trop digne prix.
On me verra toujours, sage dans mes caprices,
De ce même pinceau dont j'ai noirci les vices,
Et peint du nom d'auteur tant de sots revêtus,
Lui marquer mon respect, et tracer ses vertus.
Je vous crois ; mais pourtant on crie, on vous menace.
Je crains peu, direz-vous, les braves du Parnasse.
Hé ! mon Dieu ! craignez tout d'un auteur en courroux,
Qui peut.. Quoi ? — Je m'entends. — Mais encor ? — Tai-
[sez-vous[1].

SATIRE XI.

A M. DE VALINCOUR.

(L'HONNEUR.)

1698. — 62.

Le sujet de cette satire est le vrai et le faux honneur. L'auteur, après avoir parlé des méprises de la plupart des hommes, au sujet de ce qu'ils appelaient l'*honneur*, établit enfin que le vrai et le solide honneur consiste dans la justice, sans laquelle toutes les autres prétendues bonnes qualités ne sont que des faux brillants. Cette Satire fut commencée vers le mois de novembre 1698.

Oui, l'honneur, Valincour[2], est chéri dans le monde :
Chacun, pour l'exalter, en paroles abonde :
A s'en voir revêtu chacun met son bonheur ;
Et tout crie ici-bas : L'honneur ! Vive l'honneur !

(1) L'esprit du poëte prit cet ordre au sérieux. Il fut vingt-sept ans sans publier aucune nouvelle satire.

(2) Valincour, membre de l'Académie française et de l'académie des sciences, était conseiller du roi, secrétaire général de la marine et des commandements de Mgr le comte de Toulouse.

Entendons discourir, sur les bancs des galères,
Ce forçat abhorré même de ses confrères ;
Il plaint, par un arrêt injustement donné,
L'honneur en sa personne à ramer condamné[1].
En un mot, parcourons et la mer et la terre ;
Interrogeons marchands, financiers, gens de guerre,
Courtisans, magistrats : chez eux, si je le croi,
L'intérêt ne peut rien, l'honneur seul fait la loi.
Cependant lorsqu'aux yeux leur portant la lanterne[2],
J'examine au grand jour l'esprit qui les gouverne,
Je n'aperçois partout que folle ambition,
Faiblesse, iniquité, fourbe, corruption,
Que ridicule orgueil de soi-même idolâtre.
Le monde, à mon avis, est comme un grand théâtre
Où chacun en public, l'un par l'autre abusé,
Souvent à ce qu'il est joue un rôle opposé.
Tous les jours on y voit, orné d'un faux visage,
Imprudemment le fou représenter le sage ;
L'ignorant s'ériger en savant fastueux,
Et le plus vil faquin trancher du vertueux.
Mais, quelque fol espoir dont leur orgueil les berce,
Bientôt on les connaît et la vérité perce.
On a beau se farder aux yeux de l'univers :
A la fin sur quelqu'un de nos vices couverts
Le public malin jette un œil inévitable ;
Et bientôt la censure, au regard formidable,
Sait, le crayon en main, marquer nos endroits faux,
Et nous développer avec tous nos défauts.
Du mensonge toujours le vrai demeure maître.
Pour paraître honnête homme, en un mot, il faut l'être :
Et jamais, quoi qu'il fasse, un mortel ici-bas
Ne peut aux yeux du monde être ce qu'il n'est pas.
En vain ce misanthrope[3], aux yeux tristes et sombres,

(1) Il n'y a pas, selon la remarque de Voltaire, beaucoup de galériens qui se plaignent du peu d'égards qu'on a eus pour leur honneur.
(2) Allusion au mot de Diogène le cynique, qui portait une lanterne en plein jour, et qui disait qu'il cherchait un homme.
(3) On prétend que Boileau met ici en scène le président de Harlay.

Veut, par un air riant, en éclaircir les ombres :
Le ris sur son visage est en mauvaise humeur ;
L'agrément fuit ses traits, ses caresses font peur[1] ;
Ses mots les plus flatteurs paraissent des rudesses,
Et la vanité brille en toutes ses bassesses.
Le naturel toujours sort, et sait se montrer :
Vainement on l'arrête, on le force à rentrer,
Il rompt tout, perce tout, et trouve enfin passage[2].
Mais loin de mon projet je sens que je m'engage.
Revenons de ce pas à mon texte égaré.
L'honneur partout, disais-je, est du monde admiré,
Mais l'honneur en effet qu'il faut que l'on admire,
Quel est-il, Valincour ? pourras-tu me le dire ?
L'ambitieux le met souvent à tout brûler ;
L'avare, à voir chez lui le Pactole[3] rouler ;
Un faux brave, à vanter sa prouesse frivole ;
Un vrai fourbe, à jamais ne garder sa parole ;
Ce poëte, à noircir d'insipides papiers ;
Ce marquis, à savoir frauder ses créanciers ;
Un libertin, à rompre et jeûnes et carême ;
Un fou perdu d'honneur, à braver l'honneur même.
L'un d'eux a-t-il raison ? Qui pourrait le penser ?
Qu'est-ce donc que l'honneur que tout doit embrasser ?
Est-ce de voir, dis-moi, vanter notre éloquence ;
D'exceller en courage, en adresse, en prudence ;
De voir à notre aspect tout trembler sous les cieux ;
De posséder enfin mille dons précieux ?
Mais avec tous ces dons de l'esprit et de l'âme,
Un roi même souvent peut n'être qu'un infâme,
Qu'un Hérode, un Tibère, effroyable à nommer.

(1) Horace, l. I, Ep. x, v. 24.

> Naturam expellas furca ; tamen usque recurret,
> Et mala perrumpet furtim fastidia victrix.

(2) Ces vers de Boileau sont très-pénibles : J'aime mieux celui de *Destouches* dans le *Glorieux*,

> Chassez le naturel, il revient au galop.

(3) Fleuve de Lydie dont les eaux avaient la réputation de rouler de l'or.

Où donc est cet honneur qui seul doit nous charmer ?
Quoi qu'en ses beaux discours Saint-Evremond nous prô- [ne.
Aujourd'hui j'en croirai Sénèque avant Pétrone [1].
Dans le monde il n'est rien de beau que l'équité :
Sans elle la valeur, la force, la bonté,
Et toutes les vertus dont s'éblouit la terre,
Ne sont que faux brillants et que morceaux de verre.
Un injuste guerrier [2], terreur de l'univers,
Qui, sans sujet, courant chez cent peuples divers,
S'en va tout ravager jusqu'aux rives du Gange,
N'est qu'un plus grand voleur que Dutertre et Saint- [Ange [3].
Du premier des Césars on vante les exploits;
Mais dans quel tribunal, jugé suivant les lois,
Eût-il pu disculper son injuste manie?
Qu'on livre son pareil en France à la Reynie [4].
Dans trois jours nous verrons le phénix des guerriers
Laisser sur l'échafaud sa tête et ses lauriers.
C'est d'un roi [5] que l'on tient cette maxime auguste,
Que jamais on n'est grand qu'autant que l'on est juste.
Rassemblez à la fois Mithridate et Sylla ;
Joignez-y Tamerlan, Genséric, Attila [6] :
Tous ces fiers conquérants, rois, princes, capitaines,
Sont moins grands à mes yeux que ce bourgeois d'Athè- [nes [7]
Qui sut, pour tous exploits, doux, modéré, frugal,
Toujours vers la justice aller d'un pas égal.
Oui, la justice en nous est la vertu qui brille :

(1) Saint-Evremond a fait une dissertation dans laquelle il donne la préférence à Pétrone sur Sénèque, parce qu'il regarde Sénèque comme un hypocrite qui ne croyait pas à ce qu'il écrivait.

(2) Alexandre.

(3) Fameux voleurs de grands chemins.

(4) Célèbre lieutenant général de police de Paris.

(5) Agésilas, roi de Sparte.

(6) Mithridate, roi de Pont, un des plus terribles ennemis des Romains; Sylla, dictateur romain, célèbre par ses cruautés et ses victoires; Tamerlan, empereur des Tartares et des Mongols, qui fit de grandes expéditions au moyen âge; Genséric, le chef des Vandales et le fondateur de leur royaume en Afrique, avant la chute de l'empire romain; Attila, le roi des Huns, le fléau de Dieu, mort en 454.

(7) Socrate.

Il faut de ses couleurs qu'ici-bas tout s'habille ;
Dans un mortel chéri tout injuste qu'il est,
C'est quelque air d'équité qui séduit et qui plaît.
A cet unique appât l'âme est vraiment sensible :
Même aux yeux de l'injuste un injuste est horrible,
Et tel qui n'admet point la probité chez lui
Souvent à la rigueur l'exige chez autrui.
Disons plus : il n'est point d'âme livrée au vice
Où l'on ne trouve encor des traces de justice.
Chacun de l'équité ne fait point son flambeau ;
Tout n'est pas Caumartin, Bignon, ni d'Aguesseau [1] :
Mais jusqu'en ces pays où tout vit de pillage,
Chez l'Arabe et le Scythe, elle est de quelque usage ;
Et du butin acquis en violant les lois
C'est elle entre eux qui fait le partage et le choix.
Mais allons voir le vrai jusqu'en sa source même.
Un dévot aux yeux creux, et d'abstinence blême,
S'il n'a point le cœur juste, est affreux devant Dieu.
L'Evangile au chrétien ne dit en aucun lieu,
Sois dévot ; elle dit [2] : Sois doux, simple, équitable.
Car d'un dévot souvent au chrétien véritable,
La distance est deux fois plus longue, à mon avis,
Que du pôle antarctique au détroit de Davis [3].
Encor par ce dévot ne crois pas que j'entende
Tartufe, ou Molinos et sa mystique bande [4] :
J'entends un faux chrétien mal instruit, mal guidé,
Et qui, de l'Evangile en vain persuadé
N'en a jamais conçu l'esprit ni la justice ;
Un chrétien qui s'en sert pour disculper le vice ;
Qui toujours près des grands, qu'il prend soin d'abuser,
Sur leurs faibles honteux sait les autoriser,

(1) Caumartin, élève de Fléchier, intendant des finances et conseiller d'Etat ; Bignon, de l'Académie française ; d'Aguesseau l'illustre chancelier.

(2) *Evangile* était alors des deux genres.

(3) Davis était un navigateur anglais, qui tenta le premier le passage de la mer du Nord au Groënland, et a laissé son nom au détroit.

(4) *Tartufe*, le héros de la comédie de Molière. *Molinos*, fut le chef des Quiétistes.

Et croit pouvoir au ciel, par ses folles maximes,
Avec le sacrement faire entrer tous les crimes [1].
Des faux dévots pour moi voilà le vrai héros.
Mais, pour borner enfin tout ce vague propos,
Concluons qu'ici-bas le seul honneur solide,
C'est de prendre toujours la vérité pour guide;
De regarder en tout la raison et la loi;
D'être doux pour tout autre, et rigoureux pour soi;
D'accomplir tout le bien que le ciel nous inspire;
Et d'être juste enfin : ce mot seul veut tout dire.
Je doute que le flot des vulgaires humains
A ce discours pourtant donne aisément les mains [2];
Et, pour t'en dire ici la raison historique,
Souffre que je l'habille en fable allégorique.
Sous le bon roi Saturne, ami de la douceur [3],
L'Honneur, cher Valincour, et l'Equité sa sœur,
De leurs sages conseils éclairant tout le monde,
Régnaient, chéris du ciel, dans une paix profonde.
Tout vivait en commun sous ce couple adoré:
Aucun n'avait d'enclos ni de champ séparé.
La vertu n'était point sujette à l'ostracisme [4],
Ni ne s'appelait point alors un jansénisme [5].
L'Honneur, beau par soi-même, et sans vains ornements,
N'étalait point aux yeux l'or ni les diamants,
Et, jamais ne sortant de ses devoirs austères,
Maintenait de sa sœur les règles salutaires.
Mais une fois au ciel par les dieux appelé,
Il demeura longtemps au séjour étoilé.
Un fourbe cependant, assez haut de corsage,
Et qui lui ressemblait de geste et de visage,
Prend son temps, et partout ce hardi suborneur

(1) Critique indirecte des moralistes relâchés.
(2) *Le flot....donne les mains*, mauvaise figure.
(3) Cette peinture de l'âge d'or est dans Virgile et Ovide (VIRG., *Géorg.*, l. I, v. 125 ; Ov., *Métam.*, l. I).
(4) Loi par laquelle les Athéniens avaient droit d'exiler tel de leurs concitoyens qu'ils voulaient.
(5) Dans la grande lutte soulevée par les jansénistes, Boileau était pour Arnauld et les hommes de Port-Royal.

S'en va chez les humains crier qu'il est l'Honneur ;
Qu'il arrive du ciel, et que, voulant lui-même
Seul porter désormais le faix du diadème,
De lui seul il prétend qu'on reçoive la loi.
A ces discours trompeurs le monde ajoute foi.
L'innocente Equité, honteusement bannie,
Trouve à peine un désert où fuir l'ignominie [1].
Aussitôt sur un trône éclatant de rubis
L'imposteur monte, orné de superbes habits.
La Hauteur, le Dédain, l'Audace, l'environnent ;
Et le Luxe et l'Orgueil de leurs mains le couronnent.
Tout fier il montre alors un front plus sourcilleux :
Et le Mien et le Tien, deux frères pointilleux,
Par son ordre amenant les procès et la guerre,
En tous lieux de ce pas vont partager la terre ;
En tous lieux, sous les noms de bon droit et de tort,
Vont chez elle établir le droit seul du plus fort.
Le nouveau roi triomphe, et sur ce droit inique,
Bâtit de vaines lois un code fantastique ;
Avant tout aux mortels prescrit de se venger :
L'un l'autre au moindre affront les force à s'égorger,
Et dans leur âme, en vain de remords combattue,
Trace en lettres de sang ces deux mots : Meurs ou Tue [2].
Alors, ce fut alors, sous ce vrai Jupiter,
Qu'on vit naître ici-bas le noir siècle de fer.
Le frère au même instant s'arma contre le frère ;
Le fils trempa ses mains dans le sang de son père [3] ;
La soif de commander enfanta les tyrans,
Du Tanaïs [4] au Nil porta les conquérants ;
L'ambition passa pour la vertu sublime ;
Le crime heureux fut juste et cessa d'être crime :
On ne vit plus que haine et que division,
Qu'envie, effroi, tumulte, horreur, confusion.

(1) N'est-ce point une allusion aux persécutions souffertes alors par les jansénistes ?

(2) La pensée est fausse à force d'être exagérée, et le style devient froid et embarrassé.

(3) Ovide, *Métam.*, l. I, v. 128 et suiv.

(4) Le Tanaïs est un fleuve du pays des Scythes.

Le véritable Honneur sur la voûte céleste
Est enfin averti de ce trouble funeste.
Il part sans différer, et, descendu des cieux,
Va partout se montrer dans les terrestres lieux :
Mais il n'y fait plus voir qu'un visage incommode ;
On n'y peut plus souffrir ses vertus hors de mode ;
Et lui-même, traité de fourbe et d'imposteur,
Est contraint de ramper aux pieds du séducteur.
Enfin, las d'essuyer outrage sur outrage,
Il livre les humains à leur triste esclavage ;
S'en va trouver sa sœur, et, dès ce même jour
Avec elle s'envole au céleste séjour.
Depuis, toujours ici riche de leur ruine,
Sur les tristes mortels le faux honneur domine,
Gouverne tout, fait tout, dans ce bas univers ;
Et peut-être est-ce lui qui m'a dicté ces vers.
Mais, en fût-il l'auteur, je conclus de sa fable
Que ce n'est qu'en Dieu seul qu'est l'honneur véritable [1].

AVERTISSEMENT SUR LA SATIRE XII.

Quelque heureux succès qu'aient eu mes ouvrages, j'avais résolu, depuis leur dernière édition [2], de ne plus rien donner au public ; et, quoiqu'à mes heures perdues, il y a environ cinq ans [3], j'eusse encore fait contre l'équivoque une satire que tous ceux à qui je l'ai communiquée ne jugeaient pas inférieure à tous mes autres écrits, bien loin de la publier, je la tenais soigneusement cachée, et je ne croyais pas que, moi vivant, elle dût jamais voir le jour. Ainsi donc, aussi soigneux désormais de me faire oublier que j'avais été autrefois curieux de faire parler de moi, je jouissais, à mes infirmités près, d'une assez grande tranquillité, lorsque tout d'un coup j'ai appris qu'on débitait dans le monde sous

(1) La conclusion ne vaut guère mieux que les prémisses. Elle est vague et obscure.
(2) En 1701.
(3) Cet avertissement a été composé en 1710.

mon nom, quantité de méchants écrits, et entre autres une pièce en vers contre les jésuites, également odieuse et insipide, où l'on me faisait, en mon propre nom, dire à toute leur société les injures les plus atroces et les plus grossières. J'avoue que cela m'a donné un très-grand chagrin; car, bien que tous les gens sensés aient connu sans peine que la pièce n'était point de moi, et qu'il n'y ait que de très-petits esprits qui aient présumé que j'en pouvais être l'auteur, la vérité est pourtant que je n'ai pas regardé comme un médiocre affront de me voir soupçonné, même par des ridicules, d'avoir fait un ouvrage ridicule.

J'ai donc cherché les moyens les plus propres pour me layer de cette infamie; et, tout bien considéré, je n'ai point trouvé de meilleur expédient que de faire imprimer ma satire contre L'ÉQUIVOQUE; parce qu'en la lisant, les moins éclairés, même de ces petits esprits, ouvriraient peut-être les yeux, et verraient manifestement le peu de rapport qu'il y a de mon style, même en l'âge où je suis, au style bas et rampant de l'auteur de ce pitoyable écrit. Ajoutez à cela que je pouvais mettre à la tête de ma satire, en la donnant au public, un avertissement en manière de préface, où je me justifierais pleinement, et tirerais tout le monde d'erreur. C'est ce que je fais aujourd'hui; et j'espère que le peu que je viens de dire produira l'effet que je me suis proposé. Il ne me reste donc plus maintenant qu'à parler de la satire pour laquelle est fait ce discours.

Je l'ai composé par le caprice du monde le plus bizarre, et par une espèce de dépit et de colère poétique, s'il faut ainsi dire, qui me saisit à l'occasion de ce que je vais raconter. Je me promenais dans mon jardin à Auteuil, et rêvais en marchant à un poëme que je voulais faire contre les mauvaises critiques de notre siècle. J'en avais même déjà composé quelques vers, dont j'étais assez content. Mais voulant continuer, je m'aperçus qu'il y avait dans ces vers une équivoque de langue; et m'étant sur-le-champ mis en devoir de la corriger, je n'en pus jamais venir à bout. Cela m'irrita de telle manière, qu'au lieu de m'appliquer davantage à réformer cette équivoque, et de poursuivre mon poëme contre les faux critiques, la folle pensée me vint de faire contre l'équivoque même une satire qui pût me venger de tous les chagrins qu'elle m'a causés depuis que je me mêle d'écrire. Je vis bien que je ne rencontrerais pas de médiocres difficultés à mettre en vers un sujet si sec; et même il s'en présenta d'abord une qui m'arrêta tout court : ce fut de savoir duquel des deux genres, masculin ou féminin, je ferais le mot d'équivoque, beaucoup d'habiles écrivains, ainsi que le remarqua Vaugelas, le faisant masculin. Je me déterminai pourtant assez vite au féminin, comme au plus usité des deux : et, bien loin que cela empêchât l'exécution de mon projet, je crus que ce ne serait pas une méchante plaisanterie de commencer ma satire par cette difficulté même. C'est ainsi que je m'engageai dans la composition de cet ouvrage. Je croyais d'abord faire tout au plus cinquante ou soixante vers ; mais ensuite les pensées me venant en foule, et les choses que j'avais à reprocher à l'équivoque se multipliant à mes yeux, j'ai poussé ces vers jusqu'à près de trois cent cinquante.

C'est au public maintenant à voir si j'ai bien ou mal réussi. Je n'emploierai point ici, non plus que dans les préfaces de mes autres écrits, mon adresse et ma rhétorique à le prévenir en ma faveur. Tout ce que je puis lui dire, c'est que j'ai travaillé cette pièce avec le même soin que toutes mes autres poésies. Une chose pourtant dont il est bon que les jésuites soient avertis, c'est qu'en attaquant l'équivoque je n'ai pas pris ce mot dans toute l'étroite rigueur de sa signification grammaticale, le mot d'équivoque, en ce sens-là, ne voulant dire qu'une ambiguïté de paroles ; mais que je l'ai pris, comme le prend ordinairement le commun des hommes, pour toutes sortes d'ambiguïtés de sens, de pensées, d'expressions, et enfin pour tous ces abus et toutes ces méprises de l'esprit humain qui font qu'il prend souvent une chose pour une autre. Et c'est dans ce sens que j'ai dit que l'idolâtrie avait pris naissance de l'équivoque ; les hommes, à mon avis, ne pouvant pas s'équivoquer plus lourdement que de prendre des pierres, de l'or, et du cuivre, pour Dieu. J'ajouterai à cela que la Providence divine, ainsi que je l'établis clairement dans ma satire, n'ayant permis chez eux cet horrible aveuglement qu'en punition de ce que leur premier père avait prêté l'oreille aux promesses du démon, j'ai pu conclure infailliblement que l'idolâtrie est un fruit, ou, pour mieux dire, un véritable enfant de l'équivoque. Je ne vois donc pas qu'on me puisse faire sur cela aucune bonne critique, et surtout ma satire étant un pur jeu d'esprit, où il serait ridicule d'exiger une précision géométrique de pensées et de paroles.

Mais il y a une autre objection plus importante et plus considérable, qu'on me fera peut-être au sujet des propositions de morale relâchée que j'attaque dans la dernière partie de mon ouvrage; car ces propositions ayant été, à ce qu'on prétend, avancées par quantité de théologiens, même célèbres, la moquerie que j'en fais peut, dit-on, diffamer en quelque sorte ces théologiens, et causer ainsi une espèce de scandale dans l'Eglise. A cela je réponds premièrement qu'il n'y a aucune des propositions que j'attaque qui n'ait été plus d'une fois condamnée par toute l'Eglise, et tout récemment encore par deux des plus grands papes qui aient depuis longtemps rempli le saint-siége. Je dis en second lieu qu'à l'exemple de ces célèbres vicaires de Jésus-Christ, je n'ai point nommé les auteurs de ces propositions, ni aucun de ces théologiens dont on dit que je puis causer la diffamation, et contre lesquels même j'avoue que je ne puis rien décider, puisque je n'ai point lu ni ne suis d'humeur à lire leurs écrits : ce qui serait pourtant absolument nécessaire pour prononcer sur les accusations que l'on forme contre eux; leurs accusateurs pouvant les avoir mal entendus, et s'être trompés dans l'intelligence des passages où ils prétendent que sont ces erreurs dont ils les accusent. Je soutiens en troisième lieu qu'il est contre la droite raison de penser que je puisse exciter quelque scandale dans l'Eglise, en traitant de ridicules des propositions rejetées de toute l'Eglise, et des plus dignes encore, par leur absurdité, d'être sifflées de tous les fidèles, que réfutées sérieusement. C'est ce que je me crois obligé de dire pour me justifier. Que si après cela il se trouve encore quelques théologiens qui se figurent qu'en décriant ces propositions j'ai eu en vue de les décrier eux-mêmes, je déclare que cette fausse idée qu'ils ont de moi ne saurait venir que des mauvais artifices de l'équivoque, qui, pour se venger des injures que je lui dis dans ma pièce, s'efforce d'intéresser dans sa cause ces théologiens, en me faisant penser ce que je n'ai pas pensé, et dire ce que je n'ai point dit.

Voilà, ce me semble, bien des paroles, et peut-être trop de paroles employées pour justifier un aussi peu considérable ouvrage qu'est la satire qu'on va voir. Avant néanmoins que de finir, je ne crois pas me pouvoir dispenser d'apprendre aux lecteurs qu'en attaquant, comme je fais dans ma satire, ces erreurs, je ne me suis point fié à mes seules lumières, mais, qu'ainsi que je l'ai pratiqué il y a environ dix ans, à l'égard de mon épître de l'Amour de Dieu, j'ai, non-seulement consulté sur mon ouvrage tout ce que je connais de plus habiles docteurs, mais que je l'ai donné à examiner au prélat de l'Eglise qui, par l'étendue de ses connaissances et par l'éminence de sa dignité, est le plus capable et le plus en droit de me prescrire ce que je dois penser sur ces matières; je veux dire M. le cardinal de Noailles, mon archevêque. J'ajouterai que ce pieux et savant cardinal a eu trois semaines ma satire entre les mains, et qu'à mes instantes prières, après l'avoir lue et relue plus d'une fois, il me l'a enfin rendue en me comblant d'éloges, et m'a assuré qu'il n'y avait trouvé à redire qu'un seul mot, que j'ai corrigé sur-le-champ, et sur lequel je lui ai donné une entière satisfaction. Je me flatte donc qu'avec une approbation si authentique, si sûre et si glorieuse, je puis marcher la tête levée et dire hardiment des critiques qu'on pourra faire désormais contre la doctrine de mon ouvrage, que ce ne sauraient être que de vaines subtilités d'un tas de misérables sophistes formés dans l'école du mensonge, et aussi affidés amis de l'équivoque, qu'opiniâtres ennemis de Dieu, du bon sens, et de la vérité.

SATIRE XII.

(SUR L'ÉQUIVOQUE.)

1705. — 69.

On vient de voir dans le discours précédent ce qui a donné lieu à la composition de cette satire. L'Equivoque n'est point prise ici dans la rigueur de la signification grammaticale, mais pour toutes sortes d'ambiguïtés de sens, de pensées ou d'expressions, qui font souvent prendre une chose pour une autre. Cette pièce fut commencée en 1705, et terminée en 1707.

Du langage français bizarre hermaphrodite [1],
De quel genre te faire, Equivoque maudite,

(1) Hermaphrodite, Ἑρμῆς, Mercure. Ἀφροδίτη, Vénus. On donnait ce nom à un fils de Mercure et de Vénus, qu'on supposait avoir les deux sexes.

Ou maudit? car sans peine aux rimeurs hasardeux
L'usage encor, je crois, laisse le choix des deux.
Tu ne me réponds rien. Sors d'ici, fourbe insigne,
Mâle aussi dangereux que femelle maligne,
Qui crois rendre innocents les discours imposteurs;
Tourment des écrivains, juste effroi des lecteurs,
Par qui de mots confus sans cesse embarrassée,
Ma plume, en écrivant, cherche en vain ma pensée.
Laisse-moi; va charmer de tes vains agréments
Les yeux faux et gâtés de tes louches amants;
Et ne viens point ici de ton ombre grossière
Envelopper mon style, ami de la lumière.
Tu sais bien que jamais chez toi, dans mes discours,
Je n'ai d'un faux brillant emprunté le secours :
Fuis donc. Mais non, demeure; un démon qui m'inspire
Veut qu'encore une utile et dernière satire,
De ce pas en mon livre exprimant tes noirceurs,
Se vienne, en nombre pair, joindre à ses onze sœurs[1];
Et je sens que ta vue échauffe mon audace.
Viens, approche : voyons, malgré l'âge et sa glace[2],
Si ma muse aujourd'hui, sortant de sa langueur,
Pourra trouver encore un reste de vigueur.
  Mais, où tend, dira-t-on, ce projet fantastique?
Ne vaudrait-il pas mieux dans mes vers, moins caustique,
Répandre de tes jeux le sel divertissant[3],
Que d'aller contre toi, sur ce ton menaçant,
Pousser jusqu'à l'excès ma critique boutade?
  Je ferais mieux, j'entends, d'imiter Benserade[4].
C'est par lui qu'autrefois, mise en ton plus beau jour,
Tu sus, trompant les yeux du peuple et de la cour,
Leur faire, à la vapeur de tes bluettes folles,
Goûter comme bons mots tes quolibets frivoles,

(1) Vers fort heureux. Les amis de Boileau lui avaient souvent demandé une douzième satire pour figurer avec ses douze épîtres.

(2) Boileau avait alors soixante-neuf ans.

(3) Pour *le sel réjouissant,* expression déjà employée. Ep. x, v. 11.

(4) Benserade s'était fait une réputation de bel esprit et d'homme galant par ses équivoques et ses pointes.—V. l'Art poétique, ch. iv, v. 200.

Mais ce n'est plus le temps : le public détrompé
D'un pareil enjouement ne se sent plus frappé.
Le lecteur ne sait plus admirer dans Voiture[1]
De ton froid jeu de mots l'insipide figure.
C'est à regret qu'on voit cet auteur si charmant,
Et pour mille beaux traits vanté si justement,
Chez toi toujours cherchant quelque finesse aiguë,
Présenter au lecteur sa pensée ambiguë;
Et souvent du faux sens d'un proverbe affecté
Faire de son discours la piquante beauté.
  Mais laissons là le tort qu'à ses brillants ouvrages
Fit le plat agrément de tes vains badinages.
Parlons des maux sans fin que ton sens de travers,
Source de toute erreur, sema dans l'univers :
Et, pour les contempler jusque dans leur naissance,
Dès le temps nouveau-né, quand la Toute-Puissance
D'un mot forma le ciel, l'air, la terre, et les flots,
N'est-ce pas toi, voyant le monde à peine éclos,
Qui, par l'éclat trompeur d'une funeste pomme,
Et tes mots ambigus, fis croire au premier homme
Qu'il allait, en goûtant de ce morceau fatal,
Comblé de tout savoir, à Dieu se rendre égal[2] ?
Il en fit sur-le-champ la folle expérience.
Mais tout ce qu'il acquit de sa nouvelle science,
Fut que, triste et honteux de voir sa nudité,
Il sut qu'il n'était plus, grâce à sa vanité,
Qu'un chétif animal pétri d'un peu de terre,
A qui la faim, la soif, partout faisaient la guerre,
Et qui, courant toujours de malheur en malheur,
A la mort arrivait enfin par la douleur.
Oui, de tes noirs complots et de ta triste rage
Le genre humain perdu fut le premier ouvrage;
Et bien que l'homme alors parût si rabaissé,
Par toi contre le ciel un orgueil insensé
Armant de ses neveux la gigantesque engeance,

(1) Voiture était alors bien tombé de réputation.
(2) *Eritis sicut dii :* ce sont les paroles du tentateur (GEN., III, V. 5).

Dieu résolut enfin, terrible en sa vengeance,
D'abîmer sous les eaux tous ces audacieux.
Mais avant qu'il lâchât les écluses des cieux,
Par un fils de Noé fatalement sauvée,
Tu fus, comme un serpent, dans l'arche conservée.
Et d'abord poursuivant tes projets suspendus,
Chez les mortels restants, encor tout éperdus,
De nouveau tu semas tes captieux mensonges,
Et remplis leurs esprits de fables et de songes.
Tes voiles offusquant leurs yeux de toutes parts,
Dieu disparut lui-même à leurs troubles regards.
Alors tout ne fut plus que stupide ignorance,
Qu'impiété sans borne en son extravagance :
Puis, de cent dogmes faux la Superstition
Répandant l'idolâtre et folle illusion
Sur la terre en tout lieu disposée à les suivre,
L'art se tailla des dieux d'or, d'argent et de cuivre ;
Et l'artisan lui-même, humblement prosterné
Aux pieds du vain métal par sa main façonné,
Lui demanda les biens, la santé, la sagesse.
Le monde fut rempli de dieux de toute espèce :
On vit le peuple fou qui du Nil boit les eaux
Adorer les serpents, les poissons, les oiseaux ;
Aux chiens, aux chats, aux boucs, offrir des sacrifices ;
Conjurer l'ail, l'oignon, d'être à ses vœux propices ;
Et croire follement maîtres de ses destins
Ces dieux nés de fumier porté dans ses jardins[1].
  Bientôt te signalant par mille faux miracles,
Ce fut toi qui partout fis parler les oracles :
C'est par ton double sens dans leurs discours jeté
Qu'ils surent, en mentant, dire la vérité,
Et sans crainte, rendant leurs réponses normandes[2],
Des peuples et des rois engloutir les offrandes.
  Ainsi, loin du vrai jour par toi toujours conduit,

(1) D'après Juvénal, Boileau s'est déjà moqué de l'idolâtrie des Egyptiens dans sa Satire VIII, v. 265 et suiv.

(2) *Répondre en Normand*, expression proverbiale, qui signifie qu'on répond d'une manière équivoque.

L'homme ne sortit plus de son épaisse nuit.
Pour mieux tromper ses yeux, ton adroit artifice
Fit à chaque vertu prendre le nom d'un vice ;
Et par toi, de splendeur faussement revêtu,
Chaque vice emprunta le nom d'une vertu.
Par toi l'humilité devint une bassesse ;
La candeur se nomma grossièreté, rudesse :
Au contraire, l'aveugle et folle ambition
S'appela des grands cœurs la belle passion ;
Du nom de fierté noble on orna l'impudence,
Et la fourbe passa pour exquise prudence :
L'audace brilla seule aux yeux de l'univers ;
Et pour vraiment héros, chez les hommes pervers,
On ne reconnut plus qu'usurpateurs iniques,
Que tyranniques rois, censés grands politiques ;
Qu'infâmes scélérats à la gloire aspirants,
Et voleurs, revêtus du nom de conquérants.
Mais à quoi s'attacha ta savante malice ?
Ce fut surtout à faire ignorer la justice.
Dans les plus claires lois ton ambiguïté
Répandant son adroite et fine obscurité,
Aux yeux embarrassés des juges les plus sages
Tout sens devint douteux, tout mot eut deux visages ;
Plus on crut pénétrer, moins on fut éclairci ;
Le texte fut souvent par la glose obscurci :
Et, pour comble de maux, à tes raisons frivoles
L'éloquence prêtant l'ornement des paroles,
Tous les jours accablé sous leur commun effort,
Le vrai passa pour faux, et le bon droit eut tort.
Voilà comme, déchu de sa grandeur première,
Concluons, l'homme enfin perdit toute lumière ;
Et, par tes yeux trompeurs se figurant tout voir,
Ne vit, ne sut plus rien, ne put plus rien savoir.
De la raison pourtant, par le vrai Dieu guidée,
Il resta quelque trace encor dans la Judée.
Chez les hommes ailleurs sous ton joug gémissants
Vainement on chercha la vertu, le droit sens :
Car, qu'est-ce, loin de Dieu, que l'humaine sagesse ?

Et Socrate, l'honneur de la profane Grèce,
Qu'était-il en effet, de près examiné,
Qu'un mortel par lui-même au seul mal entraîné [1],
Et, malgré la vertu dont il faisait parade,
Très-équivoque ami du jeune Alcibiade [2] ?
Oui, j'ose hardiment l'affirmer contre toi,
Dans le monde idolâtre, asservi sous ta loi,
Par l'humaine raison de clarté dépourvue
L'humble et vraie équité fut à peine entrevue ;
Et, par un sage altier, au seul faste attaché,
Le bien même accompli souvent fut un péché [3].
Pour tirer l'homme enfin de ce désordre extrême,
Il fallut qu'ici-bas Dieu, fait homme lui-même,
Vînt du sein lumineux de l'éternel séjour
De tes dogmes trompeurs dissiper le faux jour.
A l'aspect de ce Dieu les démons disparurent ;
Dans Delphes, dans Délos, tes oracles se turent [4] :
Tout marqua, tout sentit sa venue en ces lieux ;
L'estropié marcha, l'aveugle ouvrit les yeux,
Mais bientôt contre lui ton audace rebelle,
Chez la nation même à son culte fidèle,
De tous côtés arma tes nombreux sectateurs,
Prêtres, pharisiens, rois, pontifes, docteurs,
C'est par eux que l'on vit la vérité suprême
De mensonge et d'erreur accusée elle-même,
Au tribunal humain le Dieu du ciel traîné,
Et l'auteur de la vie à mourir condamné.
Ta fureur toutefois à ce coup fut déçue,

(1) Boileau avait dit d'abord :

Qu'un mortel comme un autre au mal déterminé.

C'est ce vers que le cardinal de Noailles lui fit changer.

(2) Les Athéniens conçurent des soupçons contre la vertu de Socrate, mais Platon justifie son illustre maître, spécialement dans son dialogue, intitulé *le Banquet.* On trouve aussi une réfutation moins directe de cette accusation, dans les *Entretiens mémorables* de Xénophon.

(3) Par suite de l'orgueil qui peut vicier l'intention et rendre mauvais un acte bon de sa nature.

(4) Voyez dans les *Œuvres morales* de Plutarque, un traité fort curieux sur la cessation des oracles.

Et pour toi ton audace eut une triste issue.
Dans la nuit du tombeau ce Dieu précipité
Se releva soudain tout brillant de clarté ;
Et partout sa doctrine en peu de temps portée,
Fut du Gange et du Nil et du Tage[1] écoutée ;
Des superbes autels à leur gloire dressés
Tes ridicules dieux tombèrent renversés :
On vit en mille endroits leurs honteuses statues
Pour le plus bas usage utilement fondues,
Et gémir vainement, Mars, Jupiter, Vénus,
Urnes, vases, trépieds, vils meubles devenus.
Sans succomber pourtant tu soutins cet orage,
Et, sur l'idolâtrie enfin perdant courage,
Pour embarrasser l'homme en des nœuds plus subtils,
Tu courus chez Satan brouiller de nouveaux fils[2].
Alors, pour seconder ta triste frénésie,
Arriva de l'enfer ta fille l'hérésie.
Ce monstre, dès l'enfance à ton école instruit,
De tes leçons bientôt te fit goûter le fruit.
Par lui l'erreur toujours finement apprêtée,
Sortant pleine d'attraits de sa bouche empestée,
De son mortel poison tout courut s'abreuver,
Et l'Eglise elle-même eut peine à s'en sauver.
Elle-même deux fois, presque toute arienne[3],
Sentit chez soi trembler la vérité chrétienne,
Lorsque attaquant le Verbe et sa divinité,
D'une syllabe impie un saint mot augmenté[4]
Remplit tous les esprits d'aigreurs si meurtrières,
Et fit de sang chrétien couler tant de rivières.
Le fidèle, au milieu de ces troubles confus,

(1) Ces trois fleuves arrosent les trois parties du monde connu des anciens, le Tage l'Europe, le Nil l'Afrique, et le Gange l'Asie.

(2) *Brouiller de nouveaux fils*, expression proverbiale pour dire : *Causer de nouveaux troubles*.

(3) Allusion à ce qui se passa dans les conciles de Rimini et de Séleucie au sujet de l'arianisme. Voyez Bérault-Bercastel, *Hist. de l'Eglise*, t. II.

(4) Les ariens rejetaient le mot ὁμοούσιος qui signifie *consubstantiel*, et se servaient de mot ὁμοιούσιος, qui veut dire *semblable*.

uelque temps égaré, ne se reconnut plus ;
t dans plus d'un aveugle et ténébreux concile,
e mensonge parut vainqueur de l'Evangile.
Mais à quoi bon ici du profond des enfers,
ouvel historien de tant de maux soufferts,
appeler Arius, Valentin et Pélage[1],
t tous ces fiers démons que toujours d'âge en âge
ieu, pour faire éclaircir à fond ses vérités,
permis qu'aux chrétiens l'enfer ait suscités ?
aissons hurler là-bas tous ces damnés antiques,
t bornons nos regards aux troubles fanatiques
ue ton horrible fille ici sut émouvoir,
uand Luther et Calvin, remplis de ton savoir,
t soi-disant choisis pour réformer l'Eglise,
inrent du célibat affranchir la prêtrise,
t, des vœux les plus saints blâmant l'austérité,
ux moines las du joug rendre la liberté.
lors, n'admettant plus d'autorité visible,
Chacun fut de la foi censé juge infaillible ;
Et, sans être approuvé par le clergé romain,
Tout protestant fut pape, une bible à la main.
De cette erreur dans peu naquirent plus de sectes
Qu'en automne on ne voit de bourdonnants insectes
Fondre sur les raisins nouvellement mûris ;
Ou qu'en toutes saisons sur les murs, à Paris,
On ne voit affichés de recueils d'amourettes,
De vers, de contes bleus, de frivoles sornettes,
Souvent peu recherchés du public nonchalant,
Mais vantés à coup sûr du *Mercure galant*.
Ce ne fut plus partout que fous anabaptistes[2],
Qu'orgueilleux puritains[3], qu'exécrables déistes ;
Le plus vil artisan eut ses dogmes à soi,
Et chaque chrétien fut de différente loi.

(1) Arius niait la divinité du Verbe, Valentin fut un des chefs du gnosticisme, et Pélage attaqua la nécessité de la grâce.

(2) *Anabaptistes*, hérétiques se faisant rebaptiser.

(3) Les puritains ou quakers se croyaient les seuls purs et les seuls élus dans l'Eglise.

La discorde, au milieu de ses sectes altières,
En tout lieu cependant déploya ses bannières;
Et ta fille, au secours des vains raisonnements,
Appelant le ravage et les embrasements,
Fit, en plus d'un pays, aux villes désolées,
Sous l'herbe en vain chercher leurs églises brûlées.
L'Europe fut un champ de massacre et d'horreur,
Et l'orthodoxe même, aveugle en sa fureur,
De tes dogmes trompeurs nourrissant son idée,
Oublia la douceur aux chrétiens commandée;
Et crut, pour venger Dieu de ses fiers ennemis,
Tout ce que Dieu défend légitime et permis.
Au signal tout à coup donné pour le carnage,
Dans les villes, partout, théâtre de leur rage,
Cent mille faux zélés, le fer en main courants,
Allèrent attaquer leurs amis, leurs parents;
Et, sans distinction, dans tout sein hérétique
Pleins de joie enfoncer un poignard catholique :
Car quel lion, quel tigre, égale en cruauté
Une injuste fureur qu'arme la piété [1]?
Ces fureurs, jusqu'ici du vain peuple admirées,
Etaient pourtant toujours de l'Eglise abhorrées;
Et, dans ton grand crédit pour te bien conserver,
Il fallait que le ciel parût les approuver :
Ce chef-d'œuvre devait couronner ton adresse.
Pour y parvenir donc, ton active souplesse,
Dans l'école abusant tes grossiers écrivains,
Fit croire à leurs esprits ridiculement vains
Qu'un sentiment impie, injuste, abominable,
Par deux ou trois d'entre eux réputé soutenable [2],
Prenait chez eux un sceau de probabilité,
Qui même contre Dieu lui donnait sûreté;
Et qu'un chrétien pouvait, rempli de confiance,
Même en le condamnant, le suivre en conscience.
C'est sur ce beau principe, admis si follement,

(1) Au lieu *qu'arme la piété*, dans les anciennes éditions on lit : *qui se croit piété*.

(2) Cette proposition est une des erreurs du probabilisme relâché.

Qu'aussitôt tu posas l'énorme fondement
De la plus dangereuse et terrible morale,
Que Lucifer, assis dans sa chaire infernale,
Vomissant contre Dieu ses monstrueux sermons,
Ait jamais enseignée aux novices démons.
Soudain, au grand honneur de l'école païenne,
On entendit prêcher dans l'église chrétienne
Que sous le joug du vice un pécheur abattu
Pouvait, sans aimer [1] Dieu, ni même la vertu,
Par la seule frayeur au sacrement unie,
Admis au ciel, jouir de la gloire infinie;
Et que, les clefs en main, sur ce seul passeport,
Saint Pierre à tous venants devait ouvrir d'abord.
   Ainsi, pour éviter l'éternelle misère
Le vrai zèle au chrétien n'étant plus nécessaire,
Tu sus, dirigeant bien en eux l'intention,
De tout crime laver la coupable action.
Bientôt, se parjurer cessa d'être un parjure;
L'argent à tout denier se prêta sans usure;
Sans simonie, on put, contre un bien temporel,
Hardiment échanger un bien spirituel;
Du soin d'aider le pauvre on dispensa l'avare;
Et même chez les rois le superflu fut rare.
C'est alors qu'on trouva, pour sortir d'embarras,
L'art de mentir tout haut en disant vrai tout bas:
C'est alors qu'on apprit qu'avec un peu d'adresse
Sans crime un prêtre peut vendre trois fois sa messe;
Pourvu que, laissant là son salut à l'écart,
Lui-même en la disant n'y prenne aucune part [2]:
C'est alors que l'on sut qu'on peut pour une pomme,
Sans blesser la justice, assassiner un homme:
Assassiner! ah! je parle improprement;
Mais que, prêt à la perdre, on peut innocemment,

(1) Ce sentiment a été soutenu par quelques théologiens. V. plus loin cette proposition rapportée par Boileau dans une préface qu'il a mise en tête de ses trois dernières épîtres.

(2) Cette même erreur est spirituellement réfutée dans les *Provinciales*.

Surtout ne la pouvant sauver d'une autre sorte,
Massacrer le voleur qui fuit et qui l'emporte.
Enfin ce fut alors que, sans se corriger,
Tout pécheur... Mais où vais-je aujourd'hui m'engager ?
Veux-je d'un pape illustre [1], armé contre tes crimes,
A tes yeux mettre ici toute la bulle en rimes ;
Exprimer tes détours burlesquement pieux
Pour disculper l'impur, le gourmand, l'envieux ;
Tes subtils fauxfuyants pour sauver la mollesse,
Le larcin, le duel, le luxe, la paresse :
En un mot, faire voir, à fond développés
Tous ces dogmes affreux d'anathème frappés,
Que sans peur débitant tes distinctions folles,
L'erreur encor pourtant maintient dans tes écoles ?
Mais sur ce seul projet soudain puis-je ignorer
A quels nombreux combats il faut me préparer ?
J'entends déjà d'ici tes docteurs frénétiques
Hautement me compter au rang des hérétiques ;
M'appeler scélérat, traître, fourbe, imposteur,
Froid plaisant, faux bouffon, vrai calomniateur ;
De Pascal, de Wendrock [2], copiste misérable ;
Et, pour tout dire enfin, janséniste exécrable.
J'aurai beau condamner, en tous sens expliqués,
Les cinq dogmes fameux [3] par ta main fabriqués,
Blâmer de tes docteurs la morale risible :
C'est, selon eux, prêcher un calvinisme horrible :
C'est nier qu'ici-bas par l'amour appelé,
Dieu pour tous les humains voulut être immolé.
  Prévenons tout ce bruit : trop tard, dans le naufrage,
Confus, on se repent d'avoir bravé l'orage.
Halte-là donc, ma plume. Et toi, sors de ces lieux,
Monstre à qui, par un trait des plus capricieux,
Aujourd'hui terminant ma course satirique,
J'ai prêté dans mes vers une âme allégorique.

(1) Innocent XI qui avait censuré ces mêmes propositions.
(2) Wendrock était le nom supposé que prenait Nicole, comme Montalte était celui de Pascal.
(3) Les cinq propositions extraites de l'*Augustinus* de Jansénius.

Fuis, va chercher ailleurs tes patrons bien aimés,
Dans ces pays par toi rendus si renommés,
Où l'Orne épand ses eaux, et que la Sarthe arrose [1];
Ou, si plus sûrement tu veux gagner ta cause,
Porte-la dans Trévoux [2], à ce beau tribunal,
Où de nouveaux Midas un sénat monacal,
Tous les mois, appuyé de ta sœur l'ignorance,
Pour juger Apollon, tient, dit-on, sa séance [3].

(1) L'Orne arrose la Basse-Normandie, et la Sarthe est une rivière du Mans.

(2) Les journalistes de Trévoux avaient attaqué Boileau dans leurs Mémoires du mois de septembre 1703. Le poëte satirique use ici de représailles.

(3) Sous tous les rapports cette pièce est une des plus faibles du recueil. Elle se sent beaucoup de la vieillesse de l'auteur.

AVERTISSEMENT SUR L'ÉPITRE Ire.

Je m'étais persuadé que la fable de l'huître, que j'avais mise à la fin de cette épître au roi, pourrait y délasser agréablement les lecteurs, qu'un sublime trop sérieux peut enfin fatiguer, joint que la correction que j'y avais mise semblait me mettre à couvert d'une faute dont je faisais voir que je m'apercevais le premier : mais j'avoue qu'il y a eu des personnes de bon sens qui ne l'ont pas approuvée. J'ai néanmoins balancé longtemps si je l'ôterais parce qu'il y en avait plusieurs qui la louaient avec autant d'excès que les autres la blâmaient ; mais enfin je me suis rendu à l'autorité d'un prince non moins considérable par les lumières de son esprit que par le nombre de ses victoires. Comme il m'a déclaré franchement que cette fable, quoique très-bien contée, ne lui semblait pas digne du reste de l'ouvrage, je n'ai point résisté ; j'ai mis une nouvelle fin à ma pièce, et je n'ai pas cru, pour une vingtaine de vers, devoir me brouiller avec le premier capitaine de notre siècle. Au reste, je suis bien aise d'avertir le lecteur qu'il y a quantité de pièces impertinentes qu'on s'efforce de faire courir sous mon nom, et entre autres une satire contre les maltôtes ecclésiastiques. Je ne crains pas que les habiles gens m'attribuent toutes ces pièces, parce que mon style, bon ou mauvais, est aisé à reconnaître ; mais comme le nombre des sots est grand, et qu'ils pourraient aisément s'y méprendre, il est bon de leur faire savoir que, hors le discours au roi, les neuf premières satires et l'épître I, qui sont dans ce livre, il n'y a rien de moi entre les mains du public ni imprimé ni en manuscrit.

ÉPITRES.

ÉPITRE PREMIÈRE.

AU ROI.

(LES AVANTAGES DE LA PAIX.)

1669. — 33.

Cette pièce fut composée en 1669, pour seconder les intentions de M. Colbert, qui, toujours attentif aux progrès des arts et des sciences, voyait avec peine que le roi pensait à rompre la paix qu'il avait heureusement conclue à Aix-la-Chapelle l'année précédente.

Grand roi, c'est vainement qu'abjurant la satire[1]
Pour toi seul désormais j'avais fait vœu d'écrire.
Dès que je prends la plume, Apollon, éperdu,
Semble me dire : Arrête, insensé, que fais-tu ?
Sais-tu dans quels périls aujourd'hui tu t'engages ?
Cette mer où tu cours est célèbre en naufrages.
Ce n'est pas qu'aisément, comme un autre, à ton char
Je ne pusse attacher Alexandre et César[2] ;
Qu'aisément je ne pusse, en quelque ode insipide,
T'exalter aux dépens et de Mars et d'Alcide[3] ;
Te livrer le Bosphore, et, d'un vers incivil,

(1) V. la satire IXe à la fin.

(2) Allusion à ces deux vers de Corneille dans le prologue d'*Andromède :*

> Je lui montre Pompée, Alexandre, César,
> Mais comme des héros attachés à son char.

(3) Critique ingénieuse des auteurs du temps qui empruntaient à la fable les expressions les plus emphatiques pour en grossir leurs éloges.

Proposer au Sultan de te céder le Nil :
Mais, pour te bien louer, une raison sévère
Me dit qu'il faut sortir de la route vulgaire ;
Qu'après avoir joué tant d'auteurs différents,
Phébus même aurait peur s'il entrait sur les rangs [1] ;
Que par des vers tout neufs, avoués du Parnasse,
Il faut de mes dégoûts justifier l'audace ;
Et, si ma muse enfin n'est égale à mon roi,
Que je prête aux Cotins [2] des armes contre moi.
Est-ce là cet auteur, l'effroi de la Pucelle,
Qui devait des bons vers nous tracer le modèle,
Ce censeur, diront-ils, qui nous réformait tous ?
Quoi ! ce critique affreux n'en sait pas plus que nous
N'avons-nous pas cent fois, en faveur de la France,
Comme lui dans nos vers pris Memphis et Byzance [3],
Sur les bords de l'Euphrate abattu le turban,
Et coupé, pour rimer, les cèdres du Liban [4] ?
De quel front aujourd'hui vient-il, sur nos brisées,
Se revêtir encor de nos phrases usées ?
Que répondrais-je alors ? Honteux et rebuté,
J'aurais beau me complaire en ma propre beauté,
Et, de mes tristes vers admirateur unique,
Plaindre, en les relisant, l'ignorance publique :
Quelque orgueil en secret dont s'aveugle un auteur,
Il est fâcheux, grand roi, de se voir sans lecteur,
Et d'aller, du récit de ta gloire immortelle,
Habiller chez Francœur [5] le sucre et la cannelle.
Ainsi, craignant toujours un funeste accident,
J'imite de Conrart [6] le silence prudent :

(1) On dit *se mettre sur les rangs,* mais non pas *entrer sur les rangs.*

(2) C'est-à-dire aux mauvais auteurs qu'il avait attaqués dans ses satires.

(3) Memphis, ville d'Egypte. Byzance a pris le nom de Constantinople.

(4) Allusion aux mauvais poëtes lyriques qui remplissaient leurs strophes de tous ces noms étrangers, sous prétexte d'imiter Malherbe.

(5) Epicier fameux.

(6) Valentinien Conrart était un académicien célèbre. Il n'écrivit

Je laisse aux plus hardis l'honneur de la carrière
Et regarde le champ, assis sur la barrière.
Malgré moi toutefois un mouvement secret
Vient flatter mon esprit, qui se tait à regret.
Quoi ! dis-je tout chagrin, dans ma verve infertile,
Des vertus de mon roi spectateur inutile,
Faudra-t-il sur sa gloire attendre à m'exercer,
Que ma tremblante voix commence à se glacer ?
Dans un si beau projet, si ma muse rebelle
N'ose le suivre aux champs de Lille et de Bruxelle[1],
Sans le chercher aux bords de l'Escaut et du Rhin,
La paix l'offre à mes yeux plus calme et plus serein.
Oui, grand roi, laissons là les siéges, les batailles :
Qu'un autre[2] aille en rimant renverser des murailles ;
Et souvent, sur tes pas marchant sans ton aveu,
S'aille couvrir de sang, de poussière et de feu.
A quoi bon, d'une muse au carnage animée,
Echauffer ta valeur, déjà trop allumée?
Jouissons à loisir du fruit de tes bienfaits,
Et ne nous lassons point des douceurs de la paix.
« Pourquoi ces éléphants, ces armes, ce bagage,
Et ces vaisseaux tout prêts à quitter le rivage?
Disait au roi Pyrrhus un sage confident[3],
Conseiller très-sensé d'un roi très-imprudent. —
Je vais, lui dit ce prince, à Rome où l'on m'appelle. —
Quoi faire? — L'assiéger. — L'entreprise est fort belle,
Et digne seulement d'Alexandre ou de vous.
Mais, Rome prise enfin, seigneur, où courons-nous ? —
Du reste des Latins la conquête est facile. —
Sans doute, on les peut vaincre : est-ce tout? — La Sicile
De là nous tend les bras, et bientôt sans effort
Syracuse reçoit nos vaisseaux dans son port. —
Bornez-vous là vos pas? — Dès que nous l'aurons prise,

jamais rien, mais il avait le goût si sûr, que les auteurs les plus illustres ne publiaient aucun ouvrage sans le consulter.

(1) Allusion à la campagne de Flandre faite en 1667.

(2) Qu'un autre poëte.

(3) Cinéas, ministre de Pyrrhus et le disciple de Démosthène.

Il ne faut qu'un bon vent, et Carthage est conquise.
Les chemins sont ouverts : qui peut nous arrêter? —
Je vous entends, seigneur, nous allons tout dompter ;
Nous allons traverser les sables de Libye,
Asservir en passant l'Egypte, l'Arabie,
Courir de là le Gange en de nouveaux pays,
Faire trembler le Scythe aux bords du Tanaïs,
Et ranger sous nos lois tout ce vaste hémisphère.
Mais, de retour enfin, que prétendez-vous faire ? —
Alors, cher Cinéas, victorieux, contents,
Nous pourrons rire à l'aise, et prendre du bon temps.—
Eh ! seigneur, dès ce jour, sans sortir de l'Epire,
Du matin jusqu'au soir qui vous défend de rire [1] ? »
Le conseil était sage et facile à goûter :
Pyrrhus vivait heureux s'il eût pu l'écouter ;
Mais à l'ambition opposer la prudence,
C'est aux prélats de cour prêcher la résidence [2].
Ce n'est pas que mon cœur du travail ennemi,
Approuve un fainéant sur le trône endormi :
Mais, quelques vains lauriers que promette la guerre,
On peut être héros sans ravager la terre.
Il est plus d'une gloire. En vain aux conquérants
L'erreur, parmi les rois, donne les premiers rangs ;
Entre les grands héros ce sont les plus vulgaires [3].
Chaque siècle est fécond en heureux téméraires ;
Chaque climat produit des favoris de Mars ;
La Seine a des Bourbons, le Tibre a des Césars :
On a vu mille fois des fanges Méotides [4]
Sortir des conquérants : goths, vandales, gépides.
Mais un roi vraiment roi, qui, sage en ses projets,
Sache en un calme heureux maintenir ses sujets ;

(1) Ce Dialogue, emprunté à Plutarque (*Vie de Pyrrhus*), est un modèle de versification.

(2) Cet abus était encore à cette époque assez fréquent.

(3) La Harpe fait remarquer avec raison qu'il y avait bien quelque courage à dire de pareilles vérités au vainqueur de l'Espagne, au conquérant de la Franche-Comté et de la Flandre (*Cours de litt.*, t. VII, p. 319).

(4) Pour *Palus Méotides*, qui est le nom géographique.

Qui du bonheur public ait cimenté sa gloire,
Il faut pour le trouver courir toute l'histoire.
La terre compte peu de ces rois bienfaisants :
Le ciel à les former se prépare longtemps.
Tel fut cet empereur [1] sous qui Rome adorée
Vit renaître les jours de Saturne et de Rhée [2] ;
Qui rendit de son joug l'univers amoureux :
Qu'on n'alla jamais voir sans revenir heureux ;
Qui soupirait le soir, si sa main fortunée
N'avait par ses bienfaits signalé la journée [3].
Le cours ne fut pas long d'un empire si doux.
Mais où cherché-je ailleurs ce qu'on trouve chez nous ?
Grand roi, sans recourir aux histoires antiques,
Ne t'avons-nous pas vu dans les plaines belgiques [4],
Quand l'ennemi vaincu, désertant ses remparts,
Au-devant de ton joug courait de toutes parts,
Toi-même te borner, au fort de ta victoire,
Et chercher dans la paix [5] une plus juste gloire ?
Ce sont là les exploits que tu dois avouer ;
Et c'est par là, grand roi, que je te veux louer.
Assez d'autres sans moi, d'un style moins timide,
Suivront au champ de Mars ton courage rapide ;
Iront de ta valeur effrayer l'univers,
Et camper devant Dôle [6] au milieu des hivers.
Pour moi, loin des combats, sur un ton moins terrible,
Je dirai les exploits de ton règne paisible ;
Je peindrai les plaisirs en foule renaissants ;
Les oppresseurs du peuple à leur tour gémissants.
On verra par quels soins ta sage prévoyance
Au fort de la famine entretint l'abondance [7] :

(1) L'empereur Titus.
(2) *Saturne* était le père des dieux. La fable suppose qu'il épousa *Rhée*, la Terre, et que son règne fut l'âge d'or.
(3) Heureuse paraphrase du mot de Titus rapporté par Suétone : *Amici, diem perdidi.*
(4) Expression poétique.
(5) La paix de 1668.
(6) Le roi venait de conquérir la Franche-Comté en plein hiver.
(7) Ce fut en 1663.

On verra les abus par ta main réformés;
La licence et l'orgueil en tous lieux réprimés [1];
Du débris des traitants ton épargne grossie [2];
Des subsides affreux la rigueur adoucie [3];
Le soldat, dans la paix, sage et laborieux [4];
Nos artisans grossiers rendus industrieux [5];
Et nos voisins frustrés de ces tributs serviles
Que payait à leur art le luxe de nos villes.
Tantôt je tracerai tes nombreux bâtiments,
Du loisir d'un héros nobles amusements.
J'entends déjà frémir les deux mers étonnées [6]
De voir leurs flots unis au pied des Pyrénées.
Déjà de tous côtés la chicane aux abois
S'enfuit au seul aspect de tes nouvelles lois [7].
Oh! que ta main par là va sauver de pupilles!
Que de savants plaideurs désormais inutiles!
Qui ne sent point l'effet de tes soins généreux?
L'univers sous ton règne a-t-il des malheureux?
Est-il quelque vertu, dans les glaces de l'Ourse,
Ni dans ces lieux brûlés où le jour prend sa source,
Dont la triste indigence ose encore approcher,
Et qu'en foule tes dons [8] d'abord n'aillent chercher?
C'est par toi qu'on va voir les muses enrichies
De leur longue disette à jamais affranchies [9].

(1) Plusieurs édits furent donnés pour reformer le luxe.
(2) Allusion à la chambre de justice.
(3) Les tailles furent diminuées de quatre millions.
(4) Les soldats furent employés aux travaux publics.
(5) Allusion à l'établissement en France des manufactures.
(6) Le canal de Languedoc.
(7) L'ordonnance de 1667.
(8) Le roi, en 1663, donna des pensions à beaucoup de gens de lettres dans toute l'Europe.
(9) Il n'y a pas un de ces vers, dit la Harpe, qui ne rappelle un fait constaté dans l'histoire. Tout ce que la prose éloquente de Voltaire a consacré dans le *Siècle de Louis XIV*, les lois, les manufactures, les canaux, la police, les travaux publics, la diminution des tailles, les édifices élevés pour les arts, tout est ici exprimé en beaux vers. On voit dans ces morceaux et dans beaucoup d'autres, non-seulement l'homme d'esprit qui sait plaire, le poëte qui sait écrire, mais l'homme judicieux qui choisit les objets de ses louanges, et ne veut pas être démenti par la postérité (t. VII, p. 320-321).

Grand roi, poursuis toujours, assure leur repos.
Sans elles un héros n'est pas longtemps héros :
Bientôt, quoi qu'il ait fait, la mort, d'une ombre noire,
Enveloppe avec lui son nom et son histoire.
En vain, pour s'exempter de l'oubli du cercueil,
Achille mit vingt fois tout Ilion en deuil ;
En vain, malgré les vents, aux bords de l'Hespérie[1]
Enée enfin porta ses dieux et sa patrie :
Sans le secours des vers, leurs noms tant publiés
Seraient depuis mille ans avec eux oubliés.
Non, à quelques hauts faits que ton destin t'appelle,
Sans le secours soigneux d'une muse fidèle,
Pour t'immortaliser tu fais de vains efforts,
Apollon te la doit : ouvre-lui tes trésors.
En poëtes fameux rends nos climats fertiles :
Un Auguste aisément peut faire des Virgiles[2].
Que d'illustres témoins de ta vaste bonté
Vont pour toi déposer à la postérité !
Pour moi qui, sur ton nom déjà brûlant d'écrire,
Sens au bout de ma plume expirer la satire,
Je n'ose de mes vers vanter ici le prix ;
Toutefois si quelqu'un de mes faibles écrits
Des ans injurieux peut éviter l'outrage,
Peut-être pour ta gloire aura-t-il son usage ;
Et comme tes exploits, étonnant les lecteurs,
Seront à peine crus sur la foi des auteurs,
Si quelque esprit malin les veut traiter de fables,
On dira quelque jour, pour les rendre croyables :
Boileau qui, dans ses vers pleins de sincérité,
Jadis à tout son siècle a dit la vérité,
Qui mit à tout blâmer son étude et sa gloire,
A pourtant de ce roi parlé comme l'histoire[3].

(1) L'Italie, ainsi nommée par les Grecs.
(2) Martial avait dit :

Sint Mæcenates, non deerunt, Flacce, Marones
Virgiliumque tibi vel tua rura dabunt.
(Mart., l. VIII, Ep. lvi.)

(3) Boileau ayant récité à Louis XIV ces quarante derniers vers :

ÉPITRE II.

A M. L'ABBÉ DES ROCHES.

(LES PLAIDEURS.)

1669. — 33.

A quoi bon réveiller mes muses endormies,
Pour tracer aux auteurs des règles ennemies [1] !
Penses-tu qu'aucun d'eux veuille subir mes lois,
Ni suivre une raison qui parle par ma voix ?
O le plaisant docteur, qui, sur les pas d'Horace [2],
Viens prêcher, diront-ils, la réforme au Parnasse !
Nos écrits sont mauvais ; les siens valent-ils mieux ?
J'entends déjà d'ici Linière furieux [3]
Qui m'appelle au combat sans prendre un plus long terme.
De l'encre, du papier ! dit-il : qu'on nous enferme !
Voyons qui de nous deux, plus aisé dans ses vers,
Aura plus tôt rempli la page et le revers [4] !
Moi donc, qui suis peu fait à ce genre d'escrime,
Je le laisse tout seul verser rime sur rime,
Et souvent de dépit contre moi s'exerçant,
Punir de mes défauts le papier innocent.
Mais toi, qui ne crains point qu'un rimeur te noircisse,

« Voilà qui est très-beau, dit le monarque, cela est admirable. Je vous louerais davantage, si vous ne m'aviez pas tant loué. Le public donnera à vos ouvrages les éloges qu'ils méritent ; mais ce n'est pas assez pour moi de vous louer. Je vous donne une pension de 2,000 livres ; j'ordonnerai à Colbert de vous la payer d'avance, et je vous accorde le privilége pour l'impression de tous vos ouvrages. »

(1) Boileau travaillait alors à son *Art poétique*.

(2) Il avait pris pour modèle la lettre d'Horace aux Pisons.

(3) Cet auteur avait été critiqué dans la Satire IX, v. 236.

(4) Cet endroit est traduit d'Horace :

> Crispinus minimo me provocat, Accipe, si vis,
> Accipe jam tabulas ; detur nobis locus, hora,
> Custodes : videamus uter plus scribere possit.
>
> (L. I, Sat. IV, v. 14-16.)

Que fais-tu cependant seul en ton bénéfice ?
Attends-tu qu'un fermier, payant, quoiqu'un peu tard,
De ton bien pour le moins daigne te faire part ?
Vas-tu, grand défenseur des droits de ton église,
De tes moines mutins réprimer l'entreprise ?
Crois-moi, dût Auzanet [1] t'assurer du succès,
Abbé, n'entreprends point même un juste procès.
N'imite point ces fous dont la sotte avarice
Va de ses revenus engraisser la justice :
Qui, toujours assignant, et toujours assignés,
Souvent demeurent gueux, de vingt procès gagnés.
Soutenons bien nos droits : sot est celui qui donne.
C'est ainsi, devers Caen [2], que tout Normand raisonne.
Ce sont là les leçons dont un père manceau [3]
Instruit son fils novice au sortir du berceau.
Mais pour toi, qui, nourri bien en deçà de l'Oise,
As sucé la vertu picarde et champenoise,
Non, non, tu n'iras point, ardent bénéficier,
Faire enrouer pour toi Corbin ni le Mazier [4].
Toutefois, si jamais quelque ardeur bilieuse
Allumait dans ton cœur l'humeur litigieuse,
Consulte-moi d'abord, et, pour la réprimer,
Retiens bien la leçon que je te vais rimer.
 Un jour, dit un auteur, n'importe en quel chapitre,
Deux voyageurs à jeun rencontrèrent une huître.
Tous deux la contestaient, lorsque dans leur chemin
La Justice passa, la balance à la main.
Devant elle à grand bruit ils expliquent la chose.
Tous deux avec dépens veulent gagner leur cause.
La Justice, pesant ce droit litigieux,
Demande l'huître, l'ouvre, et l'avale à leurs yeux ;
Et par ce bel arrêt terminant la bataille :

(1) Fameux avocat au parlement de Paris.
(2) *Devers Caen*, mauvaise locution employée à dessein pour imiter le langage des Normands.
(3) Racine a fait aussi figurer les Manceaux dans sa comédie des *Plaideurs*, sans doute parce qu'ils passaient pour être très-processifs.
(4) Corbin était un avocat verbeux et prolixe qui plaida sa première cause à quatorze ans. Le Mazier a déjà été cité (Sat. I, v. 123).

Tenez, voilà, dit-elle, à chacun une écaille.
Des sottises d'autrui nous vivons au palais.
Messieurs, l'huître était bonne. Adieu. Vivez en paix[1].

ÉPITRE III.

A ANTOINE ARNAULD,

DOCTEUR DE SORBONNE.

(LA FAUSSE HONTE.)

1673. — 37.

Le sujet de cette épître est la mauvaise honte qui empêche le retour vers le bien, lorsqu'on s'en est une fois écarté. Elle fut composée en 1673.

Oui, sans peine, au travers des sophismes de Claude[2],
Arnauld, des novateurs tu découvres la fraude,
Et romps de leurs erreurs les filets captieux,
Mais que sert que ta main leur dessille les yeux,
Si toujours dans leur âme une pudeur rebelle,
Près d'embrasser l'Eglise, au prêche les rappelle[3] ?
Non, ne crois pas que Claude, habile à se tromper,
Soit insensible aux traits dont tu le sais frapper :
Mais un démon l'arrête, et, quand ta voix l'attire,
Lui dit : Si tu te rends sais-tu ce qu'on va dire[4] ?
Dans son heureux retour lui montre un faux malheur,

(1) Voyez le même sujet traité par la Fontaine, l. IX, v. 9, et appréciez la différence de talent et de caractère qui existe entre ces deux écrivains.

(2) Arnauld était alors occupé à écrire contre le sieur Claude, ministre de Charenton (Boileau).

(3) *Au prêche :* on appelait ainsi toutes les assemblées religieuses des protestants.

(4) On dit en effet que sur ses derniers instants, le ministre Claude reconnut la vérité du catholicisme, mais qu'il n'eut pas le courage de rétracter ses erreurs.

Lui peint de Charenton[1] l'hérétique douleur[2];
Et, balançant Dieu même en son âme flottante[3],
Fait mourir dans son cœur la vérité naissante.
Des superbes mortels le plus affreux lien,
N'en doutons point, Arnauld, c'est la honte du bien.
Des plus nobles vertus cette adroite ennemie
Peint l'honneur à nos yeux des traits de l'infamie,
Asservit nos esprits sous un joug rigoureux,
Et nous rend l'un de l'autre esclaves malheureux.
Par elle la vertu devient lâche et timide.
Vois-tu ce libertin en public intrépide,
Qui prêche contre un Dieu que dans son âme il croit?
Il irait embrasser la vérité qu'il voit:
Mais de ses faux amis il craint la raillerie,
Et ne brave ainsi Dieu que par poltronnerie.
C'est là de tous nos maux le fatal fondement.
Des jugements d'autrui nous tremblons follement;
Et, chacun l'un de l'autre adorant les caprices,
Nous cherchons hors de nous nos vertus et nos vices.
Misérables jouets de notre vanité,
Faisons au moins l'aveu de notre infirmité[4].
A quoi bon, quand la fièvre en nos artères brûle,
Faire de notre mal un secret ridicule?
Le feu sort de vos yeux pétillants et troublés,
Votre pouls inégal marche à pas redoublés;
Quelle fausse pudeur à feindre vous oblige?
Qu'avez-vous? Je n'ai rien. Mais. Je n'ai rien, vous [dis-je,
Répondra ce malade à se taire obstiné;
Mais cependant voilà tout son corps gangrené;

(1) Lieu près de Paris, où les protestants avaient un temple.

(2) L'*hérétique douleur :* ici l'épithète, la figure et l'inversion forment un vers élégant et moelleux (la Harpe).

(3) Voltaire a aussi imité ce vers dans Zaïre :

Tu balançais son Dieu dans son cœur alarmé. (Acte V, sc. x.)

(4) Cette pensée est dans Horace :

Neu, si te populus sanum rectèque valentem
Dictitet, occultam febrem sub tempus edendi
Dissimules, donec manibus tremor incidat unctis.
(L. I, Ep. xvi, v. 20-23.)

Et la fièvre, demain se rendant la plus forte,
Un bénitier aux pieds va l'étendre à la porte [1].
Prévenons sagement un si juste malheur.
Le jour fatal est proche et vient comme un voleur.
Avant qu'à nos erreurs le ciel nous abandonne,
Profitons de l'instant que de grâce il nous donne.
Hâtons-nous ; le temps fuit, et nous traîne avec soi :
Le moment où je parle est déjà loin de moi [2].
Mais quoi ! toujours la honte en esclave nous lie !
Oui, c'est toi qui nous perds, ridicule folie :
C'est toi qui fis tomber le premier malheureux,
Le jour que, d'un faux bien sottement amoureux,
Et n'osant soupçonner sa femme d'imposture,
Au démon, par pudeur [3], il vendit la nature.
Hélas ! avant ce jour qui perdit ses neveux,
Tous les plaisirs couraient au-devant de ses vœux.
La faim aux animaux ne faisait point la guerre :
Le blé, pour se donner, sans peine ouvrant la terre,
N'attendait point qu'un bœuf, pressé de l'aiguillon
Traçât à pas tardifs un pénible sillon :
La vigne offrait partout des grappes toujours pleines,
Et des ruisseaux de lait serpentaient dans les plaines [4].
Mais dès ce jour Adam, déchu de son état,
D'un tribut de douleurs paya son attentat.
Il fallut qu'au travail son corps rendu docile
Forçât la terre avare à devenir fertile.
Le chardon importun hérissa les guérets [5] ;
Le serpent venimeux rampa dans les forêts ;

(1) Ce passage est imité de Perse (Sat. III, v. 94), mais dans le poëte latin le dénoûment ne pouvait être le même.

(2) Perse avait dit dans une autre satire :

Vive memor leti : fugit hora : hoc quod loquor, inde est.
(Sat. v. 153.)

(3) Ce fut plutôt par orgueil ; mais l'exactitude théologique ne peut être exigée d'un poëte.

(4) Presque tous ces vers sont traduits ou imités d'Ovide (v. 101 et suiv., au livre Ier des *Métamorphoses*).

(5) En parlant du chardon Virgile avait dit :

Segnisque horreret in arvis
Carduus.

La canicule en feu désola les campagnes;
L'aquilon en fureur gronda sur les montagnes.
Alors, pour se couvrir durant l'âpre saison,
Il fallut aux brebis dérober leur toison.
La peste en même temps, la guerre et la famine,
Des malheureux humains jurèrent la ruine.
Mais aucun de ces maux n'égala les rigueurs
Que la mauvaise honte exerça dans les cœurs.
De ce nid à l'instant sortirent tous les vices.
L'avare, des premiers en proie à ses caprices,
Dans un infâme gain mettant l'honnêteté,
Pour toute honte alors compta la pauvreté.
L'honneur et la vertu n'osèrent plus paroître;
La piété chercha les déserts et le cloître [1].
Depuis on n'a point vu de cœur si détaché
Qui par quelque lien ne tînt à ce péché.
Triste et funeste effet du premier de nos crimes!
Moi-même, Arnaud, ici qui te prêche en ces rimes,
Plus qu'aucun des mortels par la honte abattu,
En vain j'arme contre elle une faible vertu.
Ainsi toujours douteux, chancelant et volage,
A peine du limon où le vice m'engage
J'arrache un pied timide, et sors en m'agitant,
Que l'autre m'y reporte et s'embourbe à l'instant [2].
Car si, comme aujourd'hui, quelque rayon de zèle
Allume dans mon cœur une clarté nouvelle,
Soudain, aux yeux d'autrui s'il faut la confirmer,
D'un geste, d'un regard, je me sens alarmer;
Et même sur ces vers que je te viens d'écrire,
Je tremble en ce moment de ce que l'on va dire.

(1) Aujourd'hui ces deux mots ne rimeraient pas.
(2) On trouve dans Horace :

Aut quia non firmus rectum defendis, et hæres,
Nequidquam cæno cupiens evellere plantam.
(L. II, sat. VII, v. 27 et seq.)

L'imitation est ici supérieure à l'original.

AVERTISSEMENT

IMPRIMÉ EN 1692 A LA TÊTE DE L'ÉPITRE IV, SOUS CE SIMPLE TITRE :

AU LECTEUR.

Je ne sais si les rangs de ceux qui passèrent le Rhin à la nage devant Tholus sont fort exactement gardés dans le poëme que je donne au public ; et je n'en voudrais pas être garant, parce que franchement je n'y étais pas, et que je n'en suis encore que fort médiocrement instruit. Je viens même d'apprendre en ce moment que M. de Soubise [1], dont je ne parle point, est un de ceux qui s'y est le plus signalé. Je m'imagine qu'il en est ainsi de beaucoup d'autres, et j'espère de leur faire justice dans une autre édition. Tout ce que je sais, c'est que ceux dont je fais mention ont passé les premiers. Je ne me déclare donc caution que de l'histoire du fleuve en colère, que j'ai apprise d'une de ses naïades, qui s'est réfugiée dans la Seine. J'aurais bien pu aussi parler de la fameuse rencontre qui suivit le passage : mais je la réserve pour un poëme à part [2]. C'est là que j'espère rendre aux mânes de M. de Longueville [3] l'honneur que tous les écrivains lui doivent, et que je peindrai cette victoire qui fut arrosée du plus juste sang de l'univers ; il faut un peu reprendre haleine pour cela.

(1) Il traversa le Rhin à la nage, à la tête des gendarmes de la garde dont il était capitaine-lieutenant.
(2) Ce dessein n'a pas eu d'exécution.
(3) Tué au passage du Rhin.

ÉPITRE IV.

AU ROI.

(LE PASSAGE DU RHIN.)

1672. — 36.

Le sujet de cette épître est la campagne de 1672. Parmi les événements qui la rendirent si glorieuse au roi, le poëte a choisi le passage du Rhin par l'armée de France, le 12 juin, comme le sujet le plus brillant, et par conséquent le plus susceptible des ornements de la poésie. Cette pièce fut imprimée au mois d'août de cette même année.

En vain pour te louer ma muse toujours prête
Vingt fois de la Hollande a tenté la conquête :
Ce pays, où cent murs n'ont pu se résister,
Grand roi, n'est pas en vers si facile à dompter.
Des villes que tu prends les noms durs et barbares
N'offrent de toutes parts que syllabes bizarres ;
Et, l'oreille effrayée, il faut depuis l'Yssel[1],
Pour trouver un beau mot, courir jusqu'au Tessel[2].
Oüi, partout de son nom chaque place munie
Tient bon contre le vers, en détruit l'harmonie.
Et qui peut sans frémir aborder Woërden[3] ?
Quel vers ne tomberait au seul nom de Heusden[4] ?
Quelle muse à rimer en tous lieux disposée
Oserait approcher des bords du Zuyderzée[5] ?
Comment en vers heureux assiéger Doësbourg,
Zutphen, Wageninghen, Harderwic, Knotzembourg[6] ?

(1) L'Yssel est une petite rivière des Pays-Bas.
(2) Tessel ou Texel, île qui se trouve à l'entrée du Zuyderzée.
(3) Woërden, ville forte de Hollande.
(4) Heusden, petite ville près de la Meuse.
(5) Zuyderzée, grand golfe de la mer du Nord.
(6) *Doësbourg*, ville dans le comté de Zutphen ; *Zutphen*, capitale

Il n'est fort, entre ceux que tu prends par centaines,
Qui ne puisse arrêter un rimeur six semaines :
Et partout sur le Whal, ainsi que sur le Leck [1] ?
Le vers est en déroute, et le poëte à sec.
Encor si tes exploits, moins grands et moins rapides,
Laissaient prendre courage à nos muses timides,
Peut-être avec le temps, à force d'y rêver,
Par quelque coup de l'art nous pourrions nous sauver.
Mais, dès qu'on veut tenter cette vaste carrière,
Pégase s'effarouche et recule en arrière :
Mon Apollon s'étonne ; et Nimègue [2] est à toi,
Que ma muse est encore au camp devant Orsoi [3].
Aujourd'hui toutefois mon zèle m'encourage :
Il faut au moins du Rhin tenter l'heureux passage.
Un trop juste devoir veut que nous l'essayions.
Muses, pour le tracer cherchez tous vos crayons :
Car, puisqu'en cet exploit tout paraît incroyable,
Que la vérité pure y ressemble à la fable,
De tous vos ornements vous pouvez l'égayer.
Venez donc, et surtout gardez bien d'ennuyer.
Vous savez des grands vers les disgrâces tragiques [4] ;
Et souvent on ennuie en termes magnifiques.
Au pied du mont Adule [5], entre mille roseaux,
Le Rhin tranquille, et fier du progrès de ses eaux,
Appuyé d'une main sur son urne penchante [6],
Dormait au bruit flatteur de son onde naissante :
Lorsqu'un cri, tout à coup suivi de mille cris,
Vient d'un calme si doux retirer ses esprits.
Il se trouble, il regarde, et partout sur ses rives

du comté de ce nom ; *Wageninghen*, *Harderwic*, villes du duché de Gueldre ; *Knotzembourg*, fort sur le Wahal. Toutes ces villes avaient été assiégées et prises par les troupes de Louis XIV.

(1) Le Whal et le Leck, deux branches du Rhin.

(2) *Nimègue*, capitale du duché de Gueldre.

(3) Louis XIV avait établi son camp devant Orsoi, dans le duché de Gueldre.

(4) Allusion aux grands vers de Chapelain.

(5) *Adule*, ancien nom du mont Saint-Gothard.

(6) Allusion à la manière dont les anciens représentaient les fleuves.

Il voit fuir à grands pas ses naïades craintives,
Qui toutes accourant vers leur humide roi,
Par un récit affreux redoublent son effroi [1].
Il apprend qu'un héros, conduit par la victoire,
A de ses bords fameux flétri l'antique gloire ;
Que Rhinberg et Wesel [2], terrassés en deux jours,
D'un joug déjà prochain menacent tout son cours.
Nous l'avons vu, dit l'une, affronter la tempête
De cent foudres d'airain tournés contre sa tête.
Il marche vers Tholus [3], et tes flots en courroux
Au prix de sa fureur sont tranquilles et doux.
Il a de Jupiter la taille et le visage ;
Et, depuis ce Romain [4] dont l'insolent passage
Sur un pont en deux jours trompa tous tes efforts,
Jamais rien de si grand n'a paru sur tes bords.
Le Rhin tremble et frémit à ces tristes nouvelles ;
Le feu sort à travers ses humides prunelles.
C'est donc trop peu, dit-il, que l'Escaut en deux mois [5]
Ait appris à couler sous de nouvelles lois :
Et de mille remparts mon onde environnée
De ces fleuves sans nom suivra la destinée !
Ah ! périssent mes eaux ! ou par d'illustres coups
Montrons qui doit céder des mortels ou de nous.
A ces mots, essuyant sa barbe limoneuse,
Il prend d'un vieux guerrier la figure poudreuse.
Son front cicatrisé rend son air furieux ;
Et l'ardeur du combat étincelle en ses yeux.
En ce moment il part ; et, couvert d'une nue,
Du fameux fort de Schenck [6] prend la route connue.
Là, contemplant son cours, il voit de toutes parts
Ses pâles défenseurs par la frayeur épars ;

(1) Tous ces vers sont admirables par le choix et l'arrangement des mots.

(2) *Rhinberg* et *Wesel* dans le duché de Clèves.

(3) *Tholus*, village sur la rive gauche du Rhin.

(4) Jules César.

(5) En deux mois, Louis XIV avait conquis une partie de la Flandre.

(6) Schenck, fort réputé imprenable, sur la rive droite du Rhin et pris par les Français le 21 juin, après trois mois de siége.

Il voit cent bataillons qui, loin de se défendre,
Attendent sur des murs l'ennemi pour se rendre.
Confus, il les aborde ; et renforçant sa voix :
Grands arbitres, dit-il, des querelles des rois [1],
Est-ce ainsi que votre âme, aux périls aguerrie,
Soutient sous ces remparts l'honneur et la patrie [2] ?
Votre ennemi superbe, en cet instant fameux,
Du Rhin, près de Tholus, fend les flots écumeux :
Du moins en vous montrant sur la rive opposée
N'oseriez-vous saisir une victoire aisée ?
Allez, vils combattants, inutiles soldats ;
Laissez là ces mousquets trop pesants pour vos bras ;
Et, la faux à la main, parmi vos marécages,
Allez couper vos joncs et presser vos laitages [3] ;
Ou, gardant les seuls bords qui vous peuvent couvrir,
Avec moi, de ce pas, venez vaincre ou mourir.
Ce discours d'un guerrier que la colère enflamme
Ressuscite l'honneur déjà mort en leur âme ;
Et, leurs cœurs s'allumant d'un reste de chaleur,
La honte fait en eux l'effet de la valeur.
Ils marchent droit au fleuve, où Louis en personne,
Déjà prêt à passer, instruit, dispose, ordonne.
Par son ordre Grammont [4] le premier dans les flots
S'avance soutenu des regards du héros :
Son coursier, écumant sous son maître intrépide,
Nage tout orgueilleux de la main qui le guide.
Revel [5] le suit de près : sous ce chef redouté
Marche des cuirassiers l'escadron indompté.
Mais déjà devant eux une chaleur guerrière
Emporte loin du bord le fougueux Lesdiguière [6],

(1) Allusion à la fierté déployée par les Hollandais après la conclusion du traité d'Aix-la-Chapelle.

(2) Il y avait sur les drapeaux des Hollandais, *Pro honore et patria*.

(3) Et, la faux à la main... *presser vos laitages*. Boileau avait lui-même remarqué l'embarras de cette construction, mais il ne put réussir à la changer.

(4) M. le comte de Guiche, le fils du maréchal Grammont.

(5) Le marquis de Revel, colonel des cuirassiers.

(6) Le comte de Saulx, duc de Lesdiguières.

Vivonne, Nantouillet, et Coislin, et Salart[1];
Chacun d'eux au péril veut la première part :
Vendôme, que soutient l'orgueil de sa naissance,
Au même instant dans l'onde impatient s'élance :
La Salle, Béringhen, Nogent, d'Ambre, Cavois[2],
Fendent les flots tremblants sous un si noble poids.
Louis, les animant du feu de son courage,
Se plaint de sa grandeur qui l'attache au rivage[3].
Par ses soins cependant trente légers vaisseaux
D'un tranchant aviron déjà coupent les eaux :
Cent guerriers s'y jetant signalent leur audace.
Le Rhin les voit d'un œil qui porte la menace :
Il s'avance en courroux. Le plomb vole à l'instant,
Et pleut de toutes parts sur l'escadron flottant.
Du salpêtre en fureur l'air s'échauffe et s'allume,
Et des coups redoublés tout le rivage fume.
Déjà du plomb mortel plus d'un brave est atteint :
Sous les fougueux coursiers l'onde écume et se plaint.
De tant de coups affreux la tempête orageuse
Tient un temps sur les eaux la fortune douteuse ;
Mais Louis d'un regard sait bientôt la fixer :
Le destin à ses yeux n'oserait balancer.
Bientôt avec Grammont courent Mars et Bellone[4] :
Le Rhin à leur aspect d'épouvante frissonne :
Quand, pour nouvelle alarme à ses esprits glacés,
Un bruit s'épand qu'Enghien et Condé sont passés[5] ;
Condé, dont le nom seul fait tomber les murailles,
Force les escadrons, et gagne les batailles :

(1) Le duc de *Vivonne* était aussi duc de Mortemar, et il fut fait maréchal en 1675.—*Nantouillet* était simple chevalier.—Le duc de *Coislin* mourut pair de France. — *De Salart* était au régiment des gardes françaises.

(2) Le marquis de *la Salle*. — Le marquis de *Béringhen*, premier écuyer du roi et colonel du régiment du Dauphin. — Le comte de *Nogent*, maréchal de camp. — Le baron *d'Ambre*, marquis de Vignoles. — Le marquis de *Cavois*, qui devint grand maréchal des logis de la maison du roi.

(3) Tournure ingénieuse, pour expliquer l'inaction du roi.

(4) Divinités guerrières.

(5) Le grand Condé, dont Bossuet fit l'Oraison funèbre.

Enghien, de son hymen le seul et digne fruit,
Par lui dès son enfance à la victoire instruit[1].
L'ennemi renversé fuit et gagne la plaine :
Le Dieu lui-même cède au torrent qui l'entraîne ;
Et seul, désespéré, pleurant ses vains efforts,
Abandonne à Louis la victoire et ses bords.
Du fleuve ainsi dompté la déroute éclatante
A Wurts[2] jusqu'en son camp va porter l'épouvante ;
Wurts, l'effroi du pays, et l'appui de ses murs ;
Wurts... Ah! quel nom, grand roi, quel Hector que ce Wurts!
Sans ce terrible nom, mal né pour les oreilles,
Que j'allais à tes yeux étaler de merveilles !
Bientôt on eût vu Schenck dans mes vers emporté,
De ses fameux remparts démentir la fierté :
Bientôt... Mais Wurts s'oppose à l'ardeur qui m'anime.
Finissons, il est temps : aussi bien si la rime
Allait mal à propos m'engager dans Arnheim[3],
Je ne sais pour sortir de porte qu'Hildesheim[4].
Oh ! que le ciel, soigneux de notre poésie,
Grand roi, ne nous fit-il plus voisins de l'Asie !
Bientôt victorieux de cent peuples altiers,
Tu nous aurais fourni des rimes à milliers.
Il n'est plaine en ces lieux si sèche et si stérile
Qui ne soit en beaux mots partout riche et fertile.
Là, plus d'un bourg fameux par son antique nom
Vient offrir à l'oreille un agréable son.
Quel plaisir de te suivre aux rives du Scamandre ;
D'y trouver d'Ilion la poétique cendre ;
De juger si les Grecs, qui brisèrent ses tours,
Firent plus en dix ans que Louis en dix jours[5] !
Mais pourquoi sans raison désespérer ma veine ?

(1) Voltaire a imité ainsi ce vers :

Aux combats dès l'enfance instruit par la victoire.
(*La Henriade*, ch. I, v. 26.)

(2) Commandant de l'armée ennemie.

(3) *Arnheim*, ville considérable dans le duché de Gueldres, prise par Turenne.

(4) Hildesheim, petite ville dans l'électorat de Trèves.

(5) Eloge adroitement amené.

Est-il dans l'univers de plage si lointaine
Où ta valeur, grand roi, ne te puisse porter,
Et ne m'offre bientôt des exploits à chanter?
Non, non, ne faisons plus de plaintes inutiles :
Puisque ainsi dans deux mois tu prends quarante villes,
Assuré des bons vers dont ton bras me répond,
Je t'attends dans deux ans aux bords de l'Hellespont [1].

ÉPITRE V.

A M. DE GUILLERAGUES,

SECRÉTAIRE DE CABINET.

(DE LA CONNAISSANCE DE SOI-MÊME.)

1674. — 38.

L'auteur fait voir dans cette épître que la véritable félicité consiste dans la connaissance de soi-même, et qu'on se trompe quand on cherche son bonheur autre part que chez soi. Cette pièce fut composée en 1674 et publiée l'année suivante.

Esprit né pour la cour, et maître en l'art de plaire,
Guilleragues [2], qui sais et parler et te taire,
Apprends-moi si je dois ou me taire, ou parler [3].
Faut-il dans la satire encor me signaler,
Et, dans ce champ fécond en plaisantes malices,
Faire encore aux auteurs redouter mes caprices?
Jadis, non sans tumulte, on m'y vit éclater,

(1) Malgré la liberté qu'un poëte peut prendre, il nous paraît bien difficile de ne pas voir de l'exagération dans ces derniers vers.

(2) Le comte de Guilleragues, ayant été envoyé en ambassade à Constantinople, se distingua tellement par la noblesse et l'élévation de ses procédés, que le grand seigneur voulut avoir le portrait de Louis XIV, son maître.

(3) Perse demande à un jeune homme qui veut s'ingérer dans les affaires de l'Etat :

Dicenda, tacendaque calles? (Sat. IV, v. 5.)

Quand mon esprit plus jeune, et prompt à s'irriter,
Aspirait moins au nom de discret et de sage ;
Que mes cheveux plus noirs ombrageaient mon visage :
Maintenant, que le temps a mûri mes désirs,
Que mon âge, amoureux de plus sages plaisirs,
Bientôt s'en va frapper à son neuvième lustre [1].
J'aime mieux mon repos qu'un embarras illustre [2].
Que d'une égale ardeur mille auteurs animés
Aiguisent contre moi leurs traits envenimés,
Que tout, jusqu'à Pinchêne [3], et m'insulte et m'accable,
Aujourd'hui vieux lion je suis doux et traitable ;
Je n'arme point contre eux mes ongles émoussés.
Ainsi que mes beaux jours, mes chagrins sont passés ;
Je ne sens plus l'aigreur de ma bile première,
Et laisse aux froids rimeurs une libre carrière.
   Ainsi donc, philosophe à la raison soumis,
Mes défauts désormais sont mes seuls ennemis :
C'est l'erreur que je fuis ; c'est la vertu que j'aime.
Je songe à me connaître, et me cherche en moi-même [4].
C'est là l'unique étude où je veux m'attacher [5].]
Que, l'astrolabe en main, un autre aille chercher
Si le soleil est fixe ou tourne sur son axe,
Si Saturne à nos yeux peut faire un parallaxe [6] ;
Que Rohaut vainement sèche pour concevoir
Comment, tout étant plein, tout a pu se mouvoir [7] ;

(1) A la quarante et unième année.

(2) Horace eut aussi ces sentiments et il s'en explique dans l'épître qu'il adresse à son ami Florus. II, Ep. II, v. 26 et seq.

(3) Pinchêne était le neveu de Voiture, mais il était loin d'en avoir les talents. Ses poésies l'ont beaucoup moins fait connaître que les critiques de Boileau.

(4) Tecum habita : noris quam sit tibi curta supellex.
(PERS., Sat. IV, v. 52.)

(5) Quid verum atque decens, curo et rogo, et omnis in hoc sum.
(HORAT., I, Ep. I, v. 11.)

(6) Madame de la Sablière a remarqué avec raison que l'*astrolabe* ne peut servir à déterminer si le soleil se meut ou ne se meut pas sur lui-même, et que *parallaxe* est du féminin.

(7) Rohaut était un cartésien célèbre. Il supposait avec Descartes que l'espace est un corps, et qu'il n'y a point de vide à proprement parler.

Ou que Bernier compose et le sec et l'humide
Des corps ronds et crochus errants parmi le vide[1] :
Pour moi, sur cette mer qu'ici-bas nous courons,
Je songe à me pourvoir d'esquif et d'avirons,
A régler mes désirs, à prévenir l'orage,
Et sauver, s'il se peut, ma raison du naufrage.
C'est au repos d'esprit que nous aspirons tous ;
Mais ce repos heureux se doit chercher en nous.
Un fou rempli d'erreurs, que le trouble accompagne,
Et malade à la ville ainsi qu'à la campagne,
En vain monte à cheval pour tromper son ennui :
Le chagrin monte en croupe, et galope avec lui[2].
Que crois-tu qu'Alexandre, en ravageant la terre
Cherche parmi l'horreur, le tumulte, et la guerre?
Possédé d'un ennui qu'il ne saurait dompter,
Il craint d'être soi-même, et songe à s'éviter.
C'est là ce qui l'emporte aux lieux où naît l'aurore,
Où le Perse est brûlé de l'astre qu'il adore.
De nos propres malheurs auteurs infortunés,
Nous sommes loin de nous à toute heure entraînés.
A quoi bon ravir l'or au sein du nouveau monde?
Le bonheur, tant cherché sur la terre et sur l'onde,
Est ici comme aux lieux où mûrit le coco,
Et se trouve à Paris de même qu'à Cusco[3] :
On ne le tire point des veines du Potose[4].
Qui vit content de rien, possède toute chose.
Mais, sans cesse ignorants de nos propres besoins,
Nous demandons au ciel ce qu'il nous faut le moins.

(1) Bernier était un célèbre voyageur, qui avait composé un abrégé de la philosophie de Gassendi, et qui soutenait avec son maître le système des atomes.

(2) Belle imitation d'Horace qui a dit :

Post equitem sedet atra cura (L. III, Od. 1, v. 40).

Et ailleurs :

Nam comes atra premit (*cura*) sequiturque fugacem.
(L. II, Sat. VII, v. 115.)

(3) Ville du Pérou.

(4) Potosi, montagne où sont les mines d'argent les plus riches de l'Amérique.

Oh ! que si cet hiver un rhume salutaire,
Guérissant de tous maux mon avare beau-père,
Pouvait, bien confessé, l'étendre en un cercueil,
Et remplir sa maison d'un agréable deuil !
Que mon âme, en ce jour de joie et d'opulence,
D'un superbe convoi plaindrait peu la dépense[1] !
Disait le mois passé, doux, honnête, soumis,
L'héritier affamé de ce riche commis,
Qui, pour lui préparer cette douce journée,
Tourmenta quarante ans sa vie infortunée.
La mort vient de saisir le vieillard catarrheux ?
Voilà son gendre riche ; en est-il plus heureux ?
Tout fier du faux éclat de sa vaine richesse,
Déjà nouveau seigneur il vante sa noblesse.
Quoique fils de meunier, encor blanc du moulin,
Il est prêt à fournir ses titres en vélin[2].
En mille vains projets à toute heure il s'égare :
Le voilà fou, superbe, impertinent, bizarre,
Rêveur, sombre, inquiet, à soi-même ennuyeux.
Il vivrait plus content, si, comme ses aïeux,
Dans un habit conforme à sa vraie origine,
Sur le mulet encore il chargeait la farine.
Mais ce discours n'est pas pour le peuple ignorant,
Que le faste éblouit d'un bonheur apparent.
L'argent, l'argent, dit-on ; sans lui tout est stérile :
La vertu sans l'argent n'est qu'un meuble inutile[3].
L'argent en honnête homme érige un scélérat ;
L'argent seul au Palais peut faire un magistrat.
Qu'importe qu'en tous lieux on me traite d'infâme[4] ?
Dit ce fourbe sans foi, sans honneur et sans âme,
Dans mon coffre, tout plein de rares qualités,
J'ai cent mille vertus en louis bien comptés.
Est-il quelque talent que l'argent ne me donne ?

(1) V. Perse, satire II, v. 9-12.
(2) Allusion aux lettres de noblesse.
(3) O cives, cives, quærenda pecunia primum est ;
Virtus post nummos... (HORAT., L. I, Ep. I, v. 53.)
(4) Quid enim salvis infamia nummis? (JUV., Sat. I, v. 48.)

C'est ainsi qu'en son cœur ce financier raisonne :
Mais pour moi, que l'éclat ne saurait décevoir,
Qui mets au rang des biens l'esprit et le savoir,
J'estime autant Patru [1], même dans l'indigence,
Qu'un commis engraissé des malheurs de la France.
Non que je sois du goût de ce sage insensé
Qui, d'un argent commode esclave embarrassé,
Jeta tout dans la mer [2] pour crier : Je suis libre [3].
De la droite raison je sens mieux l'équilibre :
Mais je tiens qu'ici-bas, sans faire tant d'apprêts,
La vertu se contente et vit à peu de frais.
Pourquoi donc s'égarer en des projets si vagues ?
   Ce que j'avance ici, crois-moi, cher Guilleragues,
Ton ami dès l'enfance ainsi l'a pratiqué.
Mon père, soixante ans au travail appliqué [4],
En mourant me laissa, pour rouler et pour vivre,
Un revenu léger [5], et son exemple à suivre.
Mais, bientôt amoureux d'un plus noble métier,
Fils, frère, oncle, cousin, beau-frère de greffier [6],
Pouvant charger mon bras d'une utile liasse,
J'allai loin du Palais errer sur le Parnasse.
La famille en pâlit, et vit en frémissant
Dans la poudre du greffe un poëte naissant [7] :
On vit avec horreur une muse effrénée

(1) Fameux avocat, et un des bons grammairiens de son siècle.

(2) Aristippe fit cette action ; et Diogène conseilla à Cratès, philosophe cynique, de faire la même chose.

(3) Boileau traduit encore ici Horace :

Quid simile isti
Græcus Aristippus, qui servos projicere aurum
In media jussit Lybia, quia tardius irent
Propter onus segnes ?... (L. II, Sat. III, v. 99-102.)

(4) Gilles Boileau, greffier du conseil de la grand'chambre, mort en 1657.

(5) Il lui laissa environ 12,000 écus.

(6) Jérôme Boileau, son aîné, eut la charge de son père : son oncle, Nicolas Dongois, fut greffier de l'Académie à la grand'chambre, et ses beaux-frères Jean Dongois, Ch. Langlois et Joachin Boyvient, greffiers à la chambre de l'édit et à celle des requêtes.

(7) Boileau eut ceci de commun avec Voltaire, qui se vit pour le même motif persécuté par sa famille.

Dormir chez un greffier la grasse matinée[1].
Dès lors à la richesse il fallut renoncer :
Ne pouvant l'acquérir, j'appris à m'en passer ;
Et surtout redoutant la basse servitude,
La libre vérité fut toute mon étude.
Dans ce métier, funeste à qui veut s'enrichir,
Qui l'eût cru que pour moi le sort dût se fléchir[2] ?
Mais du plus grand des rois la bonté sans limite,
Toujours prête à courir au devant du mérite,
Crut voir dans ma franchise un mérite inconnu,
Et d'abord de ses dons enfla mon revenu.
La brigue ni l'envie à mon bonheur contraires,
Ni les cris douloureux de mes vains adversaires,
Ne purent dans leur course arrêter ses bienfaits.
C'en est trop : mon bonheur a passé mes souhaits.
Qu'à son gré désormais la fortune me joue ;
On me verra dormir au branle de sa roue[3].
Si quelque soin encore agite mon repos,
C'est l'ardeur de louer un si fameux héros.
Ce soin ambitieux, me tirant par l'oreille[4],
La nuit, lorsque je dors, en sursaut me réveille ;
Me dit que ces bienfaits, dont j'ose me vanter,
Par des vers immortels ont dû se mériter.
C'est là le seul chagrin qui trouble encor mon âme.
Mais si, dans le beau feu du zèle qui m'enflamme,
Par un ouvrage enfin des critiques vainqueur,
Je puis sur ce sujet satisfaire mon cœur,
Guilleragues, plains-toi de mon humeur légère,
Si jamais, entraîné d'une ardeur étrangère,
Ou d'un vil intérêt reconnaissant la loi,
Je cherche mon bonheur autre part que chez moi.

(1) Brossette dit que Boileau était grand dormeur.

(2) On ne peut s'empêcher d'admirer cette transition qui amène si naturellement l'éloge du roi qui doit terminer cette Epître.

(3) Ces vers rappellent les vers suivants de Corneille, mais ils leur sont bien supérieurs :

Ainsi de notre espoir la fortune se joue :
Tout s'élève ou s'abaisse au branle de sa roue.
(L'*Illusion comique*, Act. V, sc. v.)

(4) Expression triviale que la métaphore ennoblit.

ÉPITRE VI.

A M. DE LAMOIGNON,

AVOCAT GÉNÉRAL.

(LES PLAISIRS DES CHAMPS.)

1667. — 41.

Cette épître a été composée en l'année 1667. L'auteur y décrit les douceurs dont il jouit à la campagne, et les chagrins qui l'attendent à la ville. Horace a fait une satire sur le même sujet; elle est la sixième du livre II.

Oui, Lamoignon[1], je fuis les chagrins de la ville,
Et contre eux la campagne est mon unique asile.
Du lieu qui m'y retient veux-tu voir le tableau[2]?
C'est un petit village[3], ou plutôt un hameau,
Bâti sur le penchant d'un long rang de collines,
D'où l'œil s'égare au loin dans les plaines voisines.
La Seine, au pied des monts que son flot vient laver,
Voit du sein de ses eaux vingt îles s'élever,
Qui, partageant son cours en diverses manières,
D'une rivière seule y forment vingt rivières.
Tous ses bords sont couverts de saules non plantés,
Et de noyers souvent du passant insultés[4].

(1) Chrétien-François de Lamoignon, depuis président à mortier, fils de Guillaume de Lamoignon, premier président du parlement de Paris.

(2) Scribetur tibi forma loquaciter et situs agri.
(HORAT., L. I, Ep. XVI, v. 4.)

(3) Hautile, petite seigneurie près de la Roche-Guyon, appartenant à mon neveu l'illustre M. Dongois, greffier en chef du parlement (B.).

(4) Ovide a ainsi rendu la même pensée :

Nux ego juncta viæ, cum sim sine crimine vitæ,
A populo saxis prætereunte petor !
De Nuce.

Le village au-dessus forme un amphithéâtre :
L'habitant ne connaît ni la chaux ni le plâtre ;
Et dans le roc, qui cède et se coupe aisément,
Chacun sait de sa main creuser son logement[1].
La maison du seigneur, seule un peu plus ornée,
Se présente au dehors de murs environnée.
Le soleil en naissant la regarde d'abord,
Et le mont la défend des outrages du nord.
C'est là, cher Lamoignon, que mon esprit tranquille
Met à profit les jours que la Parque me file.
Ici dans un vallon bornant tous mes désirs,
J'achète à peu de frais de solides plaisirs[2].
Tantôt, un livre en main, errant dans les prairies,
J'occupe ma raison d'utiles rêveries :
Tantôt, cherchant la fin d'un vers que je construi,
Je trouve au coin d'un bois le mot qui m'avait fui[3] :
Quelquefois, aux appas[4] d'un hameçon perfide,
J'amorce en badinant le poisson trop avide ;
Ou d'un plomb qui suit l'œil, et part avec l'éclair,
Je vais faire la guerre aux habitants de l'air.
Une table au retour, propre et non magnifique,
Nous présente un repas agréable et rustique :
Là, sans s'assujettir aux dogmes du Broussain[5],
Tout ce qu'on boit est bon, tout ce qu'on mange est sain ;
La maison le fournit, la fermière l'ordonne,
Et mieux que Bergerat[6] l'appétit l'assaisonne.
O fortuné séjour, ô champs aimés des cieux !
Que, pour jamais foulant vos prés délicieux,
Ne puis-je ici fixer ma course vagabonde,

(1) Boileau peint toujours d'après nature. Cette description n'est que le tableau exact du petit village de Hautile, qui faisait les délices du poëte.

(2) Les antithèses de Boileau ont le mérite d'être brillantes sans être jamais recherchées.

(3) Ce vers a été admiré spécialement de tous les critiques.

(4) Aujourd'hui il faudrait nécessairement *à l'appât*.

(5) René Brulart, comte de Broussain, gastronome célèbre.

(6) Fameux traiteur.

Et, connu de vous seuls, oublier tout le monde[1] !
Mais à peine, du sein de vos vallons chéris
Arraché malgré moi, je rentre dans Paris,
Qu'en tous lieux les chagrins m'attendent au passage.
Un cousin, abusant d'un fâcheux parentage[2],
Veut qu'encor tout poudreux, et sans me débotter,
Chez vingt juges pour lui j'aille solliciter :
Il faut voir de ce pas les plus considérables ;
L'un demeure au Marais[3], et l'autre aux Incurables[4].
Je reçois vingt avis qui me glacent d'effroi :
Hier, dit-on, de vous on parla chez le roi.
Et d'attentat horrible on traita la satire. —
Et le roi, que dit-il ? — Le roi se prit à rire.
Contre vos derniers vers on est fort en courroux :
Pradon a mis au jour un livre contre vous[5] ;
Et chez le chapelier du coin de notre place,
Autour d'un caudebec[6] j'en ai lu la préface :
L'autre jour sur un mot la cour vous condamna :
Le bruit court qu'avant-hier on vous assassina[7] :
Un écrit scandaleux sous votre nom se donne[8] :
D'un pasquin[9] qu'on a fait, au Louvre on vous soupçonne.
Moi ! — Vous : on nous l'a dit dans le Palais-Royal[10].

(1) Voici les vers d'Horace imités par Boileau :

O rus, quando ego te aspiciam ? quandoque licebit,
Nunc veterum libris, nunc somno et inertibus horis,
Ducere sollicitæ jucunda oblivia vitæ ? (L. II, sat. VI, v. 59-62.)

(2) Mot vieilli, qu'il eût peut-être été bon de conserver.

(3) Cubat hic in colle Quirini,
Hic extremo in Aventino ; visendus uterque :
Intervalla vides humanè commoda. (L. II, Ep. II, v. 68-70.)

(4) L'hospice des *Incurables* se trouvait à la rue de Sèvres, et était conséquemment fort éloigné du Marais, un des quartiers de la cité.

(5) C'était la préface de sa *Phèdre*, qui ne valait pas mieux que la pièce.

(6) Sorte de chapeaux de laine qui se font à Caudebec en Normandie.

(7) Ce bruit s'était en effet répandu quelque temps auparavant.

(8) Il s'agit ici d'un sonnet satirique contre le duc de Nevers.

(9) Ce mot a vieilli. On appelait alors de cette manière tout pamphlet satirique.

(10) Allusion aux nouvellistes, qui s'assemblent dans le jardin de ce palais (BOILEAU).

Douze ans sont écoulés depuis le jour fatal
Qu'un libraire, imprimant les essais de ma plume,
Donna, pour mon malheur, un trop heureux volume[1].
Toujours, depuis ce temps, en proie aux sots discours
Contre eux la vérité m'est un faible secours.
Vient-il de la province une satire fade,
D'un plaisant du pays insipide boutade,
Pour la faire courir on dit qu'elle est de moi[2] :
Et le sot campagnard le croit de bonne foi.
J'ai beau prendre à témoin et la cour et la ville :
Non ; à d'autres, dit-il ; on connaît votre style.
Combien de temps ces vers vous ont-ils bien coûté?
Ils ne sont point de moi, monsieur, en vérité :
Peut-on m'attribuer ces sottises étranges?
Ah! monsieur, vos mépris vous servent de louanges.
Ainsi, de cent chagrins dans Paris accablé,
Juge si, toujours triste, interrompu, troublé,
Lamoignon, j'ai le temps de courtiser les muses[3]!
Le monde cependant se rit de mes excuses ;
Croit que, pour m'inspirer sur chaque événement,
Apollon doit venir au premier mandement[4].
Un bruit court que le roi va tout réduire en poudre,
Et dans Valencienne est entré comme un foudre ;
Que Cambrai, des Français l'épouvantable écueil,
A vu tomber enfin ses murs et son orgueil ;
Que devant Saint-Omer, Nassau[5], par sa défaite,
De Philippe vainqueur[6] rend la gloire complète.
Dieu sait comme les vers chez vous s'en vont couler!

(1) Septimus octavo propior jam fugerit annus
In quo Mæcenas me cœpit habere suorum
In numero :... (L. II, Sat. VI, v. 40-47.)

(2) Boileau eut beaucoup à souffrir de cette espèce de contre-façon.

(3) Præter cætera, me Romæ ne poemata censes
Scribere, posse, inter tot curas totque labores?
(L. II, Ep. II, v. 65-66.)

(4) *Mandement :* ordre, terme de procédure employé ici à dessein.

(5) Guillaume de Nassau, prince d'Orange.

(6) Louis XIV avait paru jaloux de la gloire de son frère. Le poëte ménage adroitement son amour-propre.

Dit d'abord un ami qui veut me cajoler,
Et, dans ce temps guerrier et fécond en Achilles,
Croit que l'on fait les vers comme l'on prend les villes[1].
Mais moi, dont le génie est mort en ce moment,
Je ne sais que répondre à ce vain compliment;
Et justement confus de mon peu d'abondance,
Je me fais un chagrin du bonheur de la France[2].
Qu'heureux est le mortel qui, du monde ignoré,
Vit content de soi-même en un coin retiré[3];
Que l'amour de ce rien qu'on nomme renommée
N'a jamais enivré d'une vaine fumée;
Qui de sa liberté forme tout son plaisir,
Et ne rend qu'à lui seul compte de son loisir!
Il n'a point à souffrir d'affronts ni d'injustices,
Et du peuple inconstant il brave les caprices.
Mais nous autres faiseurs de livres et d'écrits,
Sur les bords du Permesse[4] aux louanges nourris,
Nous ne saurions briser nos fers et nos entraves,
Du lecteur dédaigneux honorables esclaves.
Du rang où notre esprit une fois s'est fait voir,
Sans un fâcheux éclat nous ne saurions déchoir[5].

(1) Boileau revient souvent sur cette idée, mais il l'exprime avec une grâce toujours nouvelle.

(2) Antithèse heureuse.

(3) Ces idées ont été exprimées par bien des poëtes. Les vers de Boileau rappellent la strophe suivante d'Horace :

Beatus ille qui procul negotiis,
Ut prisca gens mortalium,
Paterna rura bobus exercet suis,
Solutus omni fœnore.

(4) Rivière de Béotie, consacrée aux Muses.

(5) On a vu dans ce passage une imitation des vers suivants de Corneille :

Il veut qu'on soit égal en tout temps, en tous lieux,
Il n'examine point si lors on pouvait mieux
Ni que s'il ne voit pas sans cesse une merveille,
L'occasion est moindre et la vertu pareille :
Son injustice accable et détruit les grands noms,
L'honneur des premiers faits se perd par les seconds;
Et quand la renommée a passé l'ordinaire,
Si l'on ne veut déchoir il ne faut plus rien faire.
(HORAC., Act. V, sc. 2.)

Le public, enrichi du tribut de nos veilles,
Croit qu'on doit ajouter merveilles sur merveilles.
Au comble parvenus, il veut que nous croissions :
Il veut en vieillissant que nous rajeunissions.
Cependant tout décroît ; et moi-même à qui l'âge
D'aucune ride encor n'a flétri le visage,
Déjà moins plein de feu, pour animer ma voix
J'ai besoin du silence et de l'ombre des bois :
Ma muse, qui se plaît dans leurs routes perdues,
Ne saurait plus marcher sur le pavé des rues.
Ce n'est que dans ces bois, propres à m'exciter,
Qu'Apollon quelquefois daigne encor m'écouter.
Ne demande donc plus par quelle humeur sauvage
Tout l'été, loin de toi, demeurant au village,
J'y passe obstinément les ardeurs du Lion [1],
Et montre pour Paris si peu de passion.
C'est à toi, Lamoignon, que le rang, la naissance,
Le mérite éclatant, et la haute éloquence,
Appellent dans Paris aux sublimes emplois,
Qu'il sied bien d'y veiller pour le maintien des lois.
Tu dois là tous tes soins au bien de ta patrie :
Tu ne t'en peux bannir que l'orphelin ne crie;
Que l'oppresseur ne montre un front audacieux [2] :
Et Thémis [3], pour voir clair, a besoin de tes yeux.
Mais pour moi, de Paris citoyen inhabile,
Qui ne lui puis fournir qu'un rêveur inutile,
Il me faut du repos, des prés et des forêts.
Laisse-moi donc ici, sous leurs ombrages frais,
Attendre que septembre ait ramené l'automne,
Et que Cérès contente ait fait place à Pomone.
Quand Bacchus comblera de ses nouveaux bienfaits
Le vendangeur ravi de ployer sous le faix,
Aussitôt ton ami, redoutant moins la ville,

(1) Ubi gratior aura
Leniat et rabiem Canis et momenta Leonis,
Quum semel accepit solem furibundus acutum?
(L. I, Ep. x, v. 15-17.)

(2) Eloge magnifique, adroitement amené.

(3) Déesse de la justice.

T'ira joindre à Paris, pour s'enfuir à Bâville[1].
Là, dans le seul loisir que Thémis t'a laissé,
Tu me verras souvent, à te suivre empressé,
Pour monter à cheval rappelant mon audace,
Apprenti cavalier galoper sur ta trace[2].
Tantôt sur l'herbe assis, au pied de ces côteaux
Où Polycrène[3] répand ses libérales eaux,
Lamoignon, nous irons, libres d'inquiétude,
Discourir des vertus dont tu fais ton étude;
Chercher quels sont les biens véritables ou faux;
Si l'honnête homme en soi doit souffrir des défauts,
Quel chemin le plus droit à la gloire nous guide,
Ou la vaste science, ou la vertu solide.
C'est ainsi que chez toi tu sauras m'attacher.
Heureux si les fâcheux, prompts à nous y chercher,
N'y viennent point semer l'ennuyeuse tristesse!
Car, dans ce grand concours d'hommes de toute espèce
Que sans cesse à Bâville attire le devoir,
Au lieu de quatre amis qu'on attendait le soir,
Quelquefois de fâcheux arrivent trois volées,
Qui du parc à l'instant assiégent les allées.
Alors sauve qui peut[4] : et quatre fois heureux
Qui sait pour s'échapper quelque antre ignoré d'eux!

(1) Maison de campagne de M. de Lamoignon.

(2) Ce vers a été comparé au fameux vers de Virgile :

Quadrupedante putrem sonitu quatit ungula campum.

Quoi qu'on en ait dit, le poëte latin nous semble ici bien supérieur au poëte français.

(3) Fontaine à une demi-lieue de Bâville, ainsi nommée par feu M. le président de Lamoignon (BOILEAU).

(4) *Sauve qui peut!* cri d'alarme. Le secret du poëte est d'avoir su ainsi l'ennoblir.

ÉPITRE VII.

A M. RACINE.

(DE L'UTILITÉ DES ENNEMIS.)

1677. — 41.

Le sujet de cette épître est l'utilité qu'on peut retirer de la jalousie de ses ennemis, et en particulier des bonnes et des mauvaises critiques. Elle fut composée à l'occasion de la tragédie de *Phèdre*, que Racine fit représenter pour la première fois le 1er janvier 1677.

Que tu sais bien, Racine, à l'aide d'un acteur,
Emouvoir, étonner, ravir un spectateur!
Jamais Iphigénie, en Aulide immolée[1],
N'a coûté tant de pleurs à la Grèce assemblée,
Que dans l'heureux spectacle à nos yeux étalé
En a fait, sous son nom, verser la Champmelé[2];
Ne crois pas toutefois, par tes savants ouvrages,
Entraînant tous les cœurs, gagner tous les suffrages.
Sitôt que d'Apollon un génie inspiré
Trouve loin du vulgaire un chemin ignoré,
En cent lieux contre lui les cabales s'amassent;
Ses rivaux obscurcis autour de lui croassent[3];
Et son trop de lumière, importunant les yeux,
De ses propres amis lui fait des envieux.
La mort seule ici-bas, en terminant sa vie[4],

(1) Eloge d'une des pièces de Racine.
(2) Célèbre actrice, formée à la déclamation par Racine. Elle joua successivement les rôles de *Bérénice, Roxane, Monime, Iphigénie,* et *Phèdre.*
(3) Comparaison empruntée à Pindare (Olymp. II, v. 157).
(4) Urit enim fulgore suo, qui prægravat artes
Infra se positas; extinctus amabitur idem.
(HORAT., L. II, Ep. I, v. 13-14.)

Peut calmer sur son nom l'injustice et l'envie;
Faire au poids du bon sens peser tous ses écrits,
Et donner à ses vers leur légitime prix.
 Avant qu'un peu de terre, obtenu par prière,
Pour jamais sous la tombe eût enfermé Molière[1],
Mille de ses beaux traits, aujourd'hui si vantés,
Furent des sots esprits à nos yeux rebutés.
L'ignorance et l'erreur à ses naissantes pièces,
En habit de marquis, en robes de comtesses,
Venaient pour diffamer son chef-d'œuvre nouveau,
Et secouaient la tête à l'endroit le plus beau.
Le commandeur[2] voulait la scène plus exacte;
Le vicomte[3] indigné sortait au second acte:
L'un, défenseur zélé des bigots mis en jeu[4],
Pour prix de ses bons mots le condamnait au feu,
L'autre, fougueux marquis[5], lui déclarant la guerre,
Voulait venger la cour immolée au parterre.
Mais, sitôt que d'un trait de ses fatales mains
La Parque l'eut rayé du nombre des humains,
On reconnut le prix de sa muse éclipsée:
L'aimable comédie, avec lui terrassée,
En vain d'un coup si rude espéra revenir,
Et sur ses brodequins ne put plus se tenir[6].
Tel fut chez nous le sort du théâtre comique.
 Toi donc qui, t'élevant sur la scène tragique,
Suis les pas de Sophocle[7], et seul de tant d'esprits,

(1) Molière était mort le 17 février 1673. Le curé de Saint-Eustache lui avait refusé la sépulture ecclésiastique en raison de sa profession de comédien, mais le roi intervint, et il fut enterré au cimetière Saint-Joseph pour éviter un plus grand scandale.

(2) Le commandant de Souvé, qui n'aimait pas l'*Ecole des femmes*. Boileau a déjà cité ce personnage (Sat. III, v. 23).

(3) Le comte de Broussain n'aimait pas non plus cette pièce, et il sortit un jour au second acte en criant qu'il perdait patience (V. Ep. VI, v. 35).

(4) Allusion à l'opposition violente que le *Tartufe* avait tout d'abord rencontrée.

(5) C'est la classe de citoyens que Molière a le plus vivement flétris.

(6) Ce dernier hémistiche est remarquable.

(7) Racine lisait surtout Euripide. Boileau le savait, mais il met ici le

De Corneille vieilli [1] sais consoler Paris,
Cesse de t'étonner si l'envie animée,
Attachant à ton nom sa rouille envenimée,
La calomnie en main [2], quelquefois te poursuit.
En cela, comme en tout, le ciel qui nous conduit,
Racine, fait briller sa profonde sagesse.
Le mérite en repos s'endort dans la paresse ;
Mais par les envieux un génie excité
Au comble de son art est mille fois monté :
Plus on veut l'affaiblir, plus il croît et s'élance.
Au Cid persécuté Cinna doit sa naissance [3],
Et peut-être ta plume aux censeurs de Pyrrhus [4]
Doit les plus nobles traits dont tu peignis Burrhus [5]
  Moi-même, dont la gloire ici moins répandue
Des pâles envieux ne blesse point la vue,
Mais qu'une humeur trop libre, un esprit peu soumis,
De bonne heure a pourvu d'utiles ennemis,
Je dois plus à leur haine, il faut que je l'avoue,
Qu'au faible et vain talent dont la France me loue ;
Leur venin, qui sur moi brûle de s'épancher,
Tous les jours en marchant m'empêche de broncher [6].
Je songe, à chaque trait que ma plume hasarde,
Que d'un œil dangereux leur troupe me regarde.
Je sais sur leurs avis corriger mes erreurs,
Et je mets à profit leurs malignes fureurs.
Sitôt que sur le vice ils pensent me confondre,

nom de Sophocle ; sans doute parce qu'il trouvait que ces deux poëtes avaient l'un et l'autre atteint la perfection dans le genre tragique.

(1) Corneille avait donné *Suréna*, sa dernière pièce.

(2) *La calomnie en main* pour *tenant à la main un libelle calomnieux*.

(3) Le *Cid* et *Cinna*, deux pièces célèbres de Corneille. Le Cid précéda Cinna de deux ans.

(4) Dans l'*Andromaque* de Racine on avait critiqué le rôle de *Pyrrhus*.

(5) *Burrhus*, un des plus beaux rôles de la tragédie de *Britannicus*.

(6) Tel était en effet le profit que Boileau tirait des censures de ses ennemis. Il répétait sans cesse ce mot de Plutarque : « Il faut avoir des mais et des ennemis, des amis pour nous apprendre notre devoir, des ennemis pour nous obliger à le faire. »

C'est en me guérissant que je sais leur répondre :
Et plus en criminel ils pensent m'ériger,
Plus, croissant en vertu, je songe à me venger.
Imite mon exemple[1] : et lorsqu'une cabale,
Un flot de vains auteurs follement te ravale,
Profite de leur haine et de leur mauvais sens,
Ris du bruit passager de leurs cris impuissants.
Que peut contre tes vers une ignorance vaine ?
Le Parnasse français, ennobli par ta veine,
Contre tous ces complots saura te maintenir,
Et soulever pour soi l'équitable avenir.
Eh ! qui, voyant un jour la douleur vertueuse
De Phèdre malgré soi perfide, incestueuse[2],
D'un si noble travail justement étonné,
Ne bénira d'abord le siècle fortuné,
Qui, rendu plus fameux par tes illustres veilles,
Vit naître sous ta main ces pompeuses merveilles ?
Cependant laisse ici gronder quelques censeurs
Qu'aigrissent de tes vers les charmantes douceurs[3].
Et qu'importe à nos vers que Perrin[4] les admire ;
Que l'auteur du Jonas[5] s'empresse pour les lire ;
Qu'ils charment de Senlis le poëte idiot[6],
Ou le sec traducteur du français d'Amyot[7] :
Pourvu qu'avec éclat leurs rimes débitées
Soient du peuple, des grands, des provinces goûtées ;

(1) Racine n'en eut pas le courage. Dégoûté du théâtre par les critiques qu'il essuyait, il passa dix ans dans l'oisiveté, sans prendre la peine d'achever son Iphigénie en Tauride, dont il ne nous a laissé que le plan.

(2) Quand Boileau écrivait ces vers, le triomphe de Racine n'était pas encore public. La Harpe le loue d'avoir ainsi dans le langage de l'amitié prononcé l'arrêt de la justice.

(3) Admirable antithèse.

(4) Il a traduit l'Enéide et a fait le premier opéra qui ait paru en France.

(5) *L'auteur du Jonas*. Il est déjà cité dans la satire IX, v. 91.

(6) Linière, qui avait l'air d'un idiot et qui se nommait le *poëte de Senlis*.

(7) L'abbé Tallemant, qui fit une fort mauvaise traduction des *Hommes illustres* de Plutarque, auparavant traduits par Amyot.

Pourvu qu'ils puissent plaire au plus puissant des rois ;
Qu'à Chantilly [1] Condé les souffre quelquefois ;
Qu'Enghien [2] en soit touché, que Colbert et Vivone [3]
Que La Rochefoucauld [4], Marsillac et Pompone [5],
Et mille autres qu'ici je ne puis faire entrer,
A leurs traits délicats se laissent pénétrer ?
Et plût au ciel encor, pour couronner l'ouvrage,
Que Montausier [6] voulût leur donner son suffrage !
C'est à de tels lecteurs que j'offre mes écrits [7]
Mais pour un tas grossier de frivoles esprits,
Admirateurs zélés de toute œuvre insipide,
Que non loin de la place où Brioché [8] préside,
Sans chercher dans les vers ni cadence ni son,
Il s'en aille admirer le savoir de Pradon [9] !

(1) Maison de campagne où le grand Condé se reposait de ses nobles fatigues.

(2) Ep. IV, v. 132.

(3) Sat. VIII, v. 191 ; et Ep. IV, v. 107.

(4) La Rochefoucault, l'auteur du livre des *Maximes et Réflexions morales*.

(5) Marsillac, fils du précédent. — Pomponne, le fils d'Arnaud d'Andilly et le neveu du grand Arnaud.

(6) Montausier n'aimait pas les satiriques, mais cette adroite louange le réconcilia pour toujours avec Boileau.

(7) Ce passage est imité d'Horace :

> Men' moveat cimex Pantilius? aut crucier, quòd
> Vellicet absentem Demetrius, aut, quòd ineptus
> Sannius Hermogenis lædat conviva Tigellî?
> Plotius et Varius, Mæcenas Virgiliusque,
> Valgius, et probet hæc Octavius optimus, atque
> Fuscus ; et hæc utinam Viscorum laudet uterque !
> (L. I, Sat. x, v. 78 et seq.)

(8) Brioché, fameux joueur de marionnettes, logé proche des comédiens (BOILEAU).

(9) Pradon n'était pas seulement un mauvais pöte, mais il était encore un écrivain fort ignorant.

ÉPITRE VIII.

AU ROI.

(LES DÉLASSEMENTS PENDANT LA PAIX.)

L'auteur appelait ordinairement cette épître-ci *son remercîment*. En effet il y marque, plus particulièrement que dans le reste de ses ouvrages, la reconnaissance qu'il avait des bienfaits dont le roi l'avait gratifié. Elle fut composée en 1675, mais il ne la fit paraître que l'année suivante.

Grand roi, cesse de vaincre, ou je cesse d'écrire.
Tu sais bien que mon style est né pour la satire;
Mais mon esprit, contraint de la désavouer,
Sous ton règne étonnant ne veut plus que louer.
Tantôt, dans les ardeurs de ce zèle incommode,
Je songe à mesurer les syllabes d'une ode[1] :
Tantôt d'une Enéide auteur ambitieux,
Je m'en forme déjà le plan audacieux[2] :
Ainsi, toujours flatté d'une douce manie,
Je sens de jour en jour dépérir mon génie;
Et mes vers, en ce style ennuyeux, sans appas,
Déshonorent ma plume, et ne t'honorent pas.
Encor si ta valeur, à tout vaincre obstinée,
Nous laissait, pour le moins, respirer une année,
Peut-être mon esprit, prompt à ressusciter,
Du temps qu'il a perdu saurait se racquitter[3].

(1) Boileau a pu s'essayer plusieurs fois dans la poésie lyrique, mais il n'a publié que son Ode *sur la prise de Namur*, en 1692, par conséquent dix-sept ans après avoir composé cette épître.

(2) L'idée d'un poëme épique put venir au législateur du Parnasse, mais cette idée ne fut jamais qu'un projet.

(3) *Se racquitter :* expression trop prosaïque.

Sur ses nombreux défauts, merveilleux à décrire,
Le siècle m'offre encor plus d'un bon mot à dire.
Mais à peine Dinan et Limbourg[1] sont forcés,
Qu'il faut chanter Bouchain et Condé[2] terrassés.
Ton courage, affamé de péril et de gloire,
Court d'exploits en exploits, de victoire en victoire.
Souvent ce qu'un seul jour te voit exécuter
Nous laisse pour un an d'actions à conter.
Que si quelquefois, las de forcer des murailles,
Le soin de tes sujets te rappelle à Versailles,
Tu viens m'embarrasser de mille autres vertus[3];
Te voyant de plus près, je t'admire encor plus,
Dans les nobles douceurs d'un séjour plein de charmes,
Tu n'es pas moins héros qu'au milieu des alarmes:
De ton trône agrandi portant seul tout le faix,
Tu cultives les arts, tu répands les bienfaits;
Tu sais récompenser jusqu'aux muses critiques[4].
Ah! crois-moi, c'en est trop. Nous autres satiriques,
Propres à relever les sottises du temps,
Nous sommes un peu nés pour être mécontents
Notre muse, souvent paresseuse et stérile,
A besoin, pour marcher, de colère et de bile[5].
Notre style languit dans un remercîment;
Mais, grand roi, nous savons nous plaindre élégamment.
Oh! que, si je vivais sous les règnes sinistres
De ces rois nés valets de leurs propres ministres[6],
Et qui, jamais en main ne prenant le timon,
Aux exploits de leur temps ne prêtaient que leur nom;
Que, sans les fatiguer d'une louange vaine,
Aisément les bons mots couleraient de ma veine!

(1) *Dinan*, ville forte, dans la province de Namur; *Limbourg*, dans la province de Liége.

(2) *Bouchain*, *Condé*, petites villes, sur l'Escaut, dans le département du Nord.

(3) Boileau pouvait être sincère et ne dire que ce qu'il pensait, mais la postérité a été plus sévère.

(4) Allusion à la pension que le poëte satirique avait reçue.

(5) Traduction faible du *Facit indignatio versum* de Juvénal.

(6) Allusion aux rois fainéants de la première race.

Mais toujours sous ton règne il faut se récrier :
Toujours, les yeux au ciel, il faut remercier.
Sans cesse à t'admirer ma critique forcée
N'a plus en écrivant de maligne pensée ;
Et mes chagrins, sans fiel et presque évanouis,
Font grâce à tout le siècle en faveur de Louis.
En tous lieux cependant la Pharsale [1] approuvée,
Sans crainte de mes vers, va la tête levée ;
La licence [2] partout règne dans les écrits :
Déjà le mauvais sens reprenant ses esprits
Songe à nous redonner des poëmes épiques [3],
S'empare des discours mêmes académiques [4] :
Perrin a de ses vers obtenu le pardon [5] ;
Et la scène française est en proie à Pradon [6].
Et moi, sur ce sujet loin d'exercer ma plume,
J'amasse de tes faits le pénible volume ;
Et ma muse, occupée à cet unique emploi,
Ne regarde, n'entend, ne connaît plus que toi [7].
Tu le sais bien pourtant, cette ardeur empressée
N'est point en moi l'effet d'une âme intéressée.
Avant que tes bienfaits courussent me chercher,
Mon zèle impatient ne se pouvait cacher :
Je n'admirais que toi. Le plaisir de le dire
Vint m'apprendre à louer au sein de la satire.
Et, depuis que tes dons sont venus m'accabler,
Loin de sentir mes vers avec eux redoubler,
Quelquefois, le dirai-je ? un remords légitime,
Au fort de mon ardeur, vient refroidir ma rime [8].

(1) La Pharsale de Lucain, traduite par Brébeuf.

(2) *Licence* ne s'entend ici que de la liberté excessive que prenaient les écrivains.

(3) *Childebrand* et *Charlemagne*, poëmes qui n'ont point réussi (Boileau).

(4) Vers très-faible.

(5) Voy. Satire VII, v. 44.

(6) Pradon triomphait alors de Racine. L'indignation inspira ce beau vers au législateur du Parnasse français.

(7) Boileau était sans doute déjà désigné pour être *historiographe de France*. Il partagea cet honneur avec Racine, et ils s'occupèrent l'un et l'autre très-activement de leur charge.

(8) Ces sentiments font l'éloge du poëte.

Il me semble, grand roi, dans mes nouveaux écrits,
Que mon encens payé n'est plus du même prix.
J'ai peur que l'univers, qui sait ma récompense,
N'impute mes transports à ma reconnaissance ;
Et que par tes présents mon vers décrédité,
N'ait moins de poids pour toi dans la postérité.
Toutefois je sais vaincre un remords qui te blesse.
Si tout ce qui reçoit des fruits de ta largesse
A peindre tes exploits ne doit point s'engager,
Qui d'un si juste soin se pourra donc charger?
Ah ! plutôt de nos sons redoublons l'harmonie :
Le zèle à mon esprit tiendra lieu de génie.
Horace tant de fois dans mes vers imité [1],
De vapeurs en son temps, comme moi, tourmenté,
Pour amortir le feu de sa rate indocile,
Dans l'encre quelquefois sut égayer sa bile :
Mais de la même main qui peignit Tullius [2],
Qui d'affronts immortels couvrit Tigellius [3],
Il sut fléchir Glycère [4], il sut vanter Auguste [5],
Et marquer sur sa lyre une cadence juste.
Suivons les pas fameux d'un si noble écrivain.
A ces mots, quelquefois prenant la lyre en main,
Au récit que pour toi je suis près d'entreprendre,
Je crois voir les rochers accourir pour m'entendre [6] ;
Et déjà mon vers coule à flots précipités [7],
Quand j'entends le lecteur qui me crie : Arrêtez !
Horace eut cent talents; mais la nature avare
Ne vous a rien donné qu'un peu d'humeur bizarre :
Vous passez en audace et Perse et Juvénal ;

(1) Les ennemis de Boileau lui reprochaient de n'être qu'un imitateur d'Horace et des autres poëtes anciens. Ce reproche lui parut toujours un de ses premiers titres de gloire.

(2) Sénateur romain. César l'exclut du sénat, mais il y rentra après sa mort. — Horace, l. I, Sat. VI, v. 24.

(3) Fameux musicien, fort chéri d'Auguste.

(4) *Glycère*. Horace, l. I, Ode XIX.

(5) *Auguste*. Horace, l. I, Ode II, XII ; l. V, Odes IV, XIII, XIV.

(6) Quelque liberté que le poëte puisse prendre, nous ne pouvons nous empêcher de remarquer ici une grande exagération.

(7) Harmonie imitative.

Mais sur le ton flatteur Pinchêne [1] est votre égal.
A ce discours, grand roi, que pourrais-je répondre.
Je me sens sur ce point trop facile à confondre.
Et, sans trop relever des reproches si vrais,
Je m'arrête à l'instant, j'admire et je me tais.

ÉPITRE IX.

AU MARQUIS DE SEIGNELAY,

SECRÉTAIRE D'ÉTAT.

(RIEN N'EST BEAU QUE LE VRAI.)

1675. — 39.

Cette épître contient *l'éloge du vrai*. L'auteur y fait voir que *rien n'est beau que le vrai*, et que *le vrai seul est aimable*. Le poëte a fait briller ici tout son génie, et il a su réunir en cette pièce tout le sublime de la morale avec toute la douceur de la poésie. Elle a été commencée en l'année 1675.

Dangereux ennemi de tout mauvais flatteur,
Seignelay [2], c'est en vain qu'un ridicule auteur,
Prêt à porter ton nom de l'Ebre [3] jusqu'au Gange [4],
Croit te prendre aux filets d'une sotte louange.
Aussitôt ton esprit, prompt à se révolter,
S'échappe, et rompt le piége où l'on veut l'arrêter.
Il n'en est pas ainsi de ces esprits frivoles
Que tout flatteur endort au son de ses paroles,
Qui, dans un vain sonnet placés au rang des dieux,

(1) V. Epître V, v. 17.
(2) Jean-Baptiste Colbert, marquis de Seignelay, était fils du grand Colbert.
(3) Rivière d'Espagne.
(4) Rivière des Indes. — Hémistiche employé par les poëtes médiocres.

Se plaisent à fouler l'Olympe radieux ;
Et, fiers du haut étage où la Serre les loge [1],
Avalent sans dégoût le plus grossier éloge.
Tu ne te repais point d'encens à si bas prix.
Non que tu sois pourtant de ces rudes esprits
Qui regimbent [2] toujours, quelque main qui les flatte ;
Tu souffres la louange adroite et délicate
Dont la trop forte odeur n'ébranle point les sens.
Mais un auteur novice à répandre l'encens
Souvent à son héros, dans un bizarre ouvrage,
Donne de l'encensoir au travers du visage [3] ;
Va louer Monterey [4] d'Oudenarde forcé,
Ou vante aux Electeurs [5] Turenne repoussé.
Tout éloge imposteur blesse une âme sincère.
Si, pour faire sa cour à ton illustre père [6],
Seignelay, quelque auteur, d'un faux zèle emporté,
Au lieu de peindre en lui la noble activité,
La solide vertu, la vaste intelligence,
Le zèle pour son roi, l'ardeur, la vigilance,
La constante équité, l'amour pour les beaux-arts,
Lui donnait les vertus d'Alexandre ou de Mars [7],
Et, pouvant justement l'égaler à Mécène,
Le comparait au fils de Pélée [8] ou d'Alcmène [9] :
Ses yeux d'un tel discours faiblement éblouis,

(1) Voy. Sat. III, v. 176.

(2) Horace a dit d'Auguste :

Cui mali si palpere, recalcitrat undique tutus.
(L. II, Sat. I, v. 20.)

(3) Vers devenu proverbe.

(4) Monterey, gouverneur des Pays-Bas, avait mis le siége devant Oudenarde, mais le prince de Condé le contraignit à le lever.

(5) Ce vers est comme le précédent une contre-vérité. Boileau fait allusion à la bataille de Turckheim, gagnée en Allemagne par Turenne, contre les Allemands, le 5 janvier 1675.

(6) Colbert, le célèbre ministre de Louis XIV.

(7) Si quis bella tibi terra pugnata, marique
Dicat et his verbis vacuas permulceat aures, etc.
(HORAT., l. I, Ep. XVI, v. 25 et seq.)

(8) Achille.

(9) Hercule.

Bientôt dans ce tableau reconnaîtraient Louis ·
Et, glaçant d'un regard la muse et le poëte,
Imposeraient silence à sa verve indiscrète.
Un cœur noble est content de ce qu'il trouve en lui,
Et ne s'applaudit point des qualités d'autrui.
Que me sert en effet qu'un admirateur fade
Vante mon embonpoint, si je me sens malade [1];
Si dans cet instant même un feu séditieux
Fait bouillonner mon sang et pétiller mes yeux?
Rien n'est beau que le vrai : le vrai seul est aimable [2];
Il doit régner partout, et même dans la fable :
De toute fiction l'adroite fausseté
Ne tend qu'à faire aux yeux briller la vérité.
Sais-tu pourquoi mes vers sont lus dans les provinces,
Sont recherchés du peuple, et reçus chez les princes?
Ce n'est pas que leurs sons, agréables, nombreux,
Soient toujours à l'oreille également heureux;
Qu'en plus d'un lieu le sens n'y gêne la mesure,
Et qu'un mot quelquefois n'y brave la césure :
Mais c'est qu'en eux le vrai, du mensonge vainqueur,
Partout se montre aux yeux, et va saisir le cœur;
Que le bien et le mal y sont prisés au juste;
Que jamais un faquin n'y tint un rang auguste;
Et que mon cœur, toujours conduisant mon esprit,
Ne dit rien aux lecteurs, qu'à soi-même il n'ait dit [3].
Ma pensée au grand jour partout s'offre et s'expose;
Et mon vers, bien ou mal, dit toujours quelque chose.
C'est par là quelquefois que ma rime surprend :
C'est là ce que n'ont point Jonas ni Childebrand [4],
Ni tous ces vains amas de frivoles sornettes,

(1) Neu, si te populus sanum recteque valentem
Dictitet, occultam febrem sub tempus edendi
Dissimules, donec manibus tremor incidat unctis.
(HORAT., l. I, Ep. XVI, v. 19-23.)

(2) Vers admirable qui résume toute la pièce.

(3) Ce caractère fait plus d'honneur à Boileau que la beauté de ses vers.

(4) Jonas. Voy. Satire IX, v. 91.—Childebrand. Voy. Ep. VIII, v. 57.

Montre, Miroir d'amours, Amitiés, Amourettes [1],
Dont le titre souvent est l'unique soutien,
Et qui, parlant beaucoup, ne disent jamais rien
  Mais peut-être enivré des vapeurs de ma muse,
Moi-même en ma faveur, Seignelay, je m'abuse.
Cessons de nous flatter. Il n'est d'esprit si droit
Qui ne soit imposteur et faux par quelque endroit:
Sans cesse on prend le masque, et, quittant la nature,
On craint de se montrer sous sa propre figure.
Par là le plus sincère assez souvent déplaît.
Rarement un esprit ose être ce qu'il est.
Vois-tu cet importun que tout le monde évite;
Cet homme à toujours fuir, qui jamais ne vous quitte?
Il n'est pas sans esprit : mais, né triste et pesant,
Il veut être folâtre, évaporé, plaisant;
Il s'est fait de sa joie une loi nécessaire,
Et ne déplaît enfin que pour vouloir trop plaire.
  La simplicité plaît sans étude et sans art.
Tout charme en un enfant dont la langue, sans fard,
A peine du filet encor débarrassée,
Sait d'un air innocent bégayer sa pensée [2].
Le faux est toujours fade, ennuyeux, languissant;
Mais la nature est vraie, et d'abord on la sent;
C'est elle seule, en tout, qu'on admire et qu'on aime.
Un esprit né chagrin plaît par son chagrin même.
Chacun pris dans son air est agréable en soi:
Ce n'est que l'air d'autrui qui peut déplaire en moi [3].
  Ce marquis était né doux, commode, agréable:
On vantait en tous lieux son ignorance aimable.
Mais, depuis quelques mois, devenu grand docteur,
Il a pris un faux air, une sotte hauteur:
Il ne veut plus parler que de rime et de prose;

(1) La *Montre*, petit ouvrage en prose et en vers, de Bonnecorse; le *Miroir d'amours* est un conte de Charles Perrault, et le reste est le titre d'un recueil de René le Païs. (V. Sat. III, v. 180.)

(2) Perse avait dit :

Tenero supplantat verba palato (Sat. I, v. 32).

(3) Ces idées ne peuvent être trop méditées. Elles sont vraies au point de vue littéraire aussi bien qu'au point de vue moral.

Des auteurs décriés il prend en main la cause;
Il rit du mauvais goût de tant d'hommes divers,
Et va voir l'opéra seulement pour les vers[1].
Voulant se redresser, soi-même on s'estropie,
Et d'un original on fait une copie.
L'ignorance vaut mieux qu'un savoir affecté.
Rien n'est beau, je reviens, que par la vérité:
C'est par elle qu'on plaît et qu'on peut longtemps plaire.
L'esprit lasse aisément, si le cœur n'est sincère.
En vain par sa grimace un bouffon odieux
A table nous fait rire et divertit nos yeux:
Ses bons mots ont besoin de farine et de plâtre.
Prenez-le tête à tête, ôtez-lui son théâtre,
Ce n'est plus qu'un cœur bas, un coquin ténébreux:
Son visage essuyé n'a plus rien que d'affreux.
J'aime un esprit aisé qui se montre, qui s'ouvre,
Et qui plaît d'autant plus que plus il se découvre.
Mais la seule vertu peut souffrir la clarté;
Le vice, toujours sombre, aime l'obscurité[2];
Pour paraître au grand jour il faut qu'il se déguise:
C'est lui qui de nos mœurs a banni la franchise.
Jadis l'homme vivait au travail occupé[3],
Et, ne trompant jamais, n'était jamais trompé:
On ne connaissait point la ruse et l'imposture;
Le Normand[4] même, alors, ignorait le parjure;
Aucun rhéteur encore, arrangeant le discours,
N'avait d'un art menteur enseigné les détours.
Mais, sitôt qu'aux humains, faciles à séduire,
L'abondance eut donné le loisir de se nuire,
La mollesse amena la fausse vanité.
Chacun chercha pour plaire un visage emprunté;
Pour éblouir les yeux, la fortune arrogante
Affecta d'étaler une pompe insolente:

(1) Trait satirique lancé contre Quinault.
(2) Vers devenus proverbes.
(3) Episode parfaitement amené.
(4) Je date de loin, disait Boileau, c'était deux cents ans avant le déluge.

L'or éclata partout sur les riches habits;
On polit l'émeraude, on tailla le rubis;
Et la laine et la soie, en cent façons nouvelles,
Apprirent à quitter leurs couleurs naturelles[1].
La trop courte beauté monta sur des patins;
La coquette tendit ses lacs tous les matins;
Et, mettant la céruse et le plâtre en usage,
Composa de sa main les fleurs de son visage[2].
L'ardeur de s'enrichir chassa la bonne foi:
Le courtisan n'eut plus de sentiment à soi.
Tout ne fut plus que fard, qu'erreur, que tromperie;
On vit partout régner la basse flatterie.
Le Parnasse surtout, fécond en imposteurs,
Diffama le papier par ses propos menteurs.
De là vint cet amas d'ouvrages mercenaires,
Stances, odes, sonnets, épitres liminaires[3],
Où toujours le héros passe pour sans pareil,
Et, fût-il louche et borgne, est réputé soleil[4].
Ne crois pas toutefois, sur ce discours bizarre,
Que, d'un frivole encens malignement avare,
J'en veuille sans raison frustrer tout l'univers:
La louange agréable est l'âme des beaux vers;
Mais je tiens, comme toi, qu'il faut qu'elle soit vraie,
Et que son tour adroit n'ait rien qui nous effraie.
Alors, comme j'ai dit, tu le sais écouter[5],
Et sans crainte à tes yeux on pourrait t'exalter.
Mais, sans t'aller chercher des vertus dans les nues,
Il faudrait peindre en toi des vérités connues:
Décrire ton esprit ami de la raison;
Ton ardeur pour ton roi puisée en ta maison;

(1) Imitation de ce vers de Virgile :

Nec varios discet mentiri lana colores (Eglog. IV).

(2) Ces vers admirables sont une belle imitation de Regnier. (Sat. IX, v. 184 et suiv.)

(3) *Liminaires* pour *préliminaires*.

(4) Allusion aux éloges emphatiques qu'on donnait à Abel Servin, ministre du roi. Bien qu'il fût borgne on ne l'en comparait pas moins au soleil.

(5) L'éloge suivant est adroitement amené.

A servir ses desseins ta vigilance heureuse ;
Ta probité sincère, utile, officieuse.
Tel, qui hait à se voir peint en de faux portraits.
Sans chagrin voit tracer ses véritables traits.
Condé même [1], Condé, ce héros formidable,
Et, non moins qu'aux Flamands, aux flatteurs redoutable,
Ne s'offenserait pas si quelque adroit pinceau
Traçait de ses exploits le fidèle tableau ;
Et, dans Senef [2] en feu contemplant sa peinture,
Ne désavouerait pas Malherbe ni Voiture.
Mais malheur au poëte insipide, odieux,
Qui viendrait le glacer d'un éloge ennuyeux !
Il aurait beau crier : « Premier prince du monde !
» Courage sans pareil ! lumière sans seconde [3] ! »
Ses vers, jetés d'abord sans tourner le feuillet,
Iraient dans l'antichambre amuser Pacolet [4].

PRÉFACE PUBLIÉE EN 1698

A LA TÊTE DES TROIS DERNIÈRES ÉPÎTRES.

Je ne sais si les trois nouvelles épîtres que je donne ici au public auront beaucoup d'approbateurs : mais je sais bien que mes censeurs y trouveront abondamment de quoi exercer leur critique : car tout y est extrêmement hasardé. Dans le premier de ses trois ouvrages, sous prétexte de faire le procès à mes derniers vers, je fais moi-même mon éloge, et n'oublie rien de ce qui peut être dit à mon avantage; dans le second, je m'entretiens avec mon jardinier de choses

(1) Louis de Bourbon, prince de Condé, mort en 1636.

(2) La bataille de Senef fut gagnée en Flandre par le prince de Condé, le 11 août 1674.

(3) Ces vers se trouvent au commencement du poëme de Charlemagne, adressé au prince de Condé par Louis le Laboureur en 1664.

(4) Fameux valet de pied du prince de Condé. Ce prince lui renvoyait les livres qui l'ennuyaient ; le poëme de Charlemagne avait été du nombre.

très-basses et très-petites ; et dans le troisième, je décide hautement du plus grand et du plus important point de la religion, je veux dire de l'amour de Dieu. J'ouvre donc un beau champ à ces censeurs pour attaquer en moi et le poëte orgueilleux, et le villageois grossier, et le théologien téméraire. Quelque fortes pourtant que soient leurs attaques, je doute qu'elles ébranlent la ferme résolution que j'ai prise il y a longtemps de ne rien répondre, au moins sur le ton sérieux, à tout ce qu'ils écriront contre moi.

A quoi bon en effet de perdre inutilement du papier ? Si mes épitres sont mauvaises, tout ce que je dirai ne les fera pas trouver bonnes ; et si elles sont bonnes, tout ce qu'ils diront ne les fera pas trouver mauvaises[1]. Le public n'est pas un juge que l'on puisse corriger, ni qui se règle par les passions d'autrui. Tout ce bruit, tous ces écrits qui se font ordinairement contre des ouvrages où l'on court, ne servent qu'à y faire encore plus courir, et à en mieux marquer le mérite. Il est de l'essence d'un bon livre d'avoir des censeurs ; et la plus grande disgrâce qui puisse arriver à un écrit qu'on met au jour, ce n'est pas que beaucoup de gens en disent du mal, c'est que personne n'en dise rien.

Je me garderai donc bien de trouver mauvais qu'on attaque mes trois épitres. Ce qu'il y a de certain, c'est que je les ai fort travaillées, et principalement celle de l'amour de Dieu, que j'ai retouchée plus d'une fois, et où j'avoue que j'ai employé tout le peu que je puis avoir d'esprit et de lumière. J'avais dessein d'abord de la donner toute seule, les deux autres me paraissant trop frivoles pour être présentées au grand jour de l'impression avec un ouvrage si sérieux : mais des amis très-sensés m'ont fait comprendre que ces deux épitres, quoique dans le style enjoué, étaient pourtant des épitres morales, où il n'était rien enseigné que de vertueux ; qu'ainsi étant liées avec l'autre, bien loin de lui nuire, elles pourraient même faire une diversité agréable ; et que d'ailleurs beaucoup d'honnêtes gens souhaitant de les avoir toutes trois ensemble, je ne pouvais pas avec bienséance me dispenser de leur donner une si légère satisfaction. Je me suis rendu à ce sentiment, et on les trouvera rassemblées ici dans un même cahier. Cependant comme il y a des gens de piété qui peut-être ne se soucieront guère de lire les en-

(1) **Nostra patrocinium non possunt carmina : quare?**
Si bona sunt, bona sunt : si mala sunt, mala sunt.
(J. Avein., Epig.)

tretiens que je puis avoir avec mon jardinier et avec mes vers, il est bon de les avertir qu'il y a ordre de leur distribuer à part la dernière, savoir celle qui traite de l'amour de Dieu; et que non-seulement je ne trouverai pas étrange qu'ils ne lisent que celle-là, mais que je me sens quelquefois moi-même en des dispositions d'esprit où je voudrais de bon cœur n'avoir de ma vie composé que ce seul ouvrage, qui vraisemblablement sera la dernière pièce de poésie qu'on aura de moi, mon génie pour les vers commençant à s'épuiser, et mes emplois historiques [1] ne me laissant guère le temps de m'appliquer à chercher et à ramasser des rimes.

Voilà ce que j'avais à dire aux lecteurs. Avant, néanmoins, que de finir cette préface, il ne sera pas hors de propos, ce me semble, de rassurer des personnes timides, qui, n'ayant pas une fort grande idée de ma capacité en matière de théologie, douteront peut-être que ce que j'avance en mon épître soit fort infaillible, et appréhenderont qu'en voulant les conduire je ne les égare. Afin donc qu'elles marchent sûrement, je leur dirai, vanité à part, que j'ai lu plusieurs fois cette épître à un fort grand nombre de docteurs de Sorbonne, de pères de l'Oratoire, et de jésuites très-célèbres [2], qui tous y ont applaudi, et en ont trouvé la doctrine très-saine et très-pure : que beaucoup de prélats illustres à qui je l'ai récitée en ont jugé comme eux : que monseigneur l'évêque de Meaux [3], c'est-à-dire une des plus grandes lumières qui aient éclairé l'Eglise dans les derniers siècles, a eu longtemps mon ouvrage entre les mains, et qu'après l'avoir lu et relu plusieurs fois il m'a non-seulement donné son approbation, mais a trouvé bon que je publiasse à tout le monde qu'il me la donnait : enfin, que, pour mettre le comble à ma gloire, ce saint archevêque [4] dans le diocèse duquel j'ai le bonheur de me trouver, ce grand prélat, dis-je, aussi éminent en doctrine et en vertu qu'en dignité et en naissance, que le plus grand roi de l'univers, par un choix visiblement inspiré du ciel, a donné à la ville capitale de son royaume, pour assurer l'innocence et pour détruire l'erreur, monseigneur l'archevêque de Paris en un mot a bien daigné

(1) Boileau avait été nommé avec Racine grand historiographe de France.

(2) Le P. de la Chaize, confesseur du roi, et le P. Gaillard, fameux prédicateur.

(3) Jacques-Benigne Bossuet.

(4) Louis-Antoine de Noailles, cardinal, archevêque de Paris.

aussi examiner soigneusement mon épître, et a eu même la bonté de me donner sur plus d'un endroit des conseils que j'ai suivis, et m'a enfin accordé son approbation avec des éloges dont je suis également ravi et confus.

Au reste, comme il y a des gens qui ont publié que mon épître n'était qu'une vaine déclaration qui n'attaquait rien de réel, ni qu'aucun homme eût jamais avancé, je veux bien, pour l'intérêt de la vérité, mettre ici la proposition que j'y combats dans la langue et dans les termes qu'on la soutient en plus d'une école. La voici : *Attritio ex gehennæ metu sufficit, etiam sine ullâ Dei dilectione; et sine ullo ad Deum offensum respectu, quia talis honesta et supernaturalis est* [1]. C'est cette proposition que j'attaque et que je soutiens fausse, abominable, et plus contraire à la vraie religion, que le luthéranisme ni le calvinisme. Cependant je ne crois pas qu'on puisse nier qu'on ne l'ait encore soutenue depuis peu, et qu'on ne l'ait même insérée dans quelques catéchismes en des mots fort approchants des termes latins que je viens de rapporter.

ÉPITRE X.

A MES VERS.

L'auteur avait une grande prédilection pour cette pièce, et il l'appelait ordinairement ses *inclinations*. Il la composa en l'année 1695, pour fermer la bouche à une infinité de vils rimeurs qui avaient osé censurer ses ouvrages et particulièrement sa satire X contre les femmes. L'idée en est prise d'une épître d'Horace, qui est la vingtième du livre II.

J'ai beau vous arrêter, ma remontrance est vaine,
Allez, partez, mes vers, dernier fruit de ma veine,
C'est trop languir chez moi dans un obscur séjour :

(1) « L'attrition qui résulte de la crainte de l'enfer, suffit même sans aucun amour de Dieu, et sans aucun rapport à ce Dieu qu'on a offensé : une telle attrition suffit, parce qu'elle est honnête et surnaturelle. »

La prison vous déplaît, vous cherchez le grand jour;
Et déjà chez Barbin[1], ambitieux libelles,
Vous brûlez d'étaler vos feuilles criminelles[2].
Vous et faibles enfants dans ma vieillesse nés,
Vous croyez, sur les pas de vos heureux aînés,
Voir bientôt vos bons mots, passant du peuple aux prin-
Charmer également la ville et les provinces; [ces,
Et par le prompt effet d'un sel réjouissant,
Devenir quelquefois proverbes en naissant[3].
Mais perdez cette erreur dont l'appât vous amorce :
Le temps n'est plus, mes Vers, où ma muse en sa force,
Du Parnasse français formant les nourrissons,
De si riches couleurs habillait ses leçons[4],
Quand mon esprit, poussé d'un courroux légitime,
Vint devant la raison plaider contre la rime[5];
A tout le genre humain sut faire le procès[6],
Et s'attaqua soi-même avec tant de succès[7].
Alors il n'était point de lecteur si sauvage
Qui ne se déridât en lisant mon ouvrage,
Et qui, pour s'égayer, souvent, dans ses discours,
D'un mot pris en mes vers n'empruntât le secours.
Mais aujourd'hui qu'enfin la vieillesse venue,
Sous mes faux[8] cheveux blonds déjà toute chenue,
A jeté sur ma tête, avec ses doigts pesants,

(1) Libraire du palais.
(2) Horace commence ainsi l'épître que Boileau a ici imitée :

> Vertumnum Janumque, liber, spectare videris :
> Scilicet ut prostes Sosiorum pumice mundus.
> Odisti claves et grata sigilla pudico :
> Paucis ostendi gemis, et communia laudas,
> Non ita nutritus. Fuge quo discedere gestis :
> Non erit emisso reditus tibi (L. I, Ep. xx, v. 1-6).

(3) Cet honneur a été accordé à un très-grand nombre des vers de Boileau.
(4) Allusion à l'*Art poétique*, publié vingt et un ans avant cette épître.
(5) V. Satire II.
(6) V. Satire VIII.
(7) V. Satire IX.
(8) L'auteur portait alors perruque.

Onze lustres complets, surchargés de trois ans[1],
Cessez de présumer dans vos folles pensées,
Mes Vers, de voir en foule à vos rimes glacées
Courir, l'argent en main, les lecteurs empressés.
Nos beaux jours sont finis, nos honneurs sont passés,
Dans peu vous allez voir vos froides rêveries
Du public exciter les justes moqueries,
Et leur auteur, jadis à Regnier[2] préféré,
A Pinchêne, à Linière, à Perrin[3], comparé.
Vous aurez beau crier : « O vieillesse ennemie!
» N'a-t-il donc tant vécu que pour cette infamie[4]? »
Vous n'entendrez partout qu'injurieux brocards
Et sur vous et sur lui fondre de toutes parts.
Que veut-il? dira-t-on : quelle fougue indiscrète
Ramène sur les rangs encor ce vain athlète?
Quels pitoyables vers! quel style languissant!
Malheureux, laisse en paix ton cheval vieillissant,
De peur que tout à coup, efflanqué, sans haleine,
Il ne laisse en tombant son maître sur l'arène[5].
Ainsi s'expliqueront nos censeurs sourcilleux;
Et bientôt vous verrez mille auteurs pointilleux,
Pièce à pièce épluchant vos sons et vos paroles,
Interdire chez vous l'entrée aux hyperboles;
Traiter tout noble mot de terme hasardeux,
Et dans tous vos discours, comme monstres hideux,
Huer la métaphore et la métonymie,
Grand mots que Pradon croit des termes de chimie[6];
Vous soutenir qu'un lit ne peut être effronté[7];

(1) Cinquante-huit ans.
(2) V. Satire IX, v. 146.
(3) Pinchêne. V. Ep. V, v. 17.—Linière. V. Sat. IX, v. 236.—Perrin. V. Sat. VII, v. 44.
(4) Vers du Cid, act. I, sc. IV.
(5) Solve senescentem mature sanus equum, ne
Peccet ad extremum ridendus et ilia ducat.
(HORAT., l. I, Ep. I, v. 8-9.)
(6) Boileau s'est déjà moqué de l'ignorance de Pradon. V. Ep. VII, v. 106.
(7) Expression employée par Boileau dans sa dixième satire.

Que nommer la luxure est une impureté.
En vain contre ce flot d'aversion publique
Vous tiendrez quelque temps ferme sur la boutique;
Vous irez à la fin, honteusement exclus,
Trouver au magasin Pyrame et Régulus[1],
Ou couvrir chez Thierry, d'une feuille encor neuve,
Les méditations de Buzée et d'Hayneuve[2];
Puis, en tristes lambeaux semés dans les marchés,
Souffrir tous les affronts au Jonas[3] reprochés.
Mais quoi! de ces discours bravant la vaine attaque,
Déjà, comme les vers de Cinna, d'Andromaque[4],
Vous croyez à grands pas chez la postérité
Courir, marqués au coin de l'immortalité!
Eh bien! contentez donc l'orgueil qui vous enivre:
Montrez-vous, j'y consens: mais du moins, dans mon livre
Commencez par vous joindre à mes premiers écrits.
C'est là qu'à la faveur de vos frères chéris,
Peut-être enfin soufferts comme enfants de ma plume,
Vous pourrez vous sauver, épars dans le volume[5].
Et que si même un jour le lecteur gracieux,
Amorcé par mon nom, sur vous tourne les yeux,
Pour m'en récompenser, mes vers, avec usure,
De votre auteur alors faites-lui la peinture:
Et surtout prenez soin d'effacer bien les traits
Dont tant de peintres faux ont flétri mes portraits.
Déposez hardiment qu'au fond cet homme horrible,
Ce censeur qu'ils ont peint si noir et si terrible,
Fut un esprit doux, simple, ami de l'équité,
Qui, cherchant dans ses vers la seule vérité,
Fit, sans être malin, ses plus grandes malices,

(1) Pièces de théâtre de Pradon.

(2) Le P. Buzée et le P. Hayneuve sont des jésuites qui ont écrit des méditations autrefois estimées. Boileau avait un jour remarqué dans la boutique de Thierry, son libraire, que leurs livres étaient enveloppés avec les feuilles des tragédies de Pradon.

(3) V. Satire IX, v. 91.

(4) *Cinna*, tragédie de Corneille; *Andromaque*, tragédie de Racine.

(5) Boileau se repentait d'avoir publié la satire Xe dans un volume séparé. Il croyait qu'on l'aurait moins attaquée si elle eût été accompagnée de ses autres pièces.

Et qu'enfin sa candeur seule a fait tous ses vices[1].
Dites que, harcelé par les plus vils rimeurs,
Jamais, blessant leurs vers, il n'effleura leurs mœurs :
Libre dans ses discours, mais pourtant toujours sage,
Assez faible de corps, assez doux de visage,
Ni petit, ni trop grand, très-peu voluptueux,
Ami de la vertu plutôt que vertueux.
Que si quelqu'un, mes Vers, alors vous importune
Pour savoir mes parents, ma vie et ma fortune,
Contez-lui qu'allié d'assez hauts magistrats,
Fils d'un père greffier, né d'aïeux avocats[2],
Dès le berceau perdant une fort jeune mère,
Réduit seize ans après à pleurer mon vieux père,
J'allai d'un pas hardi, par moi-même guidé,
Et de mon seul génie en marchant secondé,
Studieux amateur et de Perse et d'Horace,
Assez près de Regnier m'asseoir sur le Parnasse ;
Que, par un coup du sort au grand jour amené,
Et des bords du Permesse à la cour entraîné,
Je sus, prenant l'essor par des routes nouvelles,
Elever assez haut mes poétiques ailes ;
Que ce roi, dont le nom fait trembler tant de rois,
Voulut bien que ma main crayonnât ses exploits ;
Que plus d'un grand m'aima jusques à la tendresse ;
Que ma vue à Colbert inspirait l'allégresse ;
Qu'aujourd'hui même encor, de deux sens affaibli[3],
Retiré de la cour et non mis en oubli,
Plus d'un héros, épris des fruits de mon étude,
Vient quelquefois chez moi[4] goûter la solitude.

(1) Il avait fait ces vers pour être mis au bas d'un de ses portraits.

(2) *Fils d'un père greffier.* Gilles Boileau, greffier du conseil de la grand'chambre, né le 28 juin 1584.—*Né d'aïeux avocats.* Jean Boileau, notaire et secrétaire du roi, qui obtint des lettres de noblesse au mois de septembre 1371. Henri Boileau, son petit-fils, fut reçu en 1408 avocat du roi, et quelques-uns de leurs descendants ont été des avocats célèbres.

(3) L'ouïe et la vue.

(4) A Auteuil, où Boileau était souvent visité par le prince de Conty, le marquis de Termes, d'Aguesseau, etc.

Mais des heureux regards de mon astre étonnant
Marquez bien cet effet encor plus surprenant,
Qui dans mon souvenir aura toujours sa place :
Que de tant d'écrivains[1] de l'école d'Ignace
Etant comme je suis ami si déclaré,
Ce docteur toutefois si craint, si révéré,
Qui contre eux de sa plume épuisa l'énergie,
Arnauld, le grand Arnauld, fit mon apologie[2],
Sur mon tombeau futur, mes Vers, pour l'énoncer,
Courez en lettres d'or de ce pas vous placer :
Allez, jusqu'où l'aurore en naissant voit l'Hydaspe[3],
Chercher, pour l'y graver, le plus précieux jaspe.
Surtout à mes rivaux sachez bien l'étaler.
Mais je vous retiens trop. C'est assez vous parler.
Déjà, plein du beau feu qui pour vous le transporte,
Barbin impatient chez moi frappe à la porte :
Il vient pour vous chercher. C'est lui : j'entends sa voix.
Adieu, mes Vers, adieu pour la dernière fois[4].

(1) Les pères Rapin, Bourdaloue, Bouhours, Gaillard, etc.

(2) M. Arnauld a fait une dissertation où il me justifie contre mes censeurs (BOILEAU).

(3) Fleuve des Indes.

(4) Cette épître renferme de très-beaux vers, et se sent fort peu de la vieillesse de l'auteur.

ÉPITRE XI.

A MON JARDINIER.

1695. — 59.

Dans cette Epître l'auteur s'entretient avec son jardinier; et par des discours proportionnés aux connaissances d'un villageois, il lui explique les difficultés de la poésie, et la peine qu'il y a surtout d'exprimer noblement et avec élégance les choses les plus communes et les plus sèches. De là il prend occasion de lui démontrer que le travail est nécessaire à l'homme pour être heureux. Cette Epître fut composée en 1695. Horace a aussi adressé une Epître à son fermier : c'est la quatrième du premier livre.

Laborieux valet du plus commode maître
Qui pour te rendre heureux ici-bas pouvait naître,
Antoine [1], gouverneur de mon jardin d'Auteuil,
Qui diriges chez moi l'if et le chèvrefeuil [2],
Et sur mes espaliers, industrieux génie,
Sais si bien exercer l'art de la Quintinie [3];
Oh! que de mon esprit triste et mal ordonné,
Ainsi que de ce champ par toi si bien orné,
Ne puis-je faire ôter les ronces, les épines,
Et des défauts sans nombre arracher les racines [4]!
Mais parle : raisonnons. Quand, du matin au soir,

(1) Antoine Riquier, né à Paris. Boileau l'avait trouvé dans sa maison d'Auteuil lorsqu'il l'acheta en 1685, et il l'a toujours gardé à son service.

(2) *Chèvrefeuil* pour *chèvrefeuille*.

(3) La Quintinie, directeur des jardins du roi.

(4) Certemus, spinas animo ne ego fortius, an tu
Evellas agro; et melior sit Horatius, an res.
(L. I, Ep. XIV, v. 4-5.)

Chez moi poussant la bêche, ou portant l'arrosoir,
Tu fais d'un sable aride une terre fertile,
Et rends tout mon jardin à tes lois si docile ;
Que dis-tu de m'y voir rêveur, capricieux,
Tantôt baissant le front, tantôt levant les yeux,
De paroles dans l'air par élans envolées
Effrayer les oiseaux perchés dans mes allées?
Ne soupçonnes-tu point qu'agité du démon,
Ainsi que ce cousin[1] des quatre fils Aimon,
Dont tu lis quelquefois la merveilleuse histoire,
Je rumine en marchant quelque endroit du grimoire[2].
Mais non : tu te souviens qu'au village on t'a dit
Que ton maître est nommé[3] pour coucher par écrit
Les faits d'un roi plus grand en sagesse, en vaillance,
Que Charlemagne, aidé des douze pairs de France[4].
Tu crois qu'il y travaille, et qu'au long de ce mur
Peut-être en ce moment il prend Mons et Namur.

Que penserais-tu donc, si l'on t'allait apprendre
Que ce grand chroniqueur des gestes d'Alexandre,
Aujourd'hui méditant un projet tout nouveau,
S'agite, se démène, et s'use le cerveau,
Pour te faire à toi-même en rimes insensées
Un bizarre portrait de ses folles pensées,
Mon maître, dirais-tu, passe pour un docteur,
Et parle quelquefois mieux qu'un prédicateur[5]:
Sous ces arbres pourtant de si vaines sornettes
Il n'irait point troubler la paix de ces fauvettes,

(1) Maugis, bien connu d'Antoine, qui était grand amateur des anciens romans.

(2) Boileau s'agitant dans son jardin pendant qu'il travaillait à son ode sur la prise de Namur, avait étonné son jardinier qui ne savait à quelle cause attribuer ses mouvements, et qui fut tenté de croire qu'il perdait l'esprit.

(3) Imitation heureuse du style de village.

(4) Allusion à un roman intitulé : *la Conquête de Charlemagne, grand roi de France et des Espagnes, avec les faits et gestes des douze pairs de France.* Antoine en faisait ses délices.

(5) Ce compliment, un peu bizarre, avait été adressé à Boileau par un bourgeois de Paris, qui avait fait un jour voyage avec lui sans le connaître, et avait été enchanté de sa conversation.

S'il lui fallait toujours, comme moi, s'exercer,
Labourer, couper, tondre, aplanir, palisser;
Et, dans l'eau de ces puits sans relâche tirée,
De ce sable étancher la soif démesurée.
Antoine, de nous deux tu crois donc, je le voi,
Que le plus occupé dans ce jardin, c'est toi?
Oh! que tu changerais d'avis et de langage,
Si deux jours seulement, libre du jardinage,
Tout à coup devenu poëte et bel esprit,
Tu t'allais engager à polir un écrit
Qui dît, sans s'avilir, les plus petites choses;
Fît, des plus secs chardons, des œillets et des roses;
Et sût, même aux discours de la rusticité,
Donner de l'élégance et de la dignité;
Un ouvrage, en un mot, qui, juste en tous ses termes,
Sût plaire à d'Aguesseau[1], sût satisfaire Termes[2];
Sût, dis-je, contenter, en paraissant au jour,
Ce qu'ont d'esprits plus fins et la ville et la cour!
Bientôt de ce travail revenu sec et pâle,
Et le teint plus jauni que de vingt ans de hâle,
Tu dirais, reprenant ta pelle et ton râteau :
J'aime mieux mettre encor cent arpents au niveau,
Que d'aller follement, égaré dans les nues,
Me lasser à chercher des visions cornues,
Et, pour lier des mots si mal s'entr'accordants,
Prendre dans ce jardin la lune avec les dents.
Approche donc, et viens : qu'un paresseux t'apprenne,
Antoine, ce que c'est que fatigue et que peine.
L'homme ici-bas, toujours inquiet et gêné,
Est, dans le repos même, au travail condamné :
La fatigue l'y suit. C'est en vain qu'aux poëtes
Les neuf trompeuses sœurs dans leurs douces retraites
Promettent du repos sous leurs ombrages frais :
Dans ces tranquilles bois pour eux plantés exprès,
La cadence aussitôt, la rime, la césure,

(1) François d'Aguesseau, alors avocat général au parlement de Paris, et plus tard chancelier de France.
(2) Pardaillan de Gondrin, marquis de Termes, mort en 1704.

La riche expression, la nombreuse mesure,
Sorcières dont l'amour sait d'abord les charmer,
De fatigues sans fin viennent les consumer.
Sans cesse poursuivant ces fugitives fées[1],
On voit sous les lauriers haleter les Orphées.
Leur esprit toutefois se plaît dans son tourment,
Et se fait de sa peine un noble amusement.
Mais je ne trouve point de fatigue si rude
Que l'ennuyeux loisir d'un mortel sans étude[2],
Qui, jamais ne sortant de sa stupidité,
Soutient, dans les langueurs de son oisiveté,
D'une lâche indolence esclave volontaire,
Le pénible fardeau de n'avoir rien à faire.
Vainement offusqué de ses pensers épais,
Loin du trouble et du bruit il croit trouver la paix :
Dans le calme odieux de sa sombre paresse,
Tous les honteux plaisirs, enfants de la mollesse,
Usurpant sur son âme un absolu pouvoir[3],
De monstrueux désirs le viennent émouvoir ;
Irritent de ses sens la fureur endormie,
Et le font le jouet de leur triste infamie[4].
Puis sur leurs pas soudain arrivent les remords :
Et bientôt avec eux tous les fléaux du corps,
La pierre, la colique, et les gouttes cruelles, [les,
Guénaud, Rainsant, Brayer[5], presque aussi tristes qu'el-
Chez l'indigne mortel courent tous s'assembler,
De travaux douloureux le viennent accabler ;
Sur le duvet d'un lit, théâtre de ses gênes,
Lui font scier des rocs, lui font fendre des chênes,
Et le mettent au point d'envier ton emploi.

(1) Les muses.
(2) Sénèque a dit :

Otium sine litteris, mors est, et vivi hominis sepultura
(Ep. LXXXII.)

(3) Si intus et in jecore ægro
Nascantur domini. (Pers., l. I, v, v. 129-130.)

(4) Remarquez la délicatesse de toutes ces expressions.
(5) Médecins fameux, mais déjà morts quand Boileau publia son épître.

Reconnais donc, Antoine, et conclus avec moi
Que la pauvreté mâle, active, et vigilante,
Est, parmi les travaux, moins lasse et plus contente
Que la richesse oisive au sein des voluptés.
Je te vais sur cela prouver deux vérités :
L'une, que le travail, aux hommes nécessaire,
Fait leur félicité plutôt que leur misère :
Et l'autre, qu'il n'est point de coupable en repos.
C'est ce qu'il faut ici montrer en peu de mots [1].
Suis-moi donc. Mais je vois sur ce début de prône,
Que ta bouche déjà s'ouvre large d'une aune;
Et que, les yeux fermés, tu baisses le menton [2].
Ma foi, le plus sûr est de finir ce sermon.
Aussi bien j'aperçois ces melons qui t'attendent,
Et ces fleurs qui là-bas entre elles se demandent
S'il est fête au village, et pour quel saint nouveau
On les laisse aujourd'hui si longtemps manquer d'eau [3].

(1) Imitation du genre de divisions adopté par tous les sermonaires.

(2) L'auteur faisait remarquer cette posture naïve d'un homme qui s'endort (BROSSETTE).

(3) Le P. Bouhours faisait compliment à *maître Antoine* de l'honneur que son maître lui avait fait : *N'est-il pas vrai, maître Antoine*, lui dit-il d'un air railleur, *que l'épître que votre maître vous a adressée, est la plus belle de toutes ses pièces?—Nenni-da, mon père*, répondit maître Antoine; *c'est celle de l'amour de Dieu*. Les connaisseurs, comme dit la Harpe, n'ont jamais été de l'avis de maître Antoine.

ÉPITRE XII.

A M. L'ABBÉ RENAUDOT.

(SUR L'AMOUR DE DIEU.)

1695. — 59.

Le dessein de l'auteur, en traitant cette matière, a été de faire voir que la poésie, que bien des personnes regardent comme un amusement frivole, peut traiter les sujets les plus relevés. A la vérité, le poëte soutient ici les sentiments de la plus saine théologie sur l'amour de Dieu, mais la poésie ne répond pas à la grandeur du sujet.

Docte abbé[1], tu dis vrai, l'homme, au crime attaché,
En vain, sans aimer Dieu, croit sortir du péché.
Toutefois, n'en déplaise aux transports frénétiques
Du fougueux moine[2] auteur des troubles germaniques,
Des tourments de l'enfer la salutaire peur
N'est pas toujours l'effet d'une noire vapeur,
Qui, de remords sans fruit agitant le coupable,
Aux yeux de Dieu le rende encor plus haïssable :
Cette utile frayeur, propre à nous pénétrer,
Vient souvent de la grâce en nous prête d'entrer,
Qui veut dans notre cœur se rendre la plus forte,
Et pour se faire ouvrir déjà frappe à la porte[3].

(1) Renaudot, un des célèbres auteurs de la *Perpétuité de la foi*, méritait bien cette épithète.

(2) Luther avait enseigné que la crainte des peines de l'enfer est criminelle et qu'elle offense la bonté de Dieu. Cette erreur donna lieu à l'erreur contraire. Plusieurs théologiens enseignèrent que cette crainte toute seule, sans l'amour de Dieu, suffit pour justifier le pécheur dans le sacrement de Pénitence. C'est cette dernière erreur que Boileau attaque.

(3) Telle est la doctrine du concile de Trente (V. Session XIV, c. 4).

Si le pécheur, poussé de ce saint mouvement,
Reconnaissant son crime, aspire au sacrement,
Souvent Dieu tout à coup d'un vrai zèle l'enflamme;
Le Saint-Esprit revient habiter en son âme,
Y convertit enfin les ténèbres en jour,
Et la crainte servile en filial amour.
C'est ainsi que souvent la sagesse suprême,
Pour chasser le démon se sert du démon même.
Mais lorsqu'en sa malice un pécheur obstiné,
Des horreurs de l'enfer vainement étonné,
Loin d'aimer, humble fils, son véritable père,
Craint et regarde Dieu comme un tyran sévère,
Au bien qu'il nous promet ne trouve aucun appas,
Et souhaite en son cœur que ce Dieu ne soit pas[1] :
En vain, la peur sur lui remportant la victoire,
Aux pieds d'un prêtre il court décharger sa mémoire[2];
Vil esclave, toujours sous le joug du péché,
Au démon qu'il redoute il demeure attaché.
L'amour, essentiel à notre pénitence,
Doit être l'heureux fruit de notre repentance.
Non, quoique l'ignorance enseigne sur ce point,
Dieu ne fait jamais grâce à qui ne l'aime point.
A le chercher la peur nous dispose et nous aide[3]:
Mais il ne vient jamais, que l'amour ne succède[4].
Cessez de m'opposer vos discours imposteurs,
Confesseurs insensés, ignorants séducteurs,
Qui, pleins des vains propos que l'erreur vous débite,
Vous figurez qu'en vous un pouvoir sans limite
Justifie à coup sûr tout pécheur alarmé,
Et que sans aimer Dieu l'on peut en être aimé.
Quoi donc! cher Renaudot, un chrétien effroyable,
Qui jamais, servant Dieu, n'eut d'objet que le diable,
Pourra, marchant toujours dans des sentiers maudits,

(1) Dixit insipiens in corde suo : Non est Deus. *Ps.* XIII, v. 1.
(2) Expression peu exacte.
(3) Peccatorem ad Dei gratiam in sacramento pœnitentiæ impetrandam disponit. CONC. TRID., sess. XIV, c. 4.
(4) *Ne succède :* expression impropre et obscure.

ar des formalités gagner le paradis!
t parmi les élus, dans la gloire éternelle,
our quelques sacrements reçus sans aucun zèle [1],
ieu fera voir aux yeux des saints épouvantés
on ennemi mortel assis à ses côtés!
eut-on se figurer de si folles chimères?
n voit pourtant, on voit des docteurs même austères
ui, les semant partout, s'en vont pieusement
e toute piété saper le fondement;
ui, le cœur infecté d'erreurs si criminelles,
e disent hautement les purs, les vrais fidèles;
raitant d'abord d'impie et d'hérétique affreux
uiconque ose pour Dieu se déclarer contre eux.
e leur audace en vain les vrais chrétiens gémissent :
rêts à la repousser, les plus hardis mollissent,
n voyant contre Dieu le diable accrédité,
'osent qu'en bégayant prêcher la vérité.
Iollirons-nous aussi? Non, sans peur, sur ta trace,
)octe abbé, de ce pas j'irai leur dire en face :
)uvrez les yeux enfin, aveugles dangereux.
)ui, je vous le soutiens, il serait moins affreux
)e ne point reconnaître un Dieu maître du monde,
Et qui règle à son gré le ciel, la terre et l'onde,
Qu'en avouant qu'il est [2], et qu'il sut tout former,
D'oser dire qu'on peut lui plaire sans l'aimer.
Jn si bas, si honteux, si faux christianisme,
Ne vaut pas des Platons l'éclairé paganisme;
Et chérir les vrais biens, sans en savoir l'auteur,
Vaut mieux que, sans l'aimer, connaître un créateur.
Expliquons-nous pourtant. Par cette ardeur si sainte,
Que je veux qu'en un cœur amène enfin la crainte,
Je n'entends pas ici ce doux saisissement,
Ces transports pleins de joie et de ravissement,
Qui font des bienheureux la juste récompense,
Et qu'un cœur rarement goûte ici par avance [3].

(1) *Zèle* ne semble pas l'expression convenable.

(2) *Qu'en avouant qu'il est :* hémistiche très-rude et très-prosaïque.

(3) V. Conc. Trid., sess. IV, c. 3.

Dans nous l'amour de Dieu, fécond en saints désirs,
N'y produit pas toujours de sensibles plaisirs.
Souvent le cœur qui l'a ne le sait pas lui-même :
Tel craint de n'aimer pas, qui sincèrement aime;
Et tel croit au contraire être brûlant d'ardeur,
Qui n'eut jamais pour Dieu que glace et que froideur.
C'est ainsi quelquefois qu'un indolent mystique[1],
Au milieu des péchés tranquille fanatique,
Du plus parfait amour pense avoir l'heureux don,
Et croit posséder Dieu, dans les bras du démon.
Voulez-vous donc savoir si la foi dans votre âme
Allume les ardeurs d'une sincère flamme?
Consultez-vous vous-même. A ses règles soumis,
Pardonnez-vous sans peine à tous vos ennemis?
Combattez-vous vos sens? domptez-vous vos faiblesses?
Dieu dans le pauvre est-il l'objet de vos largesses?
Enfin dans tous ses points pratiquez-vous sa loi?
Oui, dites-vous. Allez, vous l'aimez, croyez-moi.
Qui fait exactement ce que ma loi commande,
A pour moi, dit ce Dieu, *l'amour que* JE DEMANDE[2].
Faites-le donc; et sûr qu'il nous veut sauver tous,
Ne vous alarmez point pour quelques vains dégoûts
Qu'en sa faveur souvent la plus sainte âme éprouve :
Marchez, courez à lui : qui le cherche le trouve[3];
Et plus de votre cœur il paraît s'écarter,
Plus par vos actions songez à l'arrêter.
Mais ne soutenez point cet horrible blasphème,
Qu'un sacrement reçu, qu'un prêtre, que Dieu même,
Quoi que vos faux docteurs osent vous avancer,
De l'amour qu'on lui doit puissent vous dispenser.
Mais s'il faut qu'avant tout, dans une âme chrétienne,
Diront ces grands docteurs, l'amour de Dieu survienne,
Puisque ce seul amour suffit pour nous sauver,

(1) Allusion aux quiétistes condamnés par les papes Innocent XI et Innocent XII.

(2) Qui habet mandata mea et servat ea, ille est qui diligit me. (JOAN., XIV, 21.)

(3) Quærite et invenietis, pulsate et aperietur vobis (MATTH., VII, 7).

De quoi le sacrement viendra-t-il nous laver?
Sa vertu n'est donc plus qu'une vertu frivole!
Oh! le bel argument digne de leur école!
Quoi! dans l'amour divin en nos cœurs allumé,
Le vœu du sacrement n'est-il pas renfermé [1]?
Un païen converti, qui croit un Dieu suprême,
Peut-il être chrétien qu'il n'aspire au baptême,
Ni le chrétien en pleurs être vraiment touché,
Qu'il ne veuille à l'église avouer son péché?
Du funeste esclavage où le démon nous traîne
C'est le sacrement seul qui peut rompre la chaîne :
Aussi l'amour d'abord y court avidement;
Mais lui-même il en est l'âme et le fondement.
Lorsqu'un pécheur, ému d'une humble repentance,
Par les degrés prescrits court à la pénitence,
S'il n'y peut parvenir, Dieu sait les supposer [2].
Le seul amour manquant ne peut point s'excuser :
C'est par lui que dans nous la grâce fructifie;
C'est lui qui nous ranime et qui nous vivifie;
Pour nous rejoindre à Dieu, lui seul est le lien;
Et sans lui, foi, vertus, sacrements, tout n'est rien.
A ces discours pressants que saurait-on répondre?
Mais approchez : je veux encor mieux vous confondre,
Docteurs. Dites-moi donc : quand nous sommes absous,
Le Saint-Esprit est-il ou n'est-il pas en nous?
S'il est en nous, peut-il, n'étant qu'amour lui-même,
Ne nous échauffer point de son amour suprême?
Et s'il n'est pas en nous, Satan toujours vainqueur
Ne demeure-t-il pas maître de notre cœur?
Avouez donc qu'il faut qu'en nous l'amour renaisse :
Et n'allez point, pour fuir la raison qui vous presse,
Donner le nom d'amour au trouble inanimé
Qu'au cœur d'un criminel la peur seule a formé.
L'ardeur qui justifie, et que Dieu nous envoie,
Quoiqu'ici bas souvent inquiète et sans joie,

(1) Cette idée est encore empruntée au concile de Trente.
(2) Expression obscure.

Est pourtant cette ardeur, ce même feu d'amour,
Dont brûle un bienheureux en l'éternel séjour.
Dans le fatal instant qui borne notre vie,
Il faut que de ce feu notre âme soit remplie :
Et Dieu, sourd à nos cris s'il ne l'y trouve pas,
Ne l'y rallume plus après notre trépas.
Rendez-vous donc enfin à ces clairs syllogismes,
Et ne prétendez plus, par vos confus sophismes,
Pouvoir encore aux yeux du fidèle éclairé
Cacher l'amour de Dieu, dans l'école égaré.
Apprenez que la gloire où le ciel nous appelle
Un jour des vrais enfants doit couronner le zèle,
Et non les froids remords d'un esclave craintif,
Où crut voir Abeli[1] quelque amour négatif.
Mais quoi ! j'entends déjà plus d'un fier scolastique
Qui, me voyant ici sur ce ton dogmatique
En vers audacieux traiter ces points sacrés,
Curieux, me demande où j'ai pris mes degrés[2];
Et si, pour m'éclairer sur ces sombres matières,
Deux cents auteurs extraits m'ont prêté leurs lumières,
Non. Mais pour décider que l'homme, qu'un chrétien
Est obligé d'aimer l'unique auteur du bien ;
Le Dieu qui le nourrit, le Dieu qui le fit naître,
Qui nous vint par sa mort donner un second être,
Faut-il avoir reçu le bonnet doctoral,
Avoir extrait Gamache, Isambert et du Val[3]? [vrage,
Dieu, dans son livre saint[4], sans chercher d'autre ou-
Ne l'a-t-il pas écrit lui-même à chaque page?
De vains docteurs encore, ô prodige honteux !
Oseront nous en faire un problème douteux !
Viendront traiter d'erreur digne de l'anathème
L'indispensable loi d'aimer Dieu pour lui-même;
Et, par un dogme faux dans nos jours enfanté,

(1) Auteur de la *Moelle théologique*, qui soutient la fausse attrition par les raisons réfutées dans cette épître (BOILEAU).

(2) Pour enseigner la théologie il fallait être gradué.

(3) Trois célèbres docteurs de Sorbonne qui vécurent au XVIIe siècle.

(4) La Bible.

Des devoirs du chrétien rayer la charité!
Si j'allais consulter chez eux le moins sévère,
Et lui disais : Un fils doit-il aimer son père?
Ah! peut-on en douter? dirait-il brusquement.
Et quand je leur demande en ce même moment :
L'homme, ouvrage d'un Dieu seul bon et seul aimable,
Doit-il aimer ce Dieu, son père véritable?
Leur plus rigide auteur n'ose le décider[1],
Et craint, en l'affirmant, de se trop hasarder!
Je ne m'en puis défendre; il faut que je t'écrive
La figure bizarre, et pourtant assez vive,
Que je sus l'autre jour employer dans son lieu,
Et qui déconcerta ces ennemis de Dieu.
Au sujet d'un écrit qu'on nous venait de lire,
Un d'entre eux m'insulta sur ce que j'osai dire
Qu'il faut, pour être absous d'un crime confessé,
Avoir pour Dieu du moins un amour commencé.
Ce dogme, me dit-il, est un pur calvinisme.
O ciel! me voilà donc dans l'erreur, dans le schisme,
Et partant réprouvé! Mais, poursuivis-je alors,
Quand Dieu viendra juger les vivants et les morts,
Et des humbles agneaux, objets de sa tendresse,
Séparera des boucs la troupe pécheresse,
A tous il nous dira, sévère ou gracieux,
Ce qui nous fit impurs ou justes à ses yeux.
Selon vous donc, à moi réprouvé, bouc infâme,
« Va brûler, dira-t-il, en l'éternelle flamme[2],
Malheureux, qui soutins que l'homme dut m'aimer,
Et qui, sur ce sujet trop prompt à déclamer,
Prétendis qu'il fallait, pour flétrir ma justice,
Que le pécheur touché de l'horreur de son vice,
De quelque ardeur pour moi sentît les mouvements,

(1) Un docteur de Sorbonne n'avait osé se prononcer devant Boileau qui lui avait demandé si on était obligé d'aimer Dieu.

(2) Il y a ici une méprise qui fait tomber à faux toute la prosopopée suivante. Il y eut des théologiens qui enseignaient que l'amour de Dieu n'était pas nécessaire avec le sacrement de pénitence et avec la crainte, mais aucun d'eux n'a condamné cet amour dans les personnes qui l'avaient.

Et gardât le premier de mes commandements! »
Dieu, si je vous en crois, me tiendra ce langage :
Mais à vous, tendre agneau, son plus cher héritage,
Orthodoxe ennemi d'un dogme si blâmé,
« Venez, vous dira-t-il, venez, mon bien-aimé :
Vous qui, dans les détours de vos raisons subtiles
Embarrassant les mots d'un des plus saints conciles[1],
Avez délivré l'homme, ô l'utile docteur!
De l'importun fardeau d'aimer son créateur ;
Entrez au ciel, venez, comblé de mes louanges,
Du besoin d'aimer Dieu désabuser les anges. »
A de tels mots, si Dieu pouvait les prononcer,
Pour moi je répondrais, je crois, sans l'offenser : [che,
Oh! que pour vous mon cœur moins dur et moins farou-
Seigneur, n'a-t-il, hélas! parlé comme ma bouche!
Ce serait ma réponse à ce Dieu fulminant.
Mais vous, de ses douceurs objet fort surprenant,
Je ne sais pas comment, ferme en votre doctrine,
Des ironiques mots de sa bouche divine
Vous pourriez, sans rougeur et sans confusion,
Soutenir l'amertume et la dérision.
L'audace du docteur, par ce discours frappée,
Demeura sans réplique à ma prosopopée.
Il sortit tout à coup, et, murmurant tout bas
Quelques termes d'aigreur que je n'entendis pas,
S'en alla chez Binsfeld, ou chez Basile Ponce[2]
Sur l'heure à mes raisons chercher une réponse[3].

(1) Le concile de Trente.

(2) Deux défenseurs de la fausse attrition. Le premier était chanoine de Trèves, et l'autre était de l'ordre de Saint-Augustin.

(3) Cette épître est la plus faible de toutes celles que Boileau a composées. Le sujet n'était pas heureusement choisi, la poésie est languissante, les vers sont secs et rudes, et on ne trouve presque aucune de ces expressions neuves et élégantes qui font le mérite de ses autres pièces.

L'ART POÉTIQUE.

CHANT PREMIER.

Dans ce premier chant, l'auteur donne des règles générales pour la poésie; mais ces règles n'appartiennent point si spécialement à cet art, qu'elles ne puissent aussi être appliquées utilement aux autres genres littéraires. Une courte digression renferme l'histoire de la poésie française, depuis Villon jusqu'à Malherbe.

C'est en vain qu'au Parnasse un téméraire auteur
Pense de l'art des vers atteindre la hauteur :
S'il ne sent point du ciel l'influence secrète,
Si son astre en naissant ne l'a formé poëte,
Dans son génie étroit il est toujours captif;
Pour lui Phébus est sourd, et Pégase est rétif[1].
   O vous donc qui, brûlant d'une ardeur périlleuse,
Courez du bel esprit la carrière épineuse,
N'allez pas sur des vers sans fruit vous consumer,
Ni prendre pour génie un amour de rimer :
Craignez d'un vain plaisir les trompeuses amorces
Et consultez longtemps votre esprit et vos forces[2].
   La nature, fertile en esprits excellents,

(1) Tu nihil invita dices faciesve Minerva (Ars, v. 385).

(2) Sumite materiam vestris, qui scribitis, æquam
Viribus, et versate diu quid ferre recusent,
Quid valeant humeri... (Hor., Ars, v. 38-40.)

Sait entre les auteurs partager les talents :
L'un peut tracer en vers une amoureuse flamme ;
L'autre d'un trait plaisant aiguiser l'épigramme :
Malherbe d'un héros peut vanter les exploits[1] ;
Racan, chanter Philis, les bergers et les bois [2].
Mais souvent un esprit qui se flatte et qui s'aime
Méconnaît son génie, et s'ignore soi-même ;
Ainsi tel [3], autrefois qu'on vit avec Faret [4]
Charbonner de ses vers les murs d'un cabaret [5],
S'en va mal à propos, d'une voix insolente,
Chanter du peuple hébreu la fuite triomphante,
Et, poursuivant Moïse au travers des déserts,
Court avec Pharaon se noyer dans les mers.
Quelque sujet qu'on traite, ou plaisant, ou sublime,
Que toujours le bon sens s'accorde avec la rime :
L'un l'autre vainement ils semblent se haïr ;
La rime est une esclave, et ne doit qu'obéir.
Lorsqu'à la bien chercher d'abord on s'évertue,
L'esprit à la trouver aisément s'habitue ;
Au joug de la raison sans peine elle fléchit,
Et, loin de la gêner, la sert et l'enrichit.
Mais, lorsqu'on la néglige, elle devient rebelle :
Et pour la rattraper le sens court après elle.
Aimez donc la raison : que toujours vos écrits
Empruntent d'elle seule et leur lustre et leur prix [6].
La plupart, emportés d'une fougue insensée,
Toujours loin du droit sens vont chercher leur pensée ;
Ils croiraient s'abaisser, dans leurs vers monstrueux,
S'ils pensaient ce qu'un autre a pu penser comme eux.

(1) Malherbe peut faire des odes.

(2) Poésie pastorale.

(3) Saint-Amand, auteur du *Moïse sauvé*.

(4) Faret, auteur du livre intitulé *l'Honnête homme,* et ami de Saint-Amand.

(5) Nigri fornicis ebrium poetam,
Qui carbone rudi, putrique creta
Scribit carmina. (MART., l. XII, Ep. LXII.)

(6) On ne peut trop méditer tous ces préceptes.

Evitons ces excès : laissons à l'Italie
De tous ces faux brillants[1] l'éclatante folie.
Tout doit tendre au bon sens : mais pour y parvenir
Le chemin est glissant et pénible à tenir ;
Pour peu qu'on s'en écarte, aussitôt on se noie.
La raison pour marcher n'a souvent qu'une voie.
Un auteur quelquefois trop plein de son objet
Jamais sans l'épuiser n'abandonne un sujet.
S'il rencontre un palais, il m'en dépeint la face ;
Il me promène après de terrasse en terrasse;
Ici s'offre un perron ; là règne un corridor ;
Là ce balcon s'enferme en une balustre d'or
Il compte des plafonds les ronds et les ovales ;
« Ce ne sont que festons, ce ne sont qu'astragales [2]. »
Je saute vingt feuillets pour en trouver la fin ;
Et je me sauve à peine au travers du jardin [3].
Fuyez de ces auteurs l'abondance stérile ;
Et ne vous chargez point d'un détail inutile.
Tout ce qu'on dit de trop est fade et rebutant,
L'esprit rassasié le rejette à l'instant [4].
Qui ne sait se borner ne sut jamais écrire.
  Souvent la peur d'un mal nous conduit dans un pire [5] :
Un vers était trop faible ; et vous le rendez dur :
J'évite d'être long ; et je deviens obscur :
L'un n'est point trop fardé ; mais sa muse est trop nue :

(1) Les auteurs italiens méritaient ce reproche au XVIIe siècle. Le faux brillant était le caractère de la plupart de leurs écrits.

(2) Scudéri avait dit :

Ce ne sont que festons, ce ne sont que couronnes.

Boileau a changé ce dernier mot pour mieux faire ressortir l'abondance stérile de cette description.

(3) La description de Scudéri a seize pages, elle commence par la façade du palais et finit par le jardin.

(4) Quidquid præcipies, esto brevis, ut cito dicta
Percipiant animi dociles teneantque fideles.
Omne supervacuum pleno de pectore manat.
(Ars poet., v. 335-337.)

(5) In vitium ducit culpæ fuga, si caret arte. (Ibid., v. 32.)

L'autre a peur de ramper; il se perd dans la nue[1].
Voulez-vous du public mériter les amours?
Sans cesse en écrivant variez vos discours.
Un style trop égal et toujours uniforme
En vain brille à nos yeux, il faut qu'il nous endorme.
On lit peu ces auteurs, nés pour nous ennuyer,
Qui toujours sur un ton semblent psalmodier.
Heureux qui, dans ses vers, sait d'une voix légère
Passer du grave au doux, du plaisant au sévère!
Son livre, aimé du ciel, et chéri des lecteurs,
Est souvent chez Barbin entouré d'acheteurs[2].
Quoi que vous écriviez, évitez la bassesse :
Le style le moins noble a pourtant sa noblesse.
Au mépris du bon sens, le burlesque[3] effronté
Trompa les yeux d'abord, plut par sa nouveauté :
On ne vit plus en vers que pointes triviales ;
Le Parnasse parla le langage des halles ;
La licence à rimer alors n'eut plus de frein ;
Apollon travesti devint un Tabarin[4].
Cette contagion infecta les provinces,
Du clerc et du bourgeois passa jusques aux princes :
Le plus mauvais plaisant eut ses approbateurs;
Et, jusqu'à d'Assouci[5], tout trouva des lecteurs.
Mais de ce style enfin la cour désabusée
Dédaigna de ces vers l'extravagance aisée,

(1) Brevis esse laboro,
Obscurus fio : sectantem levia nervi
Deficiunt animique : professus grandia turget :
Serpit humi tutus nimium timidusque procellæ.
(Ibid., v. 25-28.)

Et plus loin :

Aut dum vitat humum, nubes et inania captat. (Ibid., v. 230.)

(2) Omne tulit punctum qui miscuit utile dulci,
Lectorem delectando pariterque monendo,
Hic meret æra liber Sosiis. (Ibid., v. 342-344.)

(3) Le style burlesque fut extrêmement en vogue depuis le commencement du dernier siècle jusque vers 1660 qu'il tomba (Boileau).

(4) Tabarin était un bouffon très-grossier, qui accompagnait un charlatan, dont le théâtre était établi sur la place Dauphine.

(5) Pitoyable auteur qui a composé l'*Ovide en belle humeur*.

Distingua le naïf du plat et du bouffon,
Et laissa la province admirer le Typhon[1].
Que ce style jamais ne souille votre ouvrage.
Imitons de Marot l'élégant badinage,
Et laissons le burlesque aux plaisants[2] du Pont-Neuf.
Mais n'allez point aussi, sur les pas de Brébeuf,
Même en une Pharsale, entasser sur les rives
« De morts et de mourants cent montagnes plaintives[3]. »
Prenez mieux votre ton. Soyez simple avec art,
Sublime sans orgueil, agréable sans fard.
N'offrez rien au lecteur que ce qui peut lui plaire.
Ayez pour la cadence une oreille sévère :
Que toujours dans vos vers le sens coupant les mots
Suspende l'hémistiche, en marque le repos.
Gardez qu'une voyelle à courir trop hâtée
Ne soit d'une voyelle en son chemin heurtée[4].
Il est un heureux choix de mots harmonieux.
Fuyez des mauvais sons le concours odieux :
Le vers le mieux rempli, la plus noble pensée,
Ne peut plaire à l'esprit quand l'oreille est blessée.
Durant les premiers ans du Parnasse françois,
Le caprice tout seul faisait toutes les lois[5].
La rime, au bout des mots assemblés sans mesure,
Tenait lieu d'ornements, de nombre et de césure.
Villon[6] sut le premier, dans ces siècles grossiers,
Débrouiller l'art confus de nos vieux romanciers[7].

(1) Le Typhon ou la Gigantomachie, poëme burlesque de Scarron.

(2) Les vendeurs de mithridate et les joueurs de marionnettes se plaçaient depuis longtemps sur le Pont-Neuf.

(3) Vers de Brébeuf, dans sa traduction de Lucain. (L. VII.)

(4) C'est ce qu'on appelle l'*hiatus*.

(5) Ces rimes étaient alors jugées suffisantes.

(6) Villon fleurit sous Charles VII, Louis XI et Charles VIII, environ un demi-siècle avant Marot. On peut s'étonner que Boileau compte pour rien nos troubadours et nos trouvères, mais au XVIIe siècle tout le monde avait pour ces poëtes du moyen âge le même dédain.

(7) La plupart de nos plus anciens romans français sont en vers confus et sans ordre, comme le roman de *la Rose*, et plusieurs autres. (BOILEAU.)

Marot [1], bientôt après, fit fleurir les ballades,
Tourna des triolets, rima des mascarades,
A des refrains réglés asservit les rondeaux,
Et montra pour rimer des chemins tout nouveaux.
Ronsard [2], qui le suivit, par une autre méthode,
Réglant tout, brouilla tout, fit un art à sa mode,
Et toutefois longtemps eut un heureux destin.
Mais sa muse, en français parlant grec et latin.
Vit dans l'âge suivant, par un retour grotesque,
Tomber de ses grands mots le faste pédantesque.
Ce poëte orgueilleux, trébuché de si haut,
Rendit plus retenus Desportes et Bertaut [3].
Enfin Malherbe [4] vint, et, le premier en France,
Fit sentir dans les vers une juste cadence;
D'un mot mis en sa place enseigna le pouvoir,
Et réduisit la muse aux règles du devoir.
Par ce sage écrivain la langue réparée
N'offrit plus rien de rude à l'oreille épurée.
Les stances avec grâce apprirent à tomber.
Et le vers sur le vers n'osa plus enjamber,
Tout reconnut ses lois; et ce guide fidèle
Aux auteurs de ce temps sert encor de modèle.
Marchez donc sur ses pas; aimez sa pureté,
Et de son tour heureux imitez la clarté.
Si le sens de vos vers tarde à se faire entendre,
Mon esprit aussitôt commence à se détendre;
Et, de vos vains discours prompt à se détacher,
Ne suit point un auteur qu'il faut toujours chercher.
Il est certains esprits dont les sombres pensées
Sont d'un nuage épais toujours embarrassées;
Le jour de la raison ne le saurait percer.

(1) Marot s'est surtout distingué par ses poésies légères.

(2) Ronsard et son école employaient avec une grande affectation des mots tirés du grec et du latin.

(3) Desportes, abbé de Tiron, et Bertaut, évêque de Séez, vivaient sous Henri III et Henri IV. Ils furent assez estimés.

(4) Ce jugement, si glorieux pour Malherbe, a été pleinement ratifié.

Avant donc que d'écrire, apprenez à penser [1].
Selon que notre idée est plus ou moins obscure,
L'expression la suit, ou moins nette, ou plus pure.
Ce que l'on conçoit bien s'énonce clairement,
Et les mots pour le dire arrivent aisément [2].
  Surtout qu'en vos écrits la langue révérée
Dans vos plus grands excès vous soit toujours sacrée.
En vain vous me frappez d'un son mélodieux,
Si le terme est impropre, ou le tour vicieux :
Mon esprit n'admet point un pompeux barbarisme,
Ni d'un vers ampoulé l'orgueilleux solécisme [3].
Sans la langue, en un mot, l'auteur le plus divin
Est toujours, quoi qu'il fasse, un méchant écrivain.
  Travaillez à loisir, quelque ordre qui vous presse [4],
Et ne vous piquez point d'une folle vitesse :
Un style si rapide, et qui court en rimant,
Marque moins trop d'esprit, que peu de jugement.
J'aime mieux un ruisseau qui, sur la molle arène,
Dans un pré plein de fleurs lentement se promène,
Qu'un torrent débordé qui, d'un cours orageux,
Roule, plein de gravier, sur un terrain fangeux.
Hâtez-vous lentement [5]; et, sans perdre courage,
Vingt fois sur le métier remettez votre ouvrage :
Polissez-le sans cesse et le repolissez [6];

(1) Scribendi recte sapere est et principium et fons.
(Ars poet., v. 309.)

(2) Cui lecta potenter erit res,
Nec facundia deseret hunc, nec lucidus ordo. (Ibid., 40-41.)
Verbaque provisam rem non invita sequuntur. (Ibid., v. 311.)

(3) Solécisme vient de *Soles*, nom d'une colonie athénienne en Cilicie, où l'on ne parlait pas avec pureté la langue attique.

(4) Scudéri disait toujours, pour s'excuser de travailler si vite, qu'il avait ordre de finir (BOILEAU).

(5) Proverbe ancien qu'Auguste avait souvent à la bouche : *festina lente*, σπεῦδε βραδέως.

(6) Carmen reprehendite quod non
Multa dies et multa litura coercuit, atque
Perfectum decies non castigavit ad unguem.
(Ars poet., v. 292-294.)

Ajoutez quelquefois, et souvent effacez [1].
C'est peu qu'en un ouvrage où les fautes fourmillent
Des traits d'esprit semés de temps en temps pétillent [2] :
Il faut que chaque chose y soit mise en son lieu ;
Que le début, la fin, répondent au milieu [3];
Que d'un art délicat les pièces assorties
N'y forment qu'un seul tout de diverses parties [4];
Que jamais du sujet le discours s'écartant
N'aille chercher trop loin quelque mot éclatant.
Craignez-vous pour vos vers la censure publique ?
Soyez-vous à vous-même un sévère critique :
L'ignorance toujours est prête à s'admirer.
Faites-vous des amis prompts à vous censurer ;
Qu'ils soient de vos écrits les confidents sincères,
Et de tous vos défauts les zélés adversaires :
Dépouillez devant eux l'arrogance d'auteur.
Mais sachez de l'ami discerner le flatteur [5] :
Tel vous semble applaudir, qui vous raille et vous joue.
Aimez qu'on vous conseille, et non pas qu'on vous loue.
Un flatteur aussitôt aime à se récrier :
Chaque vers qu'il entend le fait extasier ;
Tout est charmant, divin ; aucun mot ne le blesse ;
Il trépigne de joie, il pleure de tendresse [6] :
Il vous comble partout d'éloges fastueux.
La vérité n'a point cet air impétueux.

(1) Sæpe stylum vertas, iterum quæ digna legi sint
Scripturus. (Hor., l. I, Sat. x, v. 72.)

(2) Inter quæ verbum emicuit si forte decorum, et
Si versus paulo concinnior unus et alter,
Injuste totum ducit venditque poema. (II, Ep. 1, v. 73-75.)

(3) Primo ne medium, medio ne discrepet imum.
(Ars poet., v. 152.)

(4) Denique sit, quodvis simplex duntaxat et unum. (Ibid., v. 23.)

(5) Mirabor, si sciet inter
Noscere mendacem verumque beatus amicum.
(Ars poet., v. 124-125.)

(6) Clamabit enim : Pulchre, bene, recte ;
Pallescet super his, etiam stillabit amicis
Ex oculis rorem : saliet, tundet pede terram.
(Ibid., v. 128-130.)

Un sage ami, toujours rigoureux, inflexible,
Sur vos fautes jamais ne vous laisse paisible ;
Il ne pardonne point les endroits négligés,
Il renvoie en leur lieu les vers mal arrangés,
Il réprime des mots l'ambitieuse emphase ;
Ici le sens le choque, et plus loin c'est la phrase.
Votre construction semble un peu s'obscurcir ;
Ce terme est équivoque : il le faut éclaircir [1].
C'est ainsi que vous parle un ami véritable.
Mais souvent sur ses vers un auteur intraitable
A les protéger tous se croit intéressé,
Et d'abord prend en main le droit de l'offensé.
De ce vers, direz-vous, l'expression est basse. —
Ah ! monsieur, pour ce vers je vous demande grâce,
Répondra-t-il d'abord. — Ce mot me semble froid :
Je le retrancherais. — C'est le plus bel endroit ! —
Ce tour ne me plaît pas. — Tout le monde l'admire.
Ainsi toujours constant à ne se point dédire,
Qu'un mot dans son ouvrage ait paru vous blesser,
C'est un titre chez lui pour ne point l'effacer.
Cependant, à l'entendre, il chérit la critique [2] :
Vous avez sur ses vers un pouvoir despotique.
Mais tout ce beau discours dont il vient vous flatter
N'est rien qu'un piége adroit pour vous les réciter.
Aussitôt il vous quitte ; et, content de sa muse,
S'en va chercher ailleurs quelque fat qu'il abuse :
Car souvent il en trouve. Ainsi qu'en sots auteurs,
Notre siècle est fertile en sots admirateurs ;
Et, sans ceux que fournit la ville et la province,
Il en est chez le duc, il en est chez le prince.

(1) Vir bonus et prudens versus reprehendet inertes,
Culpabit duros, incomptis allinet atrum
Transverso calamo signum, ambitiosa recidet
Ornamenta : parum claris lucem dare coget,
Arguet ambigue dictum, mutanda notabit.
(Ars poet., v. 445-450.)

(2) Perse a dit :
Et verum, inquis, amo : verum mihi dicite de me.
(Sat. I, v. 55.)

L'ouvrage le plus plat a, chez les courtisans,
De tout temps rencontré de zélés partisans ;
Et, pour finir enfin par un trait de satire,
Un sot trouve toujours un plus sot qui l'admire [1].

CHANT SECOND.

Dans ce second chant et dans le troisième, Boileau explique le détail de la poésie française, et donne le caractère et les règles particulières de chaque poëme. Le second chant est employé à décrire l'idylle ou l'églogue, l'élégie, l'ode, le sonnet, l'épigramme, le rondeau, la ballade, le madrigal, la satire et le vaudeville. L'auteur a su varier ici son style avec tant d'art et tant d'habileté, qu'en parcourant toutes les différentes espèces de poésies, il emploie précisément le style qui convient à chaque espèce en particulier.

Telle qu'une bergère, au plus beau jour de fête,
De superbes rubis ne charge point sa tête,
Et, sans mêler à l'or l'éclat des diamants,
Cueille en un champ voisin ses plus beaux ornements ;
Telle, aimable en son air, mais humble dans son style,
Doit éclater sans pompe une élégante Idylle [2].
Son tour simple et naïf n'a rien de fastueux,
Et n'aime point l'orgueil d'un vers présomptueux.
Il faut que sa douceur flatte, chatouille, éveille,
Et jamais de grands mots n'épouvante l'oreille.
Mais souvent dans ce style un rimeur aux abois
Jette là, de dépit, la flûte et le hautbois [3] ;

(1) Ce dernier vers est devenu proverbe.

(2) Idylle, εἰδύλλιον, petit poëme du genre pastoral, et que Boileau compare pour ce motif à une bergère.

(3) *La flûte et le hautbois*, instruments particulièrement en usage chez les bergers.

Et, follement pompeux, dans sa verve indiscrète,
Au milieu d'une églogue entonne la trompette [1].
De peur de l'écouter, Pan fuit dans les roseaux;
Et les Nymphes, d'effroi, se cachent sous les eaux.
Au contraire, cet autre, abject en son langage,
Fait parler ses bergers comme on parle au village.
Ses vers plats et grossiers, dépouillés d'agrément,
Toujours baisent la terre, et rampent tristement :
On dirait que Ronsard, sur ses pipeaux rustiques,
Vient encor frédonner ses idylles gothiques [2],
Et changer, sans respect de l'oreille et du son,
Lycidas en Pierrot, et Philis en Toinon [3].
Entre ces deux excès la route est difficile :
Suivez, pour la trouver, Théocrite et Virgile [4] :
Que leurs tendres écrits, par les Grâces dictés,
Ne quittent point vos mains, jour et nuit feuilletés [5].
Seuls, dans leurs doctes vers ils pourront vous apprendre
Par quel art sans bassesse un auteur peut descendre;
Chanter Flore, les champs, Pomone, les vergers;
Au combat de la flûte animer deux bergers;
Des plaisirs de l'amour vanter la douce amorce;
Changer Narcisse en fleur, couvrir Daphné d'écorce;
Et par quel art encor l'Eglogue quelquefois
Rend dignes d'un consul [6] la campagne et les bois.
Telle est de ce poëme et la force et la grâce.
D'un ton un peu plus haut, mais pourtant sans audace,
La plaintive Elégie, en longs habits de deuil,

(1) *La trompette*, instrument de guerre.
(2) *Idylles gothiques*, c'est-à-dire surannées.
(3) Ronsard, dans ses Eglogues, appelle ses bergères *Toinon*, *Jeanneton*, *Marion* : Henri II devient *Henriot*, Charles IX, *Carlin*, Catherine de Médicis, *Catin*, etc.
(4) *Théocrite*, le poëte grec qui s'est le plus distingué dans la poésie postorale. — Virgile. Voyez *Discours au roi*, v. 58.
(5) Vos exemplaria græca
Nocturna versate manu, versate diurna.
(Ars poet., v. 268-269.)
(6) Allusion à ce vers de Virgile :
Si canimus sylvas, sylvæ sint consule dignæ. (Egl. IV, v. 3.)

Sait, les cheveux épars, gémir sur un cercueil[1].
Elle peint des amants la joie et la tristesse[2];
Flatte, menace, irrite, apaise une maîtresse.
Mais, pour bien exprimer ces caprices heureux,
C'est peu d'être poëte, il faut être amoureux.
Je hais ces vains auteurs dont la muse forcée
M'entretient de ses feux, toujours froide et glacée;
Qui s'affligent par art, et, fous de sens rassis,
S'érigent pour rimer en amoureux transis;
Leurs transports les plus doux ne sont que phrases vaines;
Ils ne savent jamais que se charger de chaînes,
Que bénir leur martyre, adorer leur prison,
Et faire quereller le sens et la raison.
Ce n'était pas jadis sur ce ton ridicule
Qu'amour dictait les vers que soupirait Tibulle[3];
Ou que, du tendre Ovide[4] animant les doux sons,
Il donnait de son art les charmantes leçons.
Il faut que le cœur seul parle dans l'Elégie.
L'Ode, avec plus d'éclat et non moins d'énergie,
Elevant jusqu'au ciel son vol ambitieux,
Entretient dans ses vers commerce avec les dieux[5].
Aux athlètes dans Pise[6], elle ouvre la barrière,
Chante un vainqueur poudreux au bout de la carrière,
Mène Achille sanglant aux bords du Simoïs[7],
Ou fait fléchir l'Escaut sous le joug de Louis[8].

(1) Versibus impariter junctis querimonia primum,
Post etiam inclusa est voti sententia compos.
(Ars poet., v. 75-76.)

(2) L'élégie érotique.

(3) Tibulle, poëte latin, né l'an 43 avant J.-C., mort l'an 47 de notre ère.

(4) Allusion au poëme d'Ovide, intitulé : *l'Art d'aimer*.

(5) Musa dedit fidibus Divos puerosque Deorum,
Et pugilem victorem, et equum certamine primum,
Et juvenum curas et libera vina referre.
(Ars poet., v. 83-85.)

(6) Pise en Elide, où l'on célébrait les jeux olympiques.

(7) *Simoïs*, ancienne rivière de la Troade, rendue célèbre par Homère.

(8) Louange aussi adroite qu'ingénieuse.

Tantôt, comme une abeille ardente à son ouvrage,
Elle s'en va de fleurs dépouiller le rivage :
Son style impétueux souvent marche au hasard :
Chez elle un beau désordre est un effet de l'art.
Loin ces rimeurs craintifs dont l'esprit flegmatique
Garde dans ses fureurs un esprit didactique ;
Qui, chantant d'un héros les progrès éclatants,
Maigres historiens, suivront l'ordre des temps.
Ils n'osent un moment perdre un sujet de vue :
Pour prendre Dôle, il faut que Lille [1] soit rendue :
Et que leur vers, exact ainsi que Mézeray [2],
Ait fait déjà tomber les remparts de Courtray.
Apollon de son feu leur fut toujours avare.
On dit, à ce propos, qu'un jour ce dieu bizarre,
Voulant pousser à bout tous les rimeurs françois,
Inventa du Sonnet les rigoureuses lois ;
Voulut qu'en deux quatrains de mesure pareille
La rime avec deux sons frappât huit fois l'oreille [3];
Et qu'ensuite, six vers artistement rangés,
Fussent en deux tercets par le sens partagés.
Surtout de ce poëme il bannit la licence :
Lui-même en mesura le nombre et la cadence ;
Défendit qu'un vers faible y pût jamais entrer,
Ni qu'un mot déjà mis osât s'y remontrer.
Du reste il l'enrichit d'une beauté suprême :
Un sonnet sans défaut vaut seul un long poëme [4].
Mais en vain mille auteurs y pensent arriver ;
Et cet heureux phénix est encore à trouver.
A peine dans Gombault, Mainard, et Malleville [5],

(1) Lille et Courtrai furent pris en 1667, Dôle en 1668.

(2) Mézeray, le plus célèbre des historiens qui aient jusqu'alors écrit l'histoire de France (BOILEAU).

(3) Horace avait dit de l'iambe :

Cum senos redderet ictus. (Ars poet., v. 253.)

(4) Il y a ici de l'exagération.

(5) Gombaut, né vers 1576, mourut en 1666, après avoir publié un volume de sonnets et un recueil d'épigrammes. — Maynard fut un disciple de Malherbe, qui imita Gombaut. — Malleville, son contemporain, cultiva le même genre de poésie. Ces trois poëtes furent membres de l'Académie française.

En peut-on admirer deux ou trois entre mille :
Le reste, aussi peu lu que ceux de Pelletier [1],
N'a fait de chez Sercy [2] qu'un saut chez l'épicier.
Pour enfermer son sens dans la borne prescrite
La mesure est toujours trop longue ou trop petite.
  L'Epigramme, plus libre en son tour plus borné,
N'est souvent qu'un bon mot de deux rimes orné.
Jadis de nos auteurs les pointes ignorées
Furent de l'Italie en nos vers attirées [3].
Le vulgaire, ébloui de leur faux agrément,
A ce nouvel appât courut avidement.
La faveur du public excitant leur audace,
Leur nombre impétueux inonda le Parnasse ;
Le Madrigal [4] d'abord en fut enveloppé ;
Le Sonnet orgueilleux lui-même en fut frappé ;
La Tragédie [5] en fit ses plus chères délices ;
L'Elégie en orna ses douloureux caprices ;
Chaque mot eut toujours deux visages divers :
La prose la reçut aussi bien que les vers ;
L'avocat au palais en hérissa son style,
Et le docteur [6] en chaire en sema l'évangile.
  La raison outragée enfin ouvrit les yeux,
La chassa pour jamais des discours sérieux,
Et, dans tous ses écrits la déclarant infâme,
Par grâce lui laissa l'entrée en l'Epigramme,
Pourvu que sa finesse, éclatant à propos,
Roulât sur la pensée, et non pas sur les mots.
Ainsi de toutes parts les désordres cessèrent.

(1) Voyez *Discours au roi*, v. 54.

(2) Sercy, libraire du Palais (BOILEAU).

(3) Tel fut en effet le caractère de l'influence que la littérature italienne exerça sur la nôtre.

(4) Le Madrigal, dont le nom même est emprunté à la langue italienne (*Madrigale*), est un petit poëme sémillant et sentimental.

(5) La *Sylvie* de Mairet. Boileau avait spécialement en vue cette pièce aujourd'hui ignorée.

(6) Le Petit, P. André, augustin, qui hérissait ses discours de grec et de latin, de pointes et de jeux de mots. On retrouve même ce mauvais goût dans Mascaron.

Toutefois à la cour les turlupins [1] restèrent,
Insipides plaisants, bouffons infortunés,
D'un jeu de mots grossier partisans surannés.
Ce n'est pas quelquefois qu'une muse un peu fine
Sur un mot, en passant, ne joue et ne badine,
Et d'un sens détourné n'abuse avec succès ;
Mais fuyez sur ce point un ridicule excès ;
Et n'allez pas toujours d'une pointe frivole
Aiguiser par la queue une épigramme folle.
Tout poëme est brillant de sa propre beauté.
Le Rondeau [2], né gaulois, a la naïveté.
La Ballade [3], asservie à ses vieilles maximes,
Souvent doit tout son lustre au caprice des rimes.
Le Madrigal, plus simple et plus noble en son tour,
Respire la douceur, la tendresse, et l'amour.
L'ardeur de se montrer, et non pas de médire,
Arma la Vérité du vers de la satire.
Lucile le premier osa la faire voir [4],
Aux vices des Romains présenta le miroir,
Vengea l'humble vertu de la richesse altière,
Et l'honnête homme à pied du faquin en litière [5].
Horace à cette aigreur mêla son enjouement :
On ne fut plus ni fat ni sot impunément ;
Et malheur à tout nom, qui, propre à la censure,

(1) Turlupin était un mauvais comédien de Paris qui divertissait le peuple par des bouffonneries qu'on appelait *turlupinades*. Ce mot est passé dans la langue.

(2) Voyez le chant I, v. 121.

(3) Voyez le chant I, v. 119.

(4) Les Latins se vantaient d'avoir les premiers inventé la Satire : *Græcis intacti carminis auctor* a dit Horace. *Satira tota nostra est*, dit aussi Quintilien. Parmi les Romains, Horace cite Lucilius comme le premier satirique :

Est Lucilius ausus
Primus in hunc operis componere carmina morem.
(L. II, Sat. IV, 62-63.)

(5) Juvénal a très-bien caractérisé le talent de Lucilius :

Ense velut stricto, quoties Lucilius ardens
Infremuit, rubet auditor cui frigida mens est
Criminibus, tacita sudant præcordia culpa.
(Sat. I, v. 165-167.)

Put entrer dans un vers sans rompre la mesure !
Perse, en ses vers obscurs, mais serrés et pressants,
Affecta d'enfermer moins de mots que de sens.
Juvénal, élevé dans les cris de l'école,
Poussa jusqu'à l'excès sa mordante hyperbole.
Ses ouvrages, tout pleins d'affreuses vérités,
Etincellent pourtant de sublimes beautés :
Soit que, sur un écrit arrivé à Caprée,
Il brise de Séjan la statue adorée [1];
Soit qu'il fasse au conseil courir les sénateurs,
D'un tyran soupçonneux pâles adulateurs [2];
Ou que [3], poussant à bout la luxure latine,
Aux portefaix de Rome il vende Messaline.
Ses écrits pleins de feu partout brillent aux yeux.
De ces maîtres savants disciple ingénieux,
Régnier [4], seul parmi nous formé sur leurs modèles,
Dans son vieux style encore a des grâces nouvelles.
Heureux, si ses discours, craints du chaste lecteur,
Ne se sentaient des lieux [5] où fréquentait l'auteur ;
Et si, du son hardi de ses rimes cyniques,
Il n'alarmait souvent les oreilles pudiques !
Le latin, dans les mots, brave l'honnêteté [6] :
Mais le lecteur français veut être respecté ;
Du moindre sens impur la liberté l'outrage,
Si la pudeur des mots n'en adoucit l'image.
Je veux dans la satire un esprit de candeur,
Et fuis un effronté qui prêche la pudeur.
D'un trait de ce poëme en bons mots si fertile,
Le Français, né malin, forma le Vaudeville [7];

(1) Juvénal, satire x, v. 60 et seq.
(2) Ibid., satire iv, v. 37 ad fin.
(3) Ibid., satire vi, v. 115-132.
(4) Voy. satire ix, v. 246.
(5) *Où fréquentait*, expression incorrecte ; il faudrait *que* au lieu de *où*.
(6) Cette pensée, pour avoir été souvent répétée, n'en est pas plus juste. Ce qui est immoral révolte en latin aussi bien qu'en français.
(7) *Vaudeville*, ancienne chanson satirique.

Agréable indiscret, qui, conduit par le chant,
Passe de bouche en bouche, et s'accroît en marchant.
La liberté française en ses vers se déploie;
Cet enfant du plaisir veut naître dans la joie.
Toutefois n'allez pas, goguenard dangereux,
Faire Dieu le sujet d'un badinage affreux :
A la fin tous ces jeux, que l'athéisme élève,
Conduisent tristement le plaisant à la Grève [1].
Il faut, même en chansons, du bon sens et de l'art;
Mais pourtant on a vu le vin et le hasard
Inspirer quelquefois une muse grossière,
Et fournir, sans génie, un couplet à Linière [2].
Mais pour un vain bonheur, qui vous a fait rimer,
Gardez qu'un sot orgueil ne vous vienne enfumer.
Souvent l'auteur altier de quelque chansonnette
Au même instant prend droit de se croire poëte :
Il ne dormira plus qu'il n'ait fait un sonnet;
Il met tous les matins six impromptus au net.
Encore est-ce un miracle, en ses vagues furies,
Si bientôt, imprimant ses sottes rêveries,
Il ne se fait graver au-devant du recueil,
Couronné de lauriers par la main de Nanteuil [3].

(1) Allusion à un jeune homme appelé *Petit*, qui fut pendu et brûlé pour avoir écrit et vendu des chansons libertines et impies (Brossette).
(2) Voy. Ep. vii, v. 89.
(3) Fameux graveur (Boileau).

CHANT TROISIÈME.

Les règles de la tragédie, de la comédie et du poëme épique, font la matière du troisième chant. Il est le plus beau de tous, soit par la grandeur du sujet, soit par la manière dont l'auteur l'a traité.

Il n'est point de serpent, ni de monstre odieux,
Qui, par l'art imité, ne puisse plaire aux yeux [1]:
D'un pinceau délicat l'artifice agréable
Du plus affreux objet fait un objet aimable.
Ainsi, pour nous charmer, la Tragédie en pleurs
D'Œdipe tout sanglant [2] fit parler les douleurs,
D'Oreste parricide exprima les alarmes [3],
Et, pour nous divertir, nous arracha des larmes.
Vous donc qui, d'un beau feu pour le théâtre épris,
Venez en vers pompeux y disputer le prix,
Voulez-vous sur la scène étaler des ouvrages
Où tout Paris en foule apporte ses suffrages,
Et qui, toujours plus beaux, plus ils sont regardés [4],
Soient au bout de vingt ans encor redemandés [5]?
Que dans tous vos discours la passion émue
Aille chercher le cœur, l'échauffe et le remue.
Si d'un beau mouvement l'agréable fureur
Souvent ne nous remplit d'une douce terreur,
Ou n'excite en notre âme une pitié charmante,

(1) Cette idée est empruntée à Aristote. Voy. sa *Poétique*, ch. IV.
(2) *OEdipe roi*, tragédie de Sophocle.
(3) *Oreste*, tragédie d'Euripide.
(4) *Regardés*, expression impropre, construction vicieuse.
(5) Fabula quæ posci vult, et spectata reponi.
(Ars poet., v. 190.)

En vain vous étalez une scène savante :
Vos froids raisonnements ne feront qu'attiédir.
Un spectateur, toujours paresseux d'applaudir
Et qui, des vains efforts de votre rhétorique
Justement fatigué, s'endort, ou vous critique [1].
Le secret est d'abord de plaire et de toucher :
Inventez des ressorts [2] qui puissent m'attacher.
Que dès les premiers vers l'action préparée
Sans peine du sujet aplanisse l'entrée.
Je me ris d'un acteur qui, lent à s'exprimer,
De ce qu'il veut, d'abord, ne sait pas m'informer ;
Et qui, débrouillant mal une pénible intrigue,
D'un divertissement me fait une fatigue.
J'aimerais mieux encor qu'il déclinât son nom [3],
Et dît, je suis Oreste, ou bien Agamemnon,
Que d'aller, par un tas de confuses merveilles,
Sans rien dire à l'esprit, étourdir les oreilles [4] :
Le sujet n'est jamais assez tôt expliqué.
Que le lieu de la scène y soit fixe et marqué.
Un rimeur, sans péril, delà les Pyrénées [5],
Sur la scène en un jour renferme des années :
Là souvent le héros d'un spectacle grossier,
Enfant au premier acte, est barbon [6] au dernier.
Mais nous, que la raison à ses règles engage,
Nous voulons qu'avec art l'action se ménage ;
Qu'en un lieu, qu'en un jour, un seul fait accompli [7]
Tienne jusqu'à la fin le théâtre rempli.
Jamais au spectateur n'offrez rien d'incroyable :
Le vrai peut quelquefois n'être pas vraisemblable.
Une merveille absurde est pour moi sans appas:

(1) **Aut dormitabo aut ridebo.**

(2) *Des ressorts*, c'est-à-dire *des incidents*.

(3) Il y a de pareils exemples dans Euripide.

(4) Boileau avait en vue le début de la tragédie de Cinna, dans Corneille.

(5) Lope de Véga, poëte espagnol, qui fit plus de 500 pièces dramatiques, mais qui n'observait pas la règle des unités.

(6) *Barbon*, terme de mépris, pour signifier *vieillard*.

(7) La règle des trois unités est renfermée dans ce vers admirable.

L'esprit n'est point ému de ce qu'il ne croit pas [1].
Ce qu'on ne doit point voir, qu'un récit nous l'expose :
Les yeux en le voyant saisiraient mieux la chose ;
Mais il est des objets que l'art judicieux
Doit offrir à l'oreille, et reculer des yeux [2].
Que le trouble, toujours croissant de scène en scène,
A son comble arrivé se débrouille sans peine.
L'esprit ne se sent point plus vivement frappé,
Que lorsqu'en un sujet d'intrigue enveloppé,
D'un secret tout à coup la vérité connue
Change tout, donne à tout une face imprévue.
La Tragédie, informe et grossière en naissant,
N'était qu'un simple chœur, où chacun en dansant,
Et du Dieu des raisins entonnant les louanges,
S'efforçait d'attirer de fertiles vendanges.
Là, le vin et la joie éveillant les esprits,
Du plus habile chantre un bouc était le prix.
Thespis fut le premier qui, barbouillé de lie,
Promena par les bourgs [3] cette heureuse folie ;
Et, d'acteurs mal ornés chargeant un tombereau,
Amusa les passants d'un spectacle nouveau.
Eschyle dans le chœur jeta les personnages,
D'un masque plus honnête habilla les visages,
Sur les ais d'un théâtre en public exhaussé
Fit paraître l'acteur d'un brodequin chaussé [4].

(1) Ficta voluptatis causa, sint proxima veris :
Nec quodcumque volet, poscat sibi fabula credi.
(Ars poet., v. 338-339.)

(2) *Reculer des yeux*, mauvaise expression. Ce passage est traduit d'Horace :

Segnius irritant animos demissa per aurem,
Quam quæ sunt oculis subjecta fidelibus, et quæ
Ipse sibi tradit spectator. Non tamen intus
Digna geri promes in scenam ; multaque tolles
Ex oculis, quæ mox narret facundia præsens.
(Ars poet., v. 180-185.)

(3) Les bourgs de l'Attique.

(4) Horace expose ainsi l'origine de la tragédie :

Ignotum Tragicæ genus invenisse Camœnæ
Dicitur, et plaustris vexisse poemata Thespis,

Sophocle enfin, donnant l'essor à son génie,
Accrut encor la pompe, augmenta l'harmonie,
Intéressa le chœur dans toute l'action,
Des vers trop raboteux polit l'expression;
Lui donna chez les Grecs cette hauteur divine [1],
Où jamais n'atteignit la faiblesse latine.
Chez nos dévots aïeux le théâtre abhorré
Fut longtemps dans la France un plaisir ignoré.
De pèlerins [2], dit-on, une troupe grossière
En public à Paris y monta la première;
Et, sottement zélée en sa simplicité,
Joua les Saints, la Vierge, et Dieu, par piété.
Le savoir, à la fin dissipant l'ignorance,
Fit voir de ce projet la dévote imprudence.
On chassa ces docteurs prêchant sans mission;
On vit renaître Hector, Andromaque, Ilion [3].
Seulement les acteurs laissant le masque antique [4],
Le violon tint lieu [5] de chœur et de musique.
Bientôt l'amour, fertile en tendres sentiments,
S'empara du théâtre ainsi que des romans.
De cette passion la sensible peinture
Est pour aller au cœur la route la plus sûre.
Peignez donc, j'y consens, les héros amoureux,
Mais ne m'en formez pas des bergers doucereux :
Qu'Achille aime autrement que Thyrsis et Philène;

Quæ canerent agerentque peruncti fæcibus ora.
Post hunc, personæ pallæque repertor honestæ,
Æschylus, et modicis instravit pulpita tignis,
Et docuit magnumque loqui nitique cothurno.
(Ibid., v. 275-280.)

(1) Voyez Quintilien, l. X, c. I.

(2) Boileau est trop sévère contre les auteurs de ces premiers essais de l'art dramatique en France (V. M. Villemain, *Hist. de la littérature au moyen âge*).

(3) Ce ne fut que sous Louis XIII que la tragédie commença à prendre une bonne forme en France.

(4) Ce masque antique s'appliquait sur le visage de l'acteur, et représentait le personnage que l'on introduisait sur la scène.

(5) *Esther* et *Athalie* ont montré combien on a perdu en supprimant les chœurs et la musique.

N'allez pas d'un Cyrus nous faire un Artamène [1];
Et que l'amour, souvent de remords combattu,
Paraisse une faiblesse et non une vertu.
Des héros de roman fuyez les petitesses :
Toutefois aux grands cœurs donnez quelques faiblesses.
Achille déplairait, moins bouillant et moins prompt :
J'aime à lui voir verser des pleurs pour un affront [2].
A ces petits défauts marqués dans sa peinture,
L'esprit avec plaisir reconnaît la nature.
Qu'il soit sur ce modèle en vos écrits tracé.
Qu'Agamemnon soit fier, superbe, intéressé;
Que pour ses dieux Enée ait un respect austère [3].
Conservez à chacun son propre caractère.
Des siècles, des pays, étudiez les mœurs :
Les climats font souvent les diverses humeurs [4].
Gardez donc de donner, ainsi que dans Clélie [5],
L'air ni l'esprit français à l'antique Italie;
Et, sous des noms romains faisant notre portrait,
Peindre Caton galant, et Brutus dameret.
Dans un roman frivole aisément tout s'excuse :
C'est assez qu'en courant la fiction amuse;
Trop de rigueur alors serait hors de saison :
Mais la scène demande une exacte raison;
L'étroite bienséance y veut être gardée.
D'un nouveau personnage inventez-vous l'idée ?
Qu'en tout avec soi-même il se montre d'accord.
Et qu'il soit jusqu'au bout tel qu'on l'a vu d'abord [6].

(1) Artamène est le nom donné à Cyrus dans le roman de mademoiselle de Scudéri.

(2) Allusion à l'Iliade, l. I.

(3) Horace a dit :

Si forte reponis Achillem
Impiger, iracundus, inexorabilis, acer,
Jura neget sibi nata, nihil non arroget armis (120-122).

(4) Voyez Hor., Art poét., v. 114-118.

(5) Autre roman de mademoiselle de Scudéri, où les héros romains n'ont rien de leur caractère.

(6) Si quid inexpertum scenæ committis, et audes
Personam formare novam, servetur ad imum
Qualis ab incœpto processerit et sibi constet.
(Ars poet., v. 125-127.)

Souvent, sans y penser, un écrivain qui s'aime
Forme tous ses héros semblables à soi-même :
Tout a l'humeur gasconne en un auteur gascon;
Calprenède et Juba [1] parlent du même ton.
La nature est en nous plus diverse et plus sage;
Chaque passion parle un différent langage :
La colère est superbe, et veut des mots altiers;
L'abattement s'explique en des termes moins fiers [2].
Que devant Troie en flamme Hécube désolée
Ne vienne pas pousser une plainte ampoulée,
Ni sans raison décrire en quel affreux pays
Par sept bouches l'Euxin reçoit le Tanaïs [3].
Tous ces pompeux amas d'expressions frivoles
Sont d'un déclamateur amoureux de paroles.
Il faut dans la douleur que vous vous abaissiez [4] :
Pour me tirer des pleurs, il faut que vous pleuriez [5].
Ces grands mots dont alors l'acteur emplit sa bouche
Ne partent point d'un cœur que sa misère touche.
Le théâtre, fertile en censeurs pointilleux,
Chez nous pour se produire est un champ périlleux.
Un auteur n'y fait pas de faciles conquêtes;
Il trouve à le siffler des bouches toujours prêtes :
Chacun le peut traiter de fat et d'ignorant;
C'est un droit qu'à la porte on achète en entrant.
Il faut qu'en cent façons, pour plaire, il se replie;
Que tantôt il s'élève et tantôt s'humilie;
Qu'en nobles sentiments il soit partout fécond;

(1) *Juba*, héros du roman de Cléopâtre, composé par la Calprenède, gentilhomme du Périgord.

(2) Tristia mœstum
Vultum verba decent, iratum plena minarum :
Ludentem lasciva : severum seria dictu.
Format enim natura prius nos intus ad omnem
Fortunarum habitum. (Ars poet., v. 105-109.)

(3) Septena Tanaïn ora pendentem bibit.
(SÉNÈQUE, tragique, *Troade*, sc. I, v. 9.)

(4) Et tragicus plerumque dolet sermone pedestri.
(Ars poet., v. 95.)

(5) Si vis me flere, dolendum est
Primum ipsi tibi. (Ibid., v. 102.)

Qu'il soit aisé, solide, agréable, profond ;
Que de traits surprenants sans cesse il nous réveille ;
Qu'il coure dans ses vers de merveille en merveille ;
Et que tout ce qu'il dit, facile à retenir,
De son ouvrage en nous laisse un long souvenir.
Ainsi la Tragédie agit, marche et s'explique.
D'un air plus grand encor la poésie épique,
Dans le vaste récit d'une longue action,
Se soutient par la fable, et vit de fiction.
Là pour nous enchanter tout est mis en usage,
Tout prend un corps, une âme, un esprit, un visage.
Chaque vertu devient une divinité :
Minerve est la prudence, et Vénus la beauté ;
Ce n'est plus la vapeur qui produit le tonnerre,
C'est Jupiter armé pour effrayer la terre ;
Un orage terrible aux yeux des matelots,
C'est Neptune en courroux qui gourmande les flots ;
Echo n'est plus un son qui dans l'air retentisse,
C'est une nymphe en pleurs qui se plaint de Narcisse.
Ainsi, dans cet amas de nobles fictions,
Le poëte s'égaie en mille inventions,
Orne, élève, embellit, agrandit toutes choses,
Et trouve sous sa main des fleurs toujours écloses.
Qu'Enée et ses vaisseaux, par le vent écartés,
Soient aux bords africains d'un orage emportés ;
Ce n'est qu'une aventure ordinaire et commune,
Qu'un coup peu surprenant des traits de la fortune :
Mais que Junon, constante en son aversion,
Poursuive sur les flots les restes d'Ilion ;
Qu'Eole, en sa faveur, les chassant d'Italie,
Ouvre aux vents mutinés les prisons d'Eolie ;
Que Neptune en courroux s'élevant sur la mer,
D'un mot calme les flots, mette la paix dans l'air,
Délivre les vaisseaux, des syrtes les arrache :
C'est là ce qui surprend, frappe, saisit, attache.
Sans tous ces ornements, le vers tombe en langueur ;
La poésie est morte [1], ou rampe sans vigueur ;

(1) L'auteur avait en vue Saint-Sorlin des Marets, qui a écrit contre la fable.

Le poëte n'est plus qu'un orateur timide,
Qu'un froid historien d'une fable insipide [1].
C'est donc bien vainement que nos auteurs déçus,
Bannissant de leurs vers ces ornements reçus,
Pensent faire agir Dieu, ses saints, et ses prophètes,
Comme ces dieux éclos du cerveau des poëtes ;
Mettent à chaque pas le lecteur en enfer ;
N'offrent rien qu'Astaroth, Belzébuth, Lucifer.
De la foi d'un chrétien les mystères terribles
D'ornements égayés ne sont pas susceptibles [2] :
L'évangile à l'esprit n'offre de tous côtés
Que pénitence à faire et tourments mérités ;
Et de vos fictions le mélange coupable
Même à ses vérités donne l'air de la fable.
Et quel objet enfin à présenter aux yeux,
Que le diable toujours hurlant contre les cieux [3] ;
Qui de votre héros veut rabaisser la gloire,
Et souvent avec Dieu balance la victoire !
Le Tasse, dira-t-on, l'a fait avec succès.
Je ne veux point ici lui faire son procès :
Mais, quoi que notre siècle à sa gloire publie,
Il n'eût point de son livre illustré l'Italie,
Si son sage héros, toujours en oraison [4],
N'eût fait que mettre enfin Satan à la raison ;
Et si Renaud, Argant, Tancrède et sa maîtresse,
N'eussent de son sujet égayé la tristesse.
Ce n'est pas que j'approuve, en un sujet chrétien [5],
Un auteur follement idolâtre et païen :
Mais, dans une profane et riante peinture,

(1) Tous ces vers sont admirables, et ce passage est un des plus beaux de tout le poëme.

(2) L'opinion de Boileau est beaucoup trop exclusive. On pourrait d'ailleurs lui objecter le chef-d'œuvre de Milton.

(3) Boileau a pensé au Tasse en écrivant ces vers, mais le poëte italien a été jugé trop sévèrement par le législateur du Parnasse français.

(4) Ce serait tomber dans un autre excès qu'un poëte chrétien peut facilement éviter.

(5) L'Arioste, dans son Roland le Furieux.

De n'oser de la fable employer la figure ;
De chasser les tritons de l'empire des eaux ;
D'ôter à Pan sa flûte, aux Parques leurs ciseaux ;
D'empêcher que Caron dans la fatale barque,
Ainsi que le berger, ne passe le monarque :
C'est d'un scrupule vain s'alarmer sottement,
Et vouloir aux lecteurs plaire sans agrément.
Bientôt ils défendront de peindre la Prudence,
De donner à Thémis ni bandeau ni balance ;
De figurer aux yeux la Guerre au front d'airain,
Ou le Temps qui s'enfuit une horloge à la main ;
Et partout des discours, comme une idolâtrie,
Dans leur faux zèle iront chasser l'allégorie.
Laissons-les s'applaudir de leur pieuse erreur :
Mais pour nous bannissons une vaine terreur ;
Et, fabuleux chrétiens, n'allons point dans nos songes,
Du Dieu de vérité faire un Dieu de mensonges.
  La Fable offre à l'esprit mille agréments divers :
Là, tous les noms heureux semblent nés pour les vers ;
Ulysse, Agamemnon, Oreste, Idoménée,
Hélène, Ménélas, Pâris, Hector, Enée.
Oh ! le plaisant projet d'un poëte ignorant,
Qui de tant de héros va choisir Childebrand [1] !
D'un seul nom quelquefois le son dur ou bizarre
Rend un poëme entier ou burlesque ou barbare.
  Voulez-vous longtemps plaire et jamais ne lasser ?
Faites choix d'un héros propre à m'intéresser,
En valeur éclatant, en vertus magnifique ;
Qu'en lui jusqu'aux défauts, tout se montre héroïque ;
Que ses faits surprenants soient dignes d'être ouïs ;
Qu'il soit tel que César, Alexandre ou Louis ;
Non tel que Polynice et son perfide frère [2].
On s'ennuie aux exploits d'un conquérant vulgaire,
  N'offrez point un sujet d'incidents trop chargé.

(1) C'est le héros d'un poëme héroïque intitulé : *les Sarrasins chassés de France*, par Saint-Garde, conseiller et aumônier du roi.

(2) Polynice et Étéocle, frères ennemis, auteurs de la guerre de Thèbes. Voy. la *Thébaïde* de Stace et celle de Racine.

Le seul courroux d'Achille, avec art ménagé,
Remplit abondamment une Iliade entière :
Souvent trop d'abondance appauvrit la matière.
Soyez vif et pressé dans vos narrations :
Soyez riche et pompeux dans vos descriptions.
C'est là qu'il faut des vers étaler l'élégance :
N'y présentez jamais de basse circonstance.
N'imitez pas ce fou [1], qui, décrivant les mers,
Et peignant, au milieu de leurs flots entr'ouverts,
L'Hébreu sauvé du joug de ses injustes maîtres,
Met, pour le voir passer, les poissons [2] aux fenêtres;
Peint le petit enfant qui va, saute, revient,
Et joyeux à sa mère offre un caillou qu'il tient.
Sur de trop vains objets c'est arrêter la vue.
Donnez à votre ouvrage une juste étendue.
Que le début soit simple et n'ait rien d'affecté.
N'allez pas dès l'abord, sur Pégase monté,
Crier à vos lecteurs d'une voix de tonnerre :
« Je chante le vainqueur des vainqueurs de la terre [3] »
Que produira l'auteur après tous ces grands cris?
La montagne en travail enfante une souris [4].
Oh! que j'aime bien mieux cet auteur plein d'adresse,
Qui, sans faire d'abord de si haute promesse,
Me dit d'un ton aisé, doux, simple, harmonieux :
« Je chante les combats et cet homme pieux,
Qui, des bords phrygiens conduit dans l'Ausonie,
Le premier aborda les champs de Lavinie [5]. »
Sa muse en arrivant ne met pas tout en feu,

(1) Saint-Amand, auteur du *Moïse sauvé*.
(2) Les poissons ébahis les regardent passer (*Moïse sauvé*).
(3) *Alaric*, poëme de Scudéri, l. I.
(4) Nec sic incipies, ut scriptor cyclicus olim :
Fortunam Priami cantabo et nobile bellum.
Quid dignum tanto feret hic promissor hiatu!
Parturient montes, nascetur ridiculus mus.
(Ars poet., v. 136 et seq.)
(5) Imitation de Virgile au début de l'Enéide :
Arma virumque cano Trojæ qui primus ab oris
Italiam, fato profugus, Lavinia venit
Littora.

Et, pour donner beaucoup, ne nous promet que peu ;
Bientôt vous la verrez, prodiguant les miracles,
Du destin des Latins prononcer les oracles;
De Styx et d'Achéron peindre les noirs torrents,
Et déjà les Césars dans l'Elysée errants [1].
De figures sans nombre égayez votre ouvrage;
Que tout y fasse aux yeux une riante image :
On peut être à la fois et pompeux et plaisant;
Et je hais un sublime ennuyeux et pesant.
J'aime mieux Arioste et ses fables comiques [2],
Que ces auteurs toujours froids et mélancoliques,
Qui dans leur sombre humeur se croiraient faire affront,
Si les Grâces jamais leur déridaient le front.
On dirait que pour plaire, instruit par la nature,
Homère ait à Vénus [3] dérobé sa ceinture.
Son livre est d'agrément un fertile trésor :
Tout ce qu'il a touché se convertit en or [4];
Tout reçoit dans ses mains une nouvelle grâce,
Partout il divertit et jamais il ne lasse.
Une heureuse chaleur anime ses discours :
Il ne s'égare point en de trop longs détours.
Sans garder dans ses vers un ordre méthodique,
Son sujet de soi-même et s'arrange et s'explique :
Tout, sans faire d'apprêts, s'y prépare aisément;
Chaque vers, chaque mot court à l'événement.
Aimez donc ses écrits, mais d'un amour sincère :
C'est avoir profité que de savoir s'y plaire [5].

(1) Non fumum ex fulgore, sed ex fumo dare lucem
Cogitat, ut speciosa dehinc miracula promat,
Antiphaten Scyllamque et cum Cyclope Charybdim.
(Ars poet., v. 143 et seq.)

(2) Dans son poëme, Arioste excite l'intérêt parce qu'il a su mêler avec beaucoup d'art le gracieux et le plaisant, le familier et le sublime.

(3) Voy. l'Iliade, liv. XIV, v. 215-217.

(4) Ovide fait dire à Midas :
Quidquid contigero fulvum vertatur in aurum.
(*Métam.*, l. II, v. 102-103.)

(5) Quintilien avait dit la même chose de Cicéron :
Ille se profecisse sciat, cui Cicero valde placebit.
(*Instit. Orat.*, l. X, c. I.)

Un poëme excellent où tout marche et se suit,
N'est pas de ces travaux qu'un caprice produit :
Il veut du temps, des soins; et ce pénible ouvrage
Jamais d'un écolier ne fut l'apprentissage.
Mais souvent parmi nous un poëte sans art,
Qu'un beau feu quelquefois échauffa par hasard,
Enflant d'un vain orgueil son esprit chimérique,
Fièrement prend en main la trompette héroïque :
Sa muse déréglée en ses vers vagabonds,
Ne s'élève jamais que par sauts et par bonds;
Et son feu, dépourvu de sens et de lecture [1],
S'éteint à chaque pas, faute de nourriture.
Mais en vain le public, prompt à le mépriser,
De son mérite faux le veut désabuser;
Lui-même, applaudissant à son maigre génie,
Se donne par ses mains l'encens qu'on lui dénie :
Virgile, au prix de lui, n'a point d'invention [2];
Homère n'entend point la noble fiction.
Si contre cet arrêt le siècle se rebelle [3],
A la postérité d'abord il en appelle :
Mais attendant qu'ici le bon sens de retour
Ramène triomphants ses ouvrages au jour,
Leurs tas au magasin, cachés à la lumière,
Combattent tristement les vers et la poussière.
Laissons-les donc entre eux s'escrimer en repos;
Et, sans nous égarer, suivons notre propos.
Des succès fortunés du spectacle tragique
Dans Athènes naquit la Comédie antique.
Là le Grec, né moqueur, par mille jeux plaisants,
Distilla le venin de ses traits médisants.
Aux accès insolents d'une bouffonne joie
La sagesse, l'esprit, l'honneur, furent en proie.
On vit par le public un poëte avoué [4]

(1) Un feu *dépourvu de sens et de lecture,* ces métaphores sont mauvaises.
(2) Desmarets avait eu la naïveté de se comparer à Virgile et de se croire au-dessus de lui.
(3) *Se rebelle* pour *se révolte,* du latin *rebellare.*
(4) Aristophane, dont les poésies sont très-licencieuses.

S'enrichir aux dépens du mérite joué;
Et Socrate par lui, dans un chœur de nuées[1],
D'un vil amas de peuple attirer les huées.
Enfin de la licence on arrêta le cours :
Le magistrat des lois emprunta le secours;
Et, rendant par édit les poëtes plus sages,
Défendit de marquer les noms et les visages.
Le théâtre perdit son antique fureur :
La Comédie apprit à rire sans aigreur;
Sans fiel et sans venin sut instruire et reprendre,
Et plut innocemment dans les vers de Ménandre.[2]
Chacun, peint avec art dans ce nouveau miroir,
S'y vit avec plaisir, ou crut ne s'y point voir :
L'avare, des premiers, rit du tableau fidèle
D'un avare souvent tracé sur son modèle;
Et mille fois un fat, finement exprimé,
Méconnut le portrait sur lui-même formé.
Que la nature donc soit votre étude unique,
Auteurs qui prétendez aux honneurs du comique.
Quiconque voit bien l'homme, et, d'un esprit profond
De tant de cœurs cachés a pénétré le fond;
Qui sait bien ce que c'est qu'un prodigue, un avare,
Un honnête homme, un fat, un jaloux, un bizarre,
Sur une scène heureuse il peut les étaler,
Et les faire à nos yeux vivre, agir et parler.
Présentez-en partout les images naïves;
Que chacun y soit peint des couleurs les plus vives.
La nature, féconde en bizarres portraits,
Dans chaque âme est marquée à de différents traits;

(1) Bien que cette comédie des *Nuées* n'ait pas été cause de la mort de Socrate, comme on l'a dit tant de fois, elle n'en fut pas moins une mauvaise action.

Successit vetus his Comœdia, non sine multa
Laude : sed in vitium libertas excidit, et vim
Dignam lege regi. Lex est accepta, chorusque
Turpiter obticuit, sublato jure nocendi.
(Ars poet., v. 281 et seq.)

(2) Ménandre, poëte grec, qui ne nous est guère connu que par Térence, son imitateur.

Un geste la découvre, un rien la fait paraître :
Mais tout esprit n'a pas des yeux pour la connaître.
Le temps qui change tout change aussi nos humeurs[1] ;
Chaque âge a ses plaisirs, son esprit et ses mœurs.
Un jeune homme toujours bouillant dans ses caprices,
Est prompt à recevoir l'impression des vices ;
Est vain dans ses discours, volage en ses désirs,
Rétif à la censure, et fou dans ses plaisirs.
L'âge viril, plus mûr, inspire un air plus sage ;
Se pousse auprès des grands, s'intrigue, se ménage,
Contre les coups du sort songe à se maintenir,
Et loin dans le présent regarde l'avenir.
La vieillesse chagrine incessamment amasse ;
Garde, non pas pour soi, les trésors qu'elle entasse ;
Marche en tous ses desseins d'un pas lent et glacé ;
Toujours plaint le présent et vante le passé ;
Inhabile aux plaisirs dont la jeunesse abuse,
Blâme en eux les douceurs que l'âge lui refuse.
Ne faites point parler vos acteurs au hasard, [lard.
Un vieillard en jeune homme, un jeune homme en vieil-

(1) Le tableau des âges est traduit des vers suivants d'Horace :

Ætatis cujusque notandi sunt tibi mores,
Mobilibusque decor naturis dandus et annis...
Imberbis juvenis, tandem custode remoto,
Gaudet equis canibusque et aprici gramine campi ;
Cereus in vitium flecti, monitoribus asper,
Utilium tardus provisor, prodigus æris,
Sublimis, cupidusque et amata relinquere pernix.
Conversis studiis, ætas animusque virilis
Quærit opes et amicitias, inservit honori,
Commisisse cavet quod mox mutare laboret.
Multa senem circumveniunt incommoda ; vel quod
Quærit, et inventis miser abstinet ac timet uti ;
Vel quod res omnes timide gelideque ministrat,
Dilator, spe longus, iners, avidusque futuri,
Difficilis, querulus, laudator temporis acti
Se puero, censor castigatorque minorum.
Multa ferunt anni venientes commoda secum ;
Multa recedentes adimunt. Ne forte seniles
Mandentur juveni partes, pueroque viriles,
Semper in adjunctis ævoque morabimur aptis.
(Ars poet., v. 156 et seq.)

Etudiez la cour et connaissez la ville :
L'une et l'autre est toujours en modèles fertile.
C'est par là que Molière, illustrant ses écrits,
Peut-être de son art eût remporté le prix,
Si moins ami du peuple, en ses doctes peintures
Il n'eût point fait souvent grimacer ses figures,
Quitté pour le bouffon, l'agréable et le fin,
Et sans honte à Térence allié Tabarin [1] :
Dans se sac ridicule où Scapin s'enveloppe [2]
Je ne reconnais plus l'auteur du Misanthrope [3].
Le comique, ennemi des soupirs et des pleurs,
N'admet point en ses vers de tragiques douleurs [4] ;
Mais son emploi n'est pas d'aller, dans une place,
De mots sales et bas charmer la populace :
Que son nœud bien formé se dénoue aisément ;
Il faut que ses acteurs badinent noblement ;
Que l'action, marchant où la raison la guide,
Ne se perde jamais dans une scène vide ;
Que son style humble et doux se relève à propos ;
Que ses discours, partout fertiles en bons mots,
Soient pleins de passions finement maniées,
Et les scènes toujours l'une à l'autre liées.
Aux dépens du bon sens gardez de plaisanter :
Jamais de la nature il ne faut s'écarter.
Contemplez de quel air un père dans Térence [5]
Vient d'un fils amoureux gourmander l'imprudence ;
De quel air cet amant écoute ses leçons,
Et court chez sa maîtresse oublier ses chansons.
Ce n'est pas un portrait, une image semblable ;
C'est un amant, un fils, un père véritable.

(1) Voy. chant Ier, v. 86.

(2) *Les fourberies de Scapin*, comédie de Molière. Ce n'est pas Scapin qui s'enveloppe dans un sac : c'est le vieux Géronte à qui Scapin persuade de s'y envelopper. Mais cela est dit figurément dans ce vers ; parce que Scapin est le héros de la pièce.

(3) Le *Misanthrope*, un des chefs-d'œuvre de Molière.

(4) Versibus exponi tragicis res comica non vult.
(Ars poet., v. 89.)

(5) Voyez Simon dans l'*Andrienne*, et Démée dans les *Adelphes*.

J'aime sur le théâtre un agréable auteur.
Qui, sans se diffamer aux yeux du spectateur,
Plaît par la raison seule, et jamais ne la choque :
Mais pour un faux plaisant, à grossière équivoque,
Qui, pour me divertir, n'a que la saleté,
Qu'il s'en aille, s'il veut, sur deux tréteaux monté [1],
Amusant le Pont-Neuf de ses sornettes fades,
Aux laquais assemblés jouer ses mascarades [2].

CHANT QUATRIÈME.

Dans le quatrième chant l'auteur revient aux préceptes généraux. Il s'attache à former les poëtes et leur donne d'utiles instructions sur la connaissance et l'usage de leurs divers talents, sur le choix qu'ils doivent faire d'un censeur éclairé, sur leurs mœurs et sur leur conduite particulière. Il explique ensuite, par forme de digression, l'histoire de la Poésie, son origine, son progrès, sa perfection et sa décadence.

Dans Florence jadis vivait un médecin [3],
Savant hâbleur, dit-on, et célèbre assassin.
Lui seul y fit longtemps la publique misère :
Là le fils orphelin lui redemande un père ;
Ici le frère pleure un frère empoisonné :
L'un meurt vide de sang, l'autre plein de séné :

(1) A la manière des charlatans qui jouaient leurs farces en plein air, au milieu du Pont-Neuf.

(2) Il était plus naturel de traiter de la comédie après avoir parlé de la tragédie, mais Boileau a séparé ces deux genres dramatiques pour mettre plus de variété dans son sujet.

(3) Claude Perrault, médecin de la faculté de Paris, qui fut ensuite distingué comme architecte. Il donna le dessin de la colonnade du Louvre.

Le rhume à son aspect se change en pleurésie,
Et par lui la migraine est bientôt frénésie.
Il quitte enfin la ville, en tous lieux détesté.
De tous ses amis morts un seul ami resté
Le mène en sa maison de superbe structure.
C'était un riche abbé fou de l'architecture.
Le médecin d'abord semble né dans cet art,
Déjà de bâtiments parle comme Mansard [1] :
D'un salon qu'on élève il commande la face;
Au vestibule obscur il marque une autre place;
Approuve l'escalier tourné d'autre façon.
Son ami le conçoit, et mande son maçon.
Le maçon vient, écoute, approuve et se corrige.
Enfin pour apaiser un si plaisant prodige,
Notre assassin renonce à son art inhumain ;
Et désormais l'équerre et la règle à la main.
Laissant de Galien [2] la science suspecte,
De méchant médecin devient bon architecte [3].
Son exemple est pour nous un précepte excellent.
Soyez plutôt maçon, si c'est votre talent,
Ouvrier estimé dans un art nécessaire :
Qu'écrivain du commun, et poëte vulgaire.
Il est dans tout autre art des degrés différents.
On peut avec honneur remplir les seconds rangs ;
Mais dans l'art dangereux de rimer et d'écrire,
Il n'est point de degrés du médiocre au pire [4] :

(1) Mansard, né à Paris en 1598, mort en 1666 ; architecte célèbre, inventeur de cette espèce de toiture, qui de son nom s'est appelée *mansarde*.

(2) Galien, médecin grec, qu'on regarde comme le *Père de la médecine*.

(3) Cette digression est fort belle au point de vue littéraire, mais au point de vue moral, on regrette que Boileau se soit ainsi vengé de l'indifférence de Perrault, qui avait le mauvais esprit de ne pas goûter ses satires.

(4) Cet arrêt sévère est emprunté à Horace :

Certis medium et tolerabile rebus
Recte concedi...
Mediocribus esse poetis
Non Di, non homines, non concessere columnæ.
(Ars poet., v. 368-372.)

Qui dit froid écrivain dit détestable auteur.
Boyer [1] est à Pinchêne [2] égal pour le lecteur ;
On ne lit guère plus Rampale et Ménardière [3],
Que Magnon [4], du Souhait [5], Corbin [6] et la Morlière [7].
Un fou du moins fait rire, et peut nous égayer :
Mais un froid écrivain ne sait rien qu'ennuyer.
J'aime mieux Bergerac [8] et sa burlesque audace,
Que ces vers où Motin [9] se morfond et nous glace.
Ne vous enivrez point des éloges flatteurs
Qu'un amas quelquefois de vains admiratenrs
Vous donne en ces réduits [10], prompts à crier : Merveille !
Tel écrit récité se soutint à l'oreille,
Qui, dans l'impression au grand jour se montrant,
Ne soutient pas des yeux le regard pénétrant [11].
On sait de cent auteurs l'aventure tragique :
Et Gombauld, tant loué, garde encor la boutique.
Ecoutez tout le monde, assidu consultant :
Un fat quelquefois ouvre un avis important [12].
Quelques vers toutefois qu'Apollon vous inspire,
En tous lieux aussitôt ne courez pas les lire.
Gardez-vous d'imiter ce rimeur furieux [13],
Qui, de ses vains écrits lecteur harmonieux,
Aborde en récitant quiconque le salue,

(1) Auteur médiocre.
(2) Pinchêne. Voy. Ep. v, v. 37.
(3) Rampale vivait sous Louis XIII, il a fait des idylles médiocres. Ménardière, auteur de deux tragédies, de quelques traductions, etc.
(4) Magnon a composé un poëme fort long, intitulé *l'Encyclopédie*.
(5) Du Souhait avait traduit l'Iliade en prose.
(6) Corbin avait traduit la Bible mot à mot.
(7) La Morlière, méchant poëte.
(8) Cyrano de Bergerac, auteur du Voyage de la lune.
(9) Motin a laissé quelques poésies qu'on trouve dans certains recueils avec celles de Racan et de Malherbe.
(10) Il s'agit des lieux particuliers où les auteurs récitaient leurs vers en présence d'un auditoire composé de personnes choisies.
(11) Allusion à la *Pucelle* de Chapelain.
(12) C'est un proverbe exprimé par un ancien vers grec que Perse a ainsi traduit :

Discere ab insano multum laudanda magistro.
(Sat. III, v. 46.)

(13) Du Perrier.

Et poursuit de ses vers les passants dans la rue [1].
Il n'est temple si saint des anges respecté [2]
Qui soit contre sa muse un lieu de sûreté.
Je vous l'ai déjà dit [3], aimez qu'on vous censure,
Et souple à la raison, corrigez sans murmure.
Mais ne vous rendez pas dès qu'un sot vous reprend.
Souvent dans son orgueil un subtil ignorant
Par d'injustes dégouts combat toute une pièce,
Blâme des plus hauts vers la noble hardiesse.
On a beau refuter ses vains raisonnements ;
Son esprit se complaît dans ses faux jugements ;
Et sa faible raison, de clarté dépourvue,
Pense que rien n'échappe à sa débile vue.
Ses conseils sont à craindre ; et si vous les croyez,
Pensant fuir un écueil, souvent vous vous noyez.
Faites choix d'un censeur solide et salutaire [4],
Que la raison conduise et le savoir éclaire,
Et dont le crayon sûr d'abord aille chercher
L'endroit que l'on sent faible et qu'on se veut cacher.
Lui seul éclaircira vos doutes ridicules,
De votre esprit tremblant lèvera les scrupules.
C'est lui qui vous dira par quel transport heureux
Quelquefois dans sa course un esprit vigoureux
Trop resserré par l'art, sort des règles prescrites,
Et de l'art même apprend à franchir leurs limites.
Mais ce parfait censeur se trouve rarement.
Tel excelle à rimer qui juge sottement :
Tel s'est fait par ses vers distinguer dans la ville,
Qui jamais de Lucain n'a distingué Virgile [5].

(1) Certe furit, ac, velut ursus
Objectos caveæ valuit si frangere clathros,
Indoctum doctumque fugat recitator acerbus ;
Quem vero arripuit, tenet, occiditque legendo,
Non missura cutem, nisi plena cruoris, hirudo.
(Ars poet., v. 474-476.)

(2) Il récita de ses vers à l'auteur, malgré lui, dans une église.

(3) Voyez le 1er chant, v. 192.

(4) Boileau avait en vue Patru, qu'il regardait comme le meilleur critique de son siècle.

(5) Allusion à Corneille qui préférait Lucain à Virgile. Ce grand

Auteurs, prêtez l'oreille à mes instructions.
Voulez-vous faire aimer vos riches fictions ?
Qu'en savantes leçons votre muse fertile
Partout joigne au plaisant le solide et l'utile.
Un lecteur sage fuit un vain amusement,
Et veut mettre à profit son divertissement [1].
Que votre âme et vos mœurs, peintes dans vos ouvrages
N'offrent jamais de vous que de nobles images.
Je ne puis estimer ces dangereux auteurs
Qui de l'honneur, en vers, infames déserteurs,
Trahissant la vertu sur un papier coupable,
Aux yeux de leurs lecteurs rendent le vice aimable [2].
Je ne suis pas pourtant de ces tristes esprits
Qui, bannissant l'amour de tous chastes écrits,
D'un si riche ornement veulent priver la scène ;
Traitent d'empoisonneurs et Rodrigue et Chimène [3].
L'amour le moins honnête, exprimé chastement
N'excite point en nous de honteux mouvement.
Didon a beau gémir et m'étaler ses charmes,
Je condamne sa faute et partage ses larmes.
Un auteur vertueux, dans ses vers innocents,
Ne corrompt point le cœur en chatouillant les sens :
Son feu n'allume point de criminelle flamme.
Aimez-donc la vertu, nourrissez-en votre âme :
En vain l'esprit est plein d'une noble vigueur,
Le vers se sent toujours des bassesses du cœur.
Fuyez surtout, fuyez, ces basses jalousies,
Des vulgaires esprits malignes frénésies.
Un sublime écrivain n'en peut être infecté ;
C'est un vice qui suit la médiocrité.
Du mérite éclatant cette sombre rivale

poëte avait le goût si peu sûr que, d'après la Bruyère, il ne jugeait de la bonté de ses pièces que par l'argent qu'elles lui rapportaient.

(1) Omne tulit punctum qui miscuit utile dulci
Lectorem delectando pariterque monendo.
(Ars poet., v. 343-344.)

(2) Allusion aux contes de la Fontaine.

(3) Nicole était tombé dans cet excès dans son *Traité de la comédie*.

Contre lui chez les grands incessamment cabale ;
Et sur les pieds en vain tâchant de se hausser,
Pour s'égaler à lui cherche à le rabaisser.
Ne descendons jamais dans ces lâches intrigues :
N'allons point à l'honneur par de honteuses brigues.
 Que les vers ne soient pas votre éternel emploi.
Cultivez vos amis[1] soyez homme de foi :
C'est peu d'être agréable et charmant dans un livre ;
Il faut savoir encore et converser et vivre.
 Travaillez pour la gloire, et qu'un sordide gain
Ne soit jamais l'objet d'un illustre écrivain.
Je sais qu'un noble esprit peut, sans honte et sans crime,
Tirer de son travail un tribut légitime :
Mais je ne puis souffrir ces auteurs renommés,
Qui dégoûtés de gloire et d'argent affamés[2],
Mettent leur Apollon aux gages d'un libraire,
Et font d'un art divin un métier mercenaire.
 Avant que la raison, s'expliquant par la voix,
Eût instruit les humains, eût enseigné des lois,
Tous les hommes suivaient la grossière nature,
Dispersés dans les bois couraient à la pâture ;
La force tenait lieu de droit et d'équité ;
Le meurtre s'exerçait avec impunité.
Mais du discours enfin l'harmonieuse adresse
De ces sauvages mœurs adoucit la rudesse,
Rassembla les humains dans les fôrets épars,
Enferma les cités de murs et de remparts,
De l'aspect du supplice effraya l'insolence,
Et sous l'appui des lois mit la faible innocence.
Cet ordre fut, dit-on, le fruit des premiers vers.
De là sont nés ces bruits reçus de l'univers.
Qu'aux accents dont Orphée emplit les monts de Thrace

(1) Critique de la Fontaine, qui avait refusé sa voix à l'abbé Furetière, son confrère et son ami, et l'avait ainsi exclu de l'Académie. A la vérité, on excusa le bon homme en disant que, par distraction, il avait pris une boule noire pour une blanche.

(2) Corneille répondit un jour à Boileau qui le félicitait du succès de ses tragédies et de la gloire qui lui en revenait : *Oui, je suis dégoûté de gloire et affamé d'argent.*

Les tigres amollis dépouillaient leur audace ;
Qu'aux accords d'Amphion les pierres se mouvaient,
Et sur les murs thébains en ordre s'élevaient [1].
L'harmonie en naissant produisit ces miracles.
Du sein d'un prêtre ému d'une divine horreur,
Apollon par des vers exhala sa fureur.
Bientôt, ressuscitant les héros des vieux âges,
Homère aux grands exploits anima les courages.
Depuis, le ciel en vers fit parler les oracles ;
Hésiode à son tour, par d'utiles leçons,
Des champs trop paresseux vint hâter les moissons [2].
En mille écrits fameux la sagesse tracée
Fut, à l'aide des vers, aux mortels annoncée ;
Et partout des esprits ses préceptes vainqueurs,
Introduits par l'oreille, entrèrent dans les cœurs.
Pour tant d'heureux bienfaits les muses révérées
Furent d'un juste encens de la Grèce honorée :
Et leur art, attirant le culte des mortels,
A sa gloire en cent lieux vit dresser des autels,
Mais enfin, l'indigence amenant la bassesse,
Le Parnasse oublia sa première noblesse.

(1) Horace a fait ainsi l'histoire de la poésie :

Silvestres homines sacer interpresque Deorum
Cædibus et victu fœdo deterruit Orpheus ;
Dictus ob hoc lenire tigres rabidosque leones.
Dictus et Amphion, Thebanæ conditor arcis,
Saxa movere sono testudinis, et prece blanda
Ducere quo vellet. Fuit hæc sapientia quondam,
Publica privatis secernere, sacra profanis,
Concubitu prohibere vago, dare jura maritis,
Oppida moliri, leges incidere ligno.
Sic honor et nomen divinis vatibus atque
Carminibus venit. Post hos insignis Homerus
Tyrtæusque mares animos in Martia bella
Versibus exacuit. Dictæ per carmina sortes
Et vitæ monstrata via est ; et gratia regum
Pieriis tentata modis ; ludusque repertus
Et longorum operum finis : ne forte pudori
Sit tibi Musa lyræ solers et cantor Apollo.

(Ars poet., v. 391 et seq.)

(2) Allusion au poëme didactique d'Hésiode, intitulé : *les Travaux et les Jours*.

Un vil amour du gain, infectant les esprits,
De mensonges grossiers souilla tous les écrits ;
Et partout enfantant mille ouvrages frivoles,
Trafiqua du discours et vendit les paroles.
Ne vous flétrissez point par un vice si bas.
Si l'or seul a pour vous d'invincibles appas,
Fuyez ces lieux charmants qu'arrose le Permesse :
Ce n'est pas sur ses bords qu'habite la richesse.
Aux plus savants auteurs comme aux plus grands guer-
Apollon ne promet qu'un nom et des lauriers. [riers,
Mais quoi! dans la disette une muse affamée
Ne peut pas, dira-t-on, subsister de fumée ;
Un auteur qui, pressé d'un besoin importun,
Le soir entend crier ses entrailles à jeun,
Goûte peu d'Hélicon les douces promenades :
Horace a bu son soûl quand il voit les Ménades [1] ;
Et libre du souci qui trouble Colletet,
N'attend pas pour dîner le succès d'un sonnet [2].
Il est vrai : mais enfin cette affreuse disgrâce
Rarement parmi nous afflige le Parnasse.
Et que craindre en ce siècle, où toujours les beaux arts
D'un astre favorable éprouvent les regards ;
Où d'un prince éclairé la sage prévoyance
Fait partout au mérite ignorer l'indigence?
Muse, dictez sa gloire à tous vos nourrissons :
Son nom vaut mieux pour eux que toutes vos leçons.
Que Corneille, pour lui, rallumant son audace,
Soit encor le Corneille et du Cid et d'Horace [3] :
Que Racine enfantant des miracles nouveaux,
De ses héros sur lui forme tous les tableaux :

(1) Imitation des vers suivants de Juvénal :

Neque enim cantare sub antro
Pierio, Thyrsumque potest contingere mœsta
Paupertas, atque æris inops, quo nocte dieque
Corpus eget : satur est cum dicit Horatius, o he!
(Sat. VII, v. 59-62.)

(2) Voy. Sat. I, v. 77.

(3) *Ne le suis-je pas toujours ?* s'écria le vieux Corneille en lisant ces vers.

Mais quel heureux auteur, dans une autre Enéide,
Aux bords du Rhin tremblant conduira cet Alcide?
Quelle savante lyre au bruit de ses exploits
Fera marcher encor les rochers et les bois;
Chantera le Batave, éperdu dans l'orage,
Soi-même se noyant pour sortir du naufrage[1],
Dira les bataillons sous Mastricht enterrés[2],
Dans ces affreux assauts du soleil éclairés?
Mais tandis que je parle, une gloire nouvelle
Vers ce vainqueur rapide aux Alpes vous appelle.
Déjà Dôle et Salins[3] sous le joug ont ployé;
Besançon fume encor sous son roc foudroyé.
Où sont ces grands guerriers dont les fatales ligues
Devaient à ce torrent opposer tant de digues?
Est-ce encore en fuyant qu'ils pensent l'arrêter,
Fiers du honteux honneur d'avoir su l'éviter?
Que de remparts détruits! que de villes forcées?
Que de moissons de gloire en courant amassées!
Auteurs, pour les chanter redoublez vos transports:
Le sujet ne veut pas de vulgaires efforts.
Pour moi, qui, jusqu'ici nourri dans la satire,
N'ose encore manier la trompette et la lyre[4],
Vous me verrez pourtant, dans ce champ glorieux,
Vous animer du moins de la voix et des yeux;
Vous offrir ces leçons que ma muse au Parnasse
Rapporta, jeune encor, du commerce d'Horace;
Seconder votre ardeur, échauffer vos esprits,
Et vous montrer de loin la couronne et le prix.
Mais aussi pardonnez, si, plein de ce beau zèle,
De tous vos pas fameux observateur fidèle,

(1) Après le passage du Rhin, Louis XIV s'était rendu maître de toute la Hollande. Pour lui échapper, les Hollandais n'eurent pas d'autres ressources que d'inonder leur pays, et c'est à cette mesure que Boileau fait allusion.

(2) Louis XIV prit cette ville en personne, le 30 juin 1673. C'était la plus forte place de Hollande.

(3) Dôle, Salins et Besançon étaient les principales places de la Franche-Comté, dont Louis XIV se rendit maître en 1774.

(4) L'ode et l'épopée.

Quelquefois du bon or je sépare le faux,
Et des auteurs grossiers j'attaque les défauts :
Censeur un peu fâcheux, mais souvent nécessaire,
Plus enclin à blâmer, que savant à bien faire[1].

(1) « L'*Art poétique* de Boileau, a dit la Harpe, est une législation parfaite dont l'application se trouve juste dans tous les cas, un code imprescriptible, dont les décisions serviront à jamais à savoir ce qui doit être condamné, ce qui doit être applaudi. » Nous rapportons ici ce jugement pour engager les jeunes gens à méditer sans cesse ce chef-d'œuvre, dont les règles doivent guider les prosateurs aussi bien que les poëtes.

AVIS AU LECTEUR.

Il serait inutile de nier que le poëme suivant a été composé à l'occasion d'un différent assez léger, qui s'émut, dans une des plus célèbres églises de Paris, entre le trésorier et le chantre. Mais c'est tout ce qu'il y a de vrai. Le reste, depuis le commencement jusqu'à la fin, est une pure fiction : et tous les personnages y sont non-seulement inventés, mais j'ai eu soin même de les faire d'un caractère directement opposé au caractère de ceux qui desservent cette église dont la plupart, et principalement les chanoines, sont tous gens, non-seulement d'une fort grande probité, mais de beaucoup d'esprit, et entre lesquels il y en a tel à qui je demanderais aussi volontiers son sentiment sur mes ouvrages, qu'à beaucoup de messieurs de l'Académie. Il ne faut donc pas s'étonner si personne n'a été offensé de l'impression de ce poëme, puisqu'il n'y a en effet personne qui y soit véritablement attaqué. Un prodigue ne s'avise guère de s'offenser de voir rire d'un avare, ni un dévot de voir tourner en ridicule un libertin.

Je ne dirai point comment je fus engagé à travailler à cette bagatelle sur une espèce de défi qui me fut fait en riant par feu M. le président Lamoignon, qui est celui que j'y peins sous le nom d'Ariste. Ce détail, à mon avis, n'est pas fort nécessaire. Mais je croirais me faire un trop grand tort si je laissais échapper cette occasion d'apprendre à ceux qui l'ignorent, que ce grand personnage, durant sa vie, m'a honoré de son amitié. Je commençai à le connaître dans le temps que mes satires faisaient le plus de bruit; et l'accès obligeant qu'il me donna dans son illustre maison fit avantageusement mon apologie contre ceux qui voulaient m'accuser alors de libertinage et de mauvaises mœurs. C'était un homme d'un savoir étonnant, et passionné admirateur de tous les bons livres de l'antiquité, et c'est ce qui lui fit plus aisément souffrir mes ouvrages, où il crut entrevoir quelque goût des anciens. Comme sa piété était sincère, elle était aussi fort gaie, et n'avait rien d'embarrassant, Il ne s'effraya point du nom de satire que portaient ces ouvrages, où il ne vit en effet que des vers et des auteurs attaqués. Il me loua même plusieurs fois d'avoir purgé, pour ainsi dire, ce genre de poésie de la saleté qui lui avait été jusqu'alors comme affectée. J'eus donc le bonheur de ne lui être pas désagréable. Il m'appela à tous ses plaisirs et à tous ses divertissements, c'est-à-dire à ses lectures et à ses promenades. Il me favorisa même quelquefois de sa plus étroite confidence, et me fit voir à fond son âme entière. Et que n'y vis-je point! Quel trésor surprenant de probité et de justice! Quel fonds inépuisable de piété et de zèle! Bien que sa vertu jetât un fort grand éclat au dehors, c'était toute autre chose au dedans; et on voyait bien qu'il avait soin d'en tempérer les rayons, pour ne pas blesser les yeux d'un siècle aussi corrompu que le nôtre. Je fus sincèrement épris de tant de qualités admirables; et s'il eut beaucoup de bonne volonté pour moi, j'eus aussi pour lui une très-forte attache. Les soins que je lui rendis ne furent mêlés d'aucune raison mercenaire; et je songeai bien plus à profiter de sa conversation que de son crédit. Il mourut dans le temps que cette amitié était en son plus haut point; et le souvenir de sa perte m'afflige encore tous les jours. Pourquoi faut-il que des hommes si dignes de vivre soient si tôt enlevés du monde, tandis que des misérables et des gens de rien arrivent à une extrême vieillesse! Je ne m'étendrai pas davantage sur un sujet si triste : car je sens bien que si je continuais à parler, je ne pourrais m'empêcher de mouiller peut-être de larmes la préface d'un ouvrage de pure plaisanterie.

LE LUTRIN,

POÈME HÉROI-COMIQUE.

CHANT PREMIER.

Le trésorier remplit la première dignité du chapitre dont il est ici parlé, et il officie avec toutes les marques de l'épiscopat. Le chantre remplit la seconde dignité. Il y avait autrefois dans le chœur, à la place de celui-ci, un énorme pupitre ou lutrin, qui le couvrait presque tout entier. Il le fit ôter. Le trésorier voulut le faire remettre : de là arriva une dispute, qui fait le sujet de ce poëme.

Je chante les combats, et ce prélat terrible [1]
Qui, par ses longs travaux et sa force invincible,
Dans une illustre église [2] exerçant son grand cœur,
Fit placer à la fin un lutrin dans le chœur.
C'est en vain que le chantre, abusant d'un faux titre,
Deux fois l'en fit ôter par les mains du chapitre :
Ce prélat, sur le banc de son rival altier
Deux fois le reportant, l'en couvrit tout entier.
Muse, redis-moi donc quelle ardeur de vengeance [3]
De ces hommes sacrés remplit l'intelligence,
Et troubla si longtemps deux célèbres rivaux.

(1) Claude Auvry, ancien évêque de Coutances, alors trésorier de la Sainte-Chapelle.
(2) La Sainte-Chapelle.
(3) Musa mihi causas memora, quo numine læso, etc.
(Æneid., I, v. 12.)

Tant de fiel entre-t-il dans l'âme des dévots[1] ?
Et toi, fameux héros[2] dont la sage entremise,
De ce schisme naissant débarrassa l'Eglise,
Viens d'un regard heureux animer mon projet,
Et garde-toi de rire en ce grave sujet.
Parmi les doux plaisirs d'une paix fraternelle
Paris voyait fleurir son antique chapelle :
Ses chanoines, vermeils et brillants de santé,
S'engraissaient d'une longue et sainte oisiveté :
Sans sortir de leurs lits, plus doux que leurs hermines,
Ces pieux fainéants faisaient chanter matines,
Veillaient à bien dîner, et laissaient en leur lieu
A des chantres gagés le soin de louer Dieu :
Quand la Discorde, encor toute noire de crimes,
Sortant des Cordeliers pour aller aux Minimes[3],
Avec cet air hideux qui fait frémir la Paix,
S'arrêta près d'un arbre[4] au pied de son palais.
Là, d'un œil attentif contemplant son empire,
A l'aspect du tumulte elle-même s'admire.
Elle y voit par le coche[5] et d'Evreux et du Mans
Accourir à grands flots ses fidèles Normands :
Elle y voit aborder le marquis, la comtesse,
Le bourgeois, le manant, le clergé, la noblesse ;
Et partout des plaideurs les escadrons épars
Faire autour de Thémis flotter ses étendards.
Mais une église seule à ses yeux immobile
Garde au sein du tumulte une assiette tranquille :
Elle seule la brave ; elle seule aux procès
De ses paisibles murs veut défendre l'accès.
La Discorde, à l'aspect d'un calme qui l'offense,

(1) Tantæne animis cœlestibus iræ. (Æneid., I, v. 15.)

(2) M. le président de Lamoignon, qui excita Boileau à composer ce poëme.

(3) Il y eut de grandes brouilleries dans deux couvents, à l'occasion de quelques supérieurs qu'on y voulait élire.

(4) C'est le Mai que la communauté des clercs du Palais, nommée la Bazoche, fait planter tous les ans dans la vieille cour du Palais, près de la Sainte-Chapelle (Brossette).

(5) *Coche*, chariot couvert qui servait de voiture publique.

Fait siffler ses serpents, s'excite à la vengeance[1] :
Sa bouche se remplit d'un poison odieux,
Et de longs traits de feu lui sortent par les yeux.
« Quoi! dit-elle d'un ton qui fit trembler les vitres,
J'aurai pu jusqu'ici brouiller tous les chapitres,
Diviser Cordeliers, Carmes, et Célestins[2];
J'aurai fait soutenir un siége aux Augustins[3]:
Et cette église seule, à mes ordres rebelle,
Nourrira dans son sein une paix éternelle!
Suis-je donc la Discorde? et, parmi les mortels,
Qui voudra désormais encenser mes autels[4]? »
A ces mots, d'un bonnet couvrant sa tête énorme,
Elle prend d'un vieux chantre et la taille et la forme :
Elle peint de bourgeons son visage guerrier,
Et s'en va de ce pas trouver le trésorier.
Dans le réduit obscur d'une alcôve enfoncée
S'élève un lit de plumes à grands frais amassée :
Quatre rideaux pompeux, par un double contour,
En défendent l'entrée à la clarté du jour.
Là, parmi les douceurs d'un tranquille silence,
Règne sur le duvet une heureuse indolence :
C'est là que le prélat, muni d'un déjeuner,
Dormant d'un léger somme, attendait le dîner.
La jeunesse en sa fleur brille sur son visage :
Son menton sur son sein descend à triple étage;
Et son corps ramassé dans sa courte grosseur,
Fait gémir les coussins sous sa molle épaisseur.
La déesse en entrant, qui voit la nappe mise,

(1) Harmonie imitative.

(2) Il y avait eu de grandes divisions et de grands désordres dans tous ces couvents. Le parlement était intervenu et avait rendu un arrêt au mois d'avril 1667.

(3) Allusion à une résistance armée que firent ces religieux aux archers du parlement qui venaient les contraindre de se conformer à un arrêt lancé contre eux.

(4) Et quisquam numen Junonis adoret
Præterea aut supplex aris imponat honorem.
(Æneid., I, v. 51-52.

Admire un si bel ordre, et reconnaît l'Eglise[1] ;
Et, marchant à grands pas vers le lieu du repos,
Au prélat sommeillant elle adresse ces mots :
« Tu dors, prélat, tu dors, et là-haut à ta place[2]
Le chantre aux yeux du chœur étale son audace,
Chante les orémus, fait des processions,
Et répand à grands flots les bénédictions[3].
Tu dors ! Attends-tu donc que, sans bulle et sans titre,
Il te ravisse encor le rochet et la mitre ?
Sors de ce lit oiseux[4] qui te tient attaché,
Et renonce au repos ou bien à l'évêché. »
Elle dit ; et, du vent de sa bouche profane,
Lui souffle avec ces mots l'ardeur de la chicane.
Le prélat se réveille, et, plein d'émotion,
Lui donne toutefois la bénédiction.
Tel qu'on voit un taureau qu'une guêpe en furie
A piqué dans les flancs aux dépens de sa vie[5] ;
Le superbe animal, agité de tourments,
Exhale sa douleur en longs mugissements :
Tel le fougueux prélat, que ce songe épouvante,
Querelle, en se levant, et laquais et servante ;
Et d'un juste courroux rallumant sa vigueur,
Même avant le dîner parle d'aller au chœur.
Le prudent Gilotin, son aumônier fidèle[6],
En vain par ses conseils sagement le rappelle ;
Lui montre le péril ; que midi va sonner ;
Qu'il va faire, s'il sort, refroidir le dîner.

(1) Dans la première édition ce dernier mot n'était indiqué que par des étoiles.

(2) L'appartement du prélat était placé au-dessous de la Sainte-Chapelle.

(3) C'était là, surtout, l'objet de la querelle entre le chantre et le prélat.

(4) Lit *oiseux :* expression inusitée qui fait ici le plus heureux effet.

(5) Læsæque venenum
Morsibus inspirant et spicula cæca relinquunt
Affixæ venis, vitamque in vulnere ponunt.
(Géorg., l. IV, v. 236-238.)

(6) Son véritable nom était *Guérouet*. Le trésorier lui donna ensuite la cure de la Sainte-Chapelle (BROSSETTE).

« Quelle fureur, dit-il, quel aveugle caprice,
Quand le dîner est prêt, vous appelle à l'office;
De votre dignité soutenez mieux l'éclat :
Est-ce pour travailler que vous êtes prélat?
A quoi bon ce dégoût et ce zèle inutile?
Est-il donc pour jeûner quatre-temps ou vigile?
Reprenez vos esprits, et souvenez-vous bien
Qu'un dîner réchauffé ne valut jamais rien. »
Ainsi dit Gilotin; et ce ministre sage
Sur table, au même instant, fait servir le potage.
Le prélat voit la soupe, et, plein d'un saint respect,
Demeure quelque temps muet à cet aspect.
Il cède, il dîne enfin : mais, toujours plus farouche,
Les morceaux trop hâtés se pressent dans sa bouche.
Gilotin en gémit, et, sortant de fureur,
Chez tous ses partisans va semer la terreur.
On voit courir chez lui leurs troupes éperdues,
Comme l'on voit marcher les bataillons de grues [1],
Quand le Pygmée altier, redoublant ses efforts,
De l'Hèbre ou du Strymon [2] vient d'occuper les bords.
A l'aspect imprévu de leur foule agréable,
Le prélat radouci veut se lever de table :
La couleur lui renaît, sa voix change de ton;
Il fait par Gilotin rapporter un jambon.
Lui-même le premier, pour honorer la troupe,
D'un vin pur et vermeil il fait remplir sa coupe;
Il l'avale d'un trait : et chacun l'imitant,
La cruche au large ventre est vide en un instant.
Sitôt que du nectar la troupe est abreuvée,
On dessert : et soudain, la nappe étant levée,
Le prélat, d'une voix conforme à son malheur,
Leur confie en ces mots sa trop juste douleur :
« Illustres compagnons de mes longues fatigues,
Qui m'avez soutenu par vos pieuses ligues,
Et par qui, maître enfin d'un chapitre insensé,

(1) Homère, *Iliade*, l. III, v. 6.
(2) L'Hèbre, fleuve de Thrace; le Strymon, fleuve de l'ancienne Thrace.

Seul à MAGNIFICAT je me vois encensé;
Souffrirez-vous toujours qu'un orgueilleux m'outrage;
Que le chantre à vos yeux détruise votre ouvrage,
Usurpe tous mes droits, et s'égalant à moi,
Donne à votre lutrin et le ton et la loi?
Ce matin même encor, ce n'est point un mensonge,
Une divinité me l'a fait voir en songe,
L'insolent, s'emparant du fruit de mes travaux,
A prononcé pour moi le BENEDICAT VOS.
Oui, pour mieux m'égorger il prend mes propres armes. »
Le prélat à ces mots verse un torrent de larmes.
Il veut, mais vainement, poursuivre son discours;
Ses sanglots redoublés en arrêtent le cours.
Le zélé Gilotin, qui prend part à sa gloire,
Pour lui rendre la voix fait rapporter à boire :
Quand Sidrac [1], à qui l'âge allonge le chemin,
Arrive dans la chambre, un bâton à la main.
Ce vieillard dans le chœur a déjà vu quatre âges :
Il sait de tous les temps les différents usages :
Et son rare savoir, de simple marguillier [2],
L'éleva par degrés au rang de chevecier [3].
A l'aspect du prélat qui tombe en défaillance,
Il devine son mal, il se ride, il s'avance;
Et d'un ton paternel réprimant ses douleurs :
« Laisse au chantre, dit-il, la tristesse et les pleurs,
Prélat; et, pour sauver tes droits et ton empire,
Ecoute seulement ce que le ciel m'inspire.
Vers cet endroit du chœur où le chantre orgueilleux
Montre, assis à ta gauche, un front si sourcilleux,
Sur ce rang d'ais serrés qui forment sa clôture,
Fut jadis un lutrin d'inégale structure,
Dont les flancs élargis de leur vaste contour

(1) Sidrac était le nom d'un chantre musicien dont la voix était une fort belle taille. On lui donne ici le caractère d'un vieux plaideur; et c'est lui qui est le conseil du trésorier. Le caractère de Sidrac est formé sur celui de Nestor, si renommé par sa prudence consommée et par la sagesse de ses conseils.

(2) C'est celui qui a soin des reliques.

(3) C'est celui qui a soin des chapes et de la cire.

Ombrageaient pleinement tous les lieux d'alentour.
Derrière ce lutrin, ainsi qu'au fond d'un antre,
A peine sur son banc on discernait le chantre :
Tandis qu'à l'autre banc le prélat radieux,
Découvert au grand jour, attirait tous les yeux.
Mais un démon, fatal à cette ample machine,
Soit qu'une main la nuit eût hâté sa ruine,
Soit qu'ainsi de tout temps l'ordonnât le destin,
Fit tomber à nos yeux le pupitre un matin.
J'eus beau prendre le ciel et le chantre à partie :
Il fallut l'emporter dans notre sacristie,
Où depuis trente hivers, sans gloire enseveli,
Il languit tout poudreux dans un honteux oubli.
Entends-moi donc, prélat. Dès que l'ombre tranquille
Viendra d'un crêpe noir envelopper la ville,
Il faut que trois de nous, sans tumulte et sans bruit,
Partent à la faveur de la naissante nuit,
Et du lutrin rompu réunissant la masse,
Aillent d'un zèle adroit le remettre en sa place.
Si le chantre demain ose le renverser,
Alors de cent arrêts tu le peux terrasser.
Pour soutenir tes droits, que le ciel autorise,
Abîme tout plutôt : c'est l'esprit de l'Eglise :
C'est par là qu'un prélat signale sa vigueur.
Ne borne pas ta gloire à prier dans un chœur :
Ces vertus dans Aleth [1] peuvent être en usage ;
Mais dans Paris, plaidons ; c'est là notre partage.
Tes bénédictions dans le trouble croissant,
Tu pourras les répandre et par vingt et par cent,
Et pour braver le chantre en son orgueil extrême,
Les répandre à ses yeux, et le bénir lui-même. »
Ce discours aussitôt frappe tous les esprits ;
Et le prélat charmé l'approuve par des cris.
Il veut que, sur-le-champ, dans la troupe on choisisse
Les trois que Dieu destine à ce pieux office :

(1) Eloge très-délicat de M. Pavillon, évêque d'Aleth. Il était attaché aux jansénistes.

Mais chacun prétend part à cet illustre emploi.
« Le sort, dit le prélat, vous servira de loi [1].
» Que l'on tire au billet ceux que l'on doit élire. »
Il dit, on obéit, on se presse d'écrire.
Aussitôt trente noms, sur le papier tracés,
Sont au fond d'un bonnet par billets entassés [2].
Pour tirer ces billets avec moins d'artifice,
Guillaume, enfant de chœur, prête sa main novice :
Son front nouveau tondu, symbole de candeur,
Rougit, en approchant, d'une honnête pudeur.
Cependant le prélat, l'œil au ciel, la main nue,
Bénit trois fois les noms et trois fois les remue.
Il tourne le bonnet : l'enfant tire; et Brontin [3]
Est le premier des noms qu'apporte le destin.
Le prélat en conçoit une favorable augure,
Et ce nom dans la troupe excite un doux murmure.
On se tait; et bientôt on voit paraître au jour
Le nom, le fameux nom du perruquier l'Amour [4].
Ce nouvel Adonis, à la blonde crinière,
Est l'unique souci d'Anne sa perruquière,
Ce perruquier superbe est l'effroi du quartier,
Et son courage est peint sur son visage altier.
Un des noms reste encore, et le prélat par grâce
Une dernière fois les brouille et les ressasse.
Chacun croit que son nom est le dernier des trois.
Mais que ne dis-tu point, ô puissant porte-croix,
Boirude [5], sacristain, cher ami de ton maître,

(1) Homère, *Iliade*, l. II, v. 171 (Boileau).

(2) Ce beau passage est imité des vers suivants de Virgile :

Convenêre viri, dejectamque æreа sortem
Accepit galea; et primus clamore secundo
Hyrtacidæ ante omnes exit locus Hippocoontis.
(Æneid., l. v, v. 490-493.)

(3) *Brontin*. Son vrai nom était Frontin. Il était prêtre du diocèse de Chartres et sous-marguillier de la Sainte-Chapelle (Brossette).

(4) Molière a peint le caractère de cet homme dans son *Médecin malgré lui*, à la fin de la première scène, sur ce que M. Despréaux lui en avait dit.

(5) *Boirude*. Il se nommait François Sirude, il était sacristain de la Sainte-Chapelle, et en devint ensuite vicaire. Quand il n'était que

Lorsqu'aux yeux du prélat tu vis ton nom paraître !
On dit que ton front jaune, et ton teint sans couleur,
Perdit en ce moment son antique pâleur ;
Et que ton corps goutteux, plein d'une ardeur guerrière,
Pour sauter au plancher, fit deux pas en arrière.
Chacun bénit tout haut l'arbitre des humains,
Qui remet leur bon droit en de si bonnes mains.
Aussitôt on se lève, et l'assemblée en foule,
Avec un bruit confus, par les portes s'écoule ,
Le prélat, resté seul, calme un peu son dépit,
Et jusques au souper se couche et s'assoupit.

CHANT SECOND.

Cependant cet oiseau qui prône les merveilles[1],
Ce monstre composé de bouches et d'oreilles[2],
Qui, sans cesse volant de climats en climats,
Dit partout ce qu'il sait et ce qu'il ne sait pas ;
La Renommée enfin, cette prompte courrière,
Va d'un mortel effroi glacer la perruquière ;
Lui dit que son époux, d'un faux zèle conduit,
Pour placer un lutrin doit veiller cette nuit.
A ce triste récit, tremblante, désolée,

sacristain, il portait ordinairement la croix ou la bannière aux processions.

(1) Cette peinture de la Renommée est imitée de Virgile :

Fama, malum quâ non aliud velocius ullum ;
Mobilitate viget, viresque acquirit eundo...
(Æneid., l. IV, v. 174-175.)

(2) Voltaire a dit d'après Boileau : *Ce monstre composé d'yeux, de bouches, d'oreilles* (Henriade, ch. VIII), mais le poëte latin l'emporte sur les deux poëtes français en montrant ces oreilles dressées, ces yeux ouverts, ces mille langues en mouvement :

Monstrum horrendum, ingens; cui, quot sunt corpore plumæ,
Tot vigiles oculi subter, mirabile dictu,
Tot linguæ, totidem ora sonant, tot subrigit aures.
(Æneid., l. IV, v. 181 et seq.)

Elle accourt, l'œil en feu, la tête échevelée,
Son époux s'en émeut, et son cœur éperdu
Entre deux passions demeure suspendu [1];
Mais enfin rappelant son audace première :
Ma femme, lui dit-il d'une voix douce et fière,
Je ne veux point nier les solides bienfaits
Dont ton amour prodigue a comblé mes souhaits;
Et le Rhin de ses flots ira grossir la Loire,
Avant que tes faveurs sortent de ma mémoire [2].
Mais ne présume pas qu'en te donnant ma foi,
L'hymen m'ait pour jamais asservi sous ta loi.
Cesse donc à mes yeux d'étaler un vain titre :
Ne m'ôte pas l'honneur d'élever un pupitre ;
Et toi-même, donnant un frein à tes désirs,
Raffermis ma vertu qu'ébranlent tes soupirs.
Que te dirai-je enfin ? c'est le ciel qui m'appelle.
Une église, un prélat m'engage en sa querelle.
Il faut partir : j'y cours. Dissipe tes douleurs,
Et ne me trouble plus par ces indignes pleurs [3].
Il la quitte à ces mots. Son amante effarée
Demeure le teint pâle, et la vue égarée :
La force l'abandonne; et sa bouche, trois fois
Voulant le rappeler, ne trouve plus de voix.
Elle fuit; et de pleurs inondant son visage,
Seule pour s'enfermer monte au cinquième étage;
Mais, d'un bouge prochain accourant à ce bruit,
Sa servante Alizon la rattrape, et la suit.
Les ombres cependant, sur la ville épandues,

(1) Virgile dit d'Enée touché par Didon :

Obnixus curam sub corde premebat.
(Æneid., l. IV, v. 332.)

(2) Enée se contente de dire :

Nec me meminisse pigebit Elisæ,
Dum memor ipse meî, dum spiritus hos reget artus.
(Ibid., v. 335-336.)

Boileau prête à son héros un discours plus emphatique pour le rendre plus plaisant.

(3) Desine meque tuis incendere teque querelis.
(Ibid., v. 360.)

Du faîte des maisons descendent dans les rues [1];
Le souper hors du chœur chasse les chapelains,
Et de chantres buvants les cabarets sont pleins.
Le redouté Brontin, que son devoir éveille,
Sort à l'instant, chargé d'une triple bouteille
D'un vin dont Gilotin, qui savait tout prévoir,
Au sortir du conseil eut soin de le pourvoir;
L'odeur d'un jus si doux lui rend le faix moins rude;
Il est bientôt suivi du sacristain Boirude;
Et tous deux, de ce pas, s'en vont avec chaleur
Du trop lent perruquier réveiller la valeur.
Partons, lui dit Brontin : déjà le jour plus sombre [2]
Dans les eaux s'éteignant, va faire place à l'ombre.
D'où vient ce noir chagrin que je lis dans tes yeux?
Quoi! le pardon sonnant te retrouve en ces lieux?
Où donc est ce grand cœur dont tantôt l'allégresse
Semblait du jour trop long accuser la paresse?
Marche, et suis-nous du moins où l'honneur nous attend.
Le perruquier honteux rougit en l'écoutant.
Aussitôt de longs clous il prend une poignée :
Sur son épaule il charge une lourde cognée :
Et derrière son dos qui, tremble sous le poids,
Il attache une scie en forme de carquois :
Il sort au même instant, il se met à leur tête.
A suivre ce grand chef l'un et l'autre s'apprête;
Leur cœur semble allumé d'un zèle tout nouveau;
Brontin tient un maillet, et Boirude un marteau.
La lune, qui du ciel voit leur démarche altière,
Retire en leur faveur sa paisible lumière.
La Discorde en sourit, et les suivant des yeux,
De joie, en les voyant, pousse un cri dans les cieux.
L'air, qui gémit du cri de l'horrible déesse,
Va jusque dans Cîteaux réveiller la Mollesse [3].

(1) Imitation heureuse de cet autre vers de Virgile :

Majoresque cadunt altis de montibus umbræ. (Egl. I, v. 84.)

(2) Voyez dans Virgile le discours de Mercure à Enée endormi pour l'engager à presser son départ. (Eneid., l. IV, v. 559 et seq.)

(3) Avec quelle adresse cet épisode est amené.

C'est là qu'en un dortoir elle fait son séjour :
Les Plaisirs nonchalants folâtrent à l'entour.
L'un pétrit dans un coin l'embonpoint des chanoines ;
L'autre broie en riant le vermillon des moines :
La Volupté la sert avec des yeux dévots,
Et toujours le Sommeil lui verse des pavots.
Ce soir plus que jamais en vain il les redouble.
La Mollesse, à ce bruit, se réveille, se trouble :
Quand la Nuit[1], qui déjà va tout envelopper,
D'un funeste récit vient encor la frapper ;
Lui conte du prélat l'entreprise nouvelle :
Aux pieds des murs sacrés d'une sainte chapelle,
Elle a vu trois guerriers, ennemis de la paix,
Marcher à la faveur de ses voiles épais ;
La Discorde en ces lieux menace de s'accroître ;
Demain avec l'aurore un lutrin va paraître[2],
Qui doit y soulever un peuple de mutins.
Ainsi le ciel l'écrit au livre des destins.
A ce triste discours qu'un long soupir achève,
La Mollesse, en pleurant, sur un bras se relève,
Ouvre un œil languissant, et d'une faible voix,
Laisse tomber ces mots qu'elle interrompt vingt fois[3]:
« O Nuit ! que m'as-tu dit ? quel démon sur la terre
Souffle dans tous les cœurs la fatigue et la guerre ?
Hélas ! qu'est devenu ce temps, cet heureux temps,
Où les rois s'honoraient du nom de fainéants ;
S'endormaient sur le trône, et, me servant sans honte,
Laissaient leur sceptre aux mains ou d'un maire ou d'un [comte ?
Aucun soin n'approchait de leur paisible cour :
On reposait la nuit, on dormait tout le jour.
Seulement au printemps, quand Flore dans les plaines

(1) Tout est ici personnifié. La poésie ne peut s'élever plus haut.

(2) Ces rimes étaient alors suffisantes parce qu'on écrivait *paroître* comme *accroître,* et qu'on prononçait *accraître* comme *paraître* en faveur de la rime.

(3) C'est la traduction d'un vers employé par Virgile pour peindre la joie d'Anchise qui revoit son fils :

Effusæque genis lacrymæ, et vox excidit ore. (Æn., VI, v. 686.)

Faisait taire des vents les bruyantes haleines,
Quatre bœufs attelés, d'un pas tranquille et lent,
Promenaient dans Paris le monarque indolent.
Ce doux siècle n'est plus. Le ciel impitoyable
A placé sur le trône un prince infatigable [1].
Il brave mes douceurs, il est sourd à ma voix :
Tous les jours il m'éveille au bruit de ses exploits.
Rien ne peut arrêter sa vigilante audace :
L'été n'a point de feux, l'hiver n'a point de glace [2].
J'entends à son seul nom tous mes sujets frémir,
En vain deux fois la paix a voulu l'endormir [3] ;
Loin de moi son courage, entraîné par la gloire,
Ne se plaît qu'à courir de victoire en victoire.
Je me fatiguerais à te tracer le cours
Des outrages cruels qu'il me fait tous les jours.
Je croyais, loin des lieux d'où ce prince m'exile,
Que l'Église du moins m'assurait un asile;
Mais en vain j'espérais y régner sans effroi :
Moines, abbés, prieurs, tout s'arme contre moi.
Par mon exil honteux la Trappe [4] est ennoblie ;
J'ai vu dans Saint-Denis la réforme établie [5] ;
Le Carme, le Feuillant s'endurcit aux travaux,
Et la règle déjà se remet dans Clairvaux [6].
Cîteaux [7] dormait encore, et la Sainte-Chapelle

(1) Remarquez l'adresse avec laquelle le poëte amène cet éloge de Louis XIV.

(2) Allusion à la conquête de la Franche-Comté, que le roi fit en trois semaines, au commencement de février 1668 (V. Ep. I, v. 128).

(3) Allusion aux traités des Pyrénées et d'Aix-la-Chapelle.

(4) Abbaye de Saint-Bernard, dans laquelle l'abbé Armand Bouthillier de Rancé a mis la réforme.

(5) Le cardinal de la Rochefoucauld, commissaire général pour la réforme des ordres religieux en France, établit la réforme dans l'abbaye de Saint-Denis en 1633.

(6) Les feuillants furent réformés en 1577, par Jean de la Barrière, dans le diocèse de Reims, et cette réforme s'étendit ensuite dans les autres provinces de la France. Le cardinal de la Rochefoucauld avait aussi travaillé à la réforme de Clairvaux.

(7) Cîteaux n'avait pas encore embrassé la réforme établie dans les autres maisons religieuses, et c'est pour ce motif que le poëte a supposé que cette abbaye est le séjour de la Mollesse (V. v. 70).

Conservait du vieux temps l'oisiveté fidèle :
Et voici qu'un lutrin, prêt à tout renverser,
D'un séjour si chéri vient encore me chasser !
O toi ! de mon repos compagne aimable et sombre,
A de si noirs forfaits prêteras-tu ton ombre ?
Ah ! Nuit, si tant de fois, dans les bras de l'amour,
Je t'admis aux plaisirs que je cachais au jour,
Du moins ne permets pas... » La Mollesse oppressée
Dans sa bouche, à ce mot, sent sa langue glacée ;
Et, lasse de parler, succombant sous l'effort,
Soupire, étend les bras, ferme l'œil, et s'endort [1].

CHANT TROISIÈME.

Mais la Nuit aussitôt de ses ailes affreuses
Couvre des Bourguignons les campagnes vineuses ;
Revole vers Paris, et, hâtant son retour,
Déjà de Montlhéri voit la fameuse tour [2].
Ses murs, dont le sommet se dérobe à la vue,
Sur la cime d'un roc s'allongent dans la nue,
Et, présentant de loin leur objet ennuyeux,
Du passant qui le fuit semblent suivre les yeux [3].
Mille oiseaux effrayants, mille corbeaux funèbres
De ses murs désertés habitent les ténèbres.
Là, depuis trente hivers, un hibou retiré
Trouvait contre le jour un refuge assuré.
Des désastres fameux ce messager fidèle
Sait toujours des malheurs la première nouvelle,
Et tout prêt d'en semer le présage odieux,

(1) Dans le premier chant, le poëte s'est efforcé de lutter avec Homère, dans celui-ci il s'est mis aux prises avec Virgile. Il a su emprunter à ces deux grands poëtes leurs beautés, et tout en les imitant, il s'est vraiment rendu lui-même inimitable.

(2) Tour très-haute, à cinq lieues de Paris, sur le chemin d'Orléans.

(3) Image heureuse qui rend admirablement l'effet de la perspective.

Il attendait la Nuit dans ces sauvages lieux.
Aux cris qu'à son abord vers le ciel il envoie,
Il rend tous ses voisins attristés de sa joie.
La plaintive Progné de douleur en frémit;
Et, dans les bois prochains, Philomèle[1] en gémit.
« Suis-moi, » lui dit la Nuit. L'oiseau plein d'allégresse
Reconnaît à ce ton la voix de sa maîtresse.
Il la suit : et tous deux, d'un cours précipité,
De Paris à l'instant abordent la cité.
Là, s'élançant d'un vol que le vent favorise,
Ils montent au sommet de la fatale église.
La Nuit baisse la vue, et, du haut du clocher,
Observe les guerriers, les regarde marcher.
Elle voit le barbier qui, d'une main légère,
Tient un verre de vin qui rit dans la fougère[2];
Et chacun, tour à tour s'inondant de ce jus,
Célébrer, en buvant, Gilotin et Bacchus.
« Ils triomphent ! dit-elle, et leur âme abusée
Se promet dans mon ombre une victoire aisée :
Mais allons; il est temps qu'ils connaissent la Nuit[3]. »
A ces mots, regardant le hibou qui la suit,
Elle perce les murs de la voûte sacrée;
Jusqu'en la sacristie elle s'ouvre une entrée;
Et, dans le ventre creux du pupitre fatal,
Va placer de ce pas le sinistre animal.
Mais les trois champions, pleins de vin et d'audace,
Du Palais[4] cependant passent la grande place;
Et, suivant de Bacchus les auspices sacrés,
De l'auguste chapelle ils montent les degrés.
Ils atteignaient déjà le superbe portique

(1) C'est le cas de répéter avec Boileau lui-même qu'ici

... pour nous enchanter tout est mis en usage;
Tout prend un corps, une âme, un esprit, un visage, etc.
(Art poét., ch. III.)

(2) On appelle verres de fougère ceux dans la composition desquels il entre du sel tiré de la cendre de fougère (BROSSETTE).

(3) Comparez ce discours avec celui de Junon (En., l. VII, v. 338).

(4) Le Palais de justice, voisin de la Sainte-Chapelle.

Où Ribou[1] le libraire, au fond de sa boutique,
Sous vingt fidèles clefs, garde et tient en dépôt
L'amas toujours entier des écrits de Haynaut[2] :
Quand Boirude, qui voit que le péril approche,
Les arrête, et, tirant un fusil[3] de sa poche,
Des veines d'un caillou, qu'il frappe au même instant,
Il fait jaillir un feu qui pétille en sortant ;
Et bientôt, au brasier d'une mèche enflammée,
Montre, à l'aide du soufre, une cire allumée[4].
Cet astre tremblotant[5], dont le jour les conduit,
Est pour eux un soleil au milieu de la nuit.
Le temple à sa faveur est ouvert par Boirude :
Ils passent de la nef la vaste solitude,
Et dans la sacristie entrant non sans terreur,
En percent jusqu'au fond la ténébreuse horreur.
C'est là que du lutrin gît la machine énorme :
La troupe quelque temps en admire la forme.
Mais le barbier, qui tient les moments précieux
« Ce spectacle n'est pas pour amuser nos yeux[6]:
Dit-il : le temps est cher, portons-le dans le temple ;
C'est là qu'il faut demain qu'un prélat le contemple. »
Et d'un bras, à ces mots, qui peut tout ébranler,
Lui-même, se courbant, s'apprête à le rouler.
Mais à peine il y touche[7], ô prodige incroyable !

(1) Boileau fut bien aise de se venger de ce libraire, qui vendait tous les pamphlets qu'on faisait contre lui.

(2) Il avait d'abord mis Boursault, puis Perrault, mais s'étant réconcilié avec ces deux auteurs, il remplaça leurs noms par celui de Haynaut, mauvais poëte dont il est parlé dans la satire IX, v. 97.

(3) *Fusil ;* on appelait ainsi une pièce d'acier dont on se servait pour battre le caillou et en tirer du feu.

(4) Malgré la beauté de ces vers, la description de Virgile est encore plus heureuse :

Ac primùm silici scintillam excudit Achates,
Suscepitque ignem foliis, atque arida circùm
Nutrimenta dedit, rapuitque in fomite flammam.
(Æn., I, v. 178-180.)

(5) *Cet astre tremblotant,* expression remarquable.

(6) Non hoc ista sibi tempus spectacula poscit. (Æn., VI, v. 37.)

(7) Gemitus lacrymabilis imo
Auditur tumulo, et vox reddita fertur ad aures.
(Æn., III, v. 39-40.)

Que du pupitre sort une voix effroyable.
Brontin en est ému, le sacristain pâlit ;
Le perruquier commence à regretter son lit.
Dans son hardi projet toutefois il s'obstine,
Lorsque des flancs poudreux de la vaste machine
L'oiseau sort en courroux, et, d'un cri menaçant,
Achève d'étonner le barbier frémissant :
De ses ailes dans l'air secouant la poussière,
Dans la main de Boirude il éteint la lumière.
Les guerriers à ce coup demeurent confondus ;
Ils regagnent la nef, de frayeur éperdus :
Sous leurs corps tremblotants leurs genoux s'affaiblis-
D'une subite horreur [1] leurs cheveux se hérissent; [sent,
Et bientôt, au travers des ombres de la nuit,
Le timide escadron se dissipe et s'enfuit.
Ainsi lorsqu'en un coin, qui leur tient lieu d'asile,
D'écoliers libertins une troupe indocile,
Loin des yeux d'un préfet au travail assidu,
Va tenir quelquefois un brelan défendu [2]:
Si du veillant Argus la figure effrayante
Dans l'ardeur du plaisir à ses yeux se présente,
Le jeu cesse à l'instant, l'asile est déserté,
Et tout fuit à grands pas le tyran redouté [3].
La Discorde, qui voit leur honteuse disgrâce,
Dans les airs, cependant, tonne, éclate, menace ;
Et, malgré la frayeur, dont leurs cœurs sont glacés,
S'apprête à réunir ses soldats dispersés,
Aussitôt de Sidrac elle emprunte l'image :
Elle ride son front, allonge son visage,
Sur un bâton noueux laisse courber son corps,
Dont la chicane semble animer les ressorts,
Prend un cierge en sa main, et, d'une voix cassée,

(1) Virgile avait dit : Mihi frigidus horror
Membra quatit. (ÆN., III, v. 30.)

(2) *Brelan*, jeu de cartes.

(3) Le drame paraît achevé ; la Nuit et la Mollesse l'ont emporté, mais la Discorde va reparaître et l'intrigue se renouera plus fortement que jamais.

Vient ainsi gourmander la troupe terrassée :
« Lâches, où fuyez-vous? quelle peur vous abat [1] ?
Aux cris d'un vil oiseau vous cédez sans combat !
Où sont ces beaux discours jadis si pleins d'audace ?
Craignez-vous d'un hibou l'impuissante grimace?
Que feriez-vous, hélas! si quelque exploit nouveau
Chaque jour, comme moi, vous traînait au barreau ;
S'il fallait, sans amis, briguant une audience,
D'un magistrat glacé soutenir la présence,
Ou, d'un nouveau procès hardi solliciteur,
Aborder sans argent un clerc de rapporteur ?
Croyez-moi, mes enfants, je vous parle à bon titre :
J'ai moi seul autrefois plaidé tout un chapitre [2] ;
Et le barreau n'a point de monstres si hagards,
Dont mon œil n'ait cent fois soutenu les regards.
Tous les jours sans trembler j'assiégeais leurs passages.
L'Eglise était alors fertile en grands courages [3] :
Le moindre d'entre nous, sans argent, sans appui,
Eût plaidé le prélat, et le chantre avec lui.
Le monde, de qui l'âge avance les ruines,
Ne peut plus enfanter de ces âmes divines [4] :
Mais que vos cœurs, du moins, imitant leurs vertus,
De l'aspect d'un hibou ne soient pas abattus.
Songez quel déshonneur va souiller votre gloire,
Quand le chantre demain entendra sa victoire.
Vous verrez tous les jours le chanoine insolent,
Au seul mot de hibou, vous sourire en parlant.
Votre âme, à ce penser, de colère murmure :
Allez donc de ce pas en prévenir l'injure ;
Méritez les lauriers qui vous sont réservés,
Et ressouvenez-vous quel prélat vous servez.
Mais déjà la fureur dans vos yeux étincelle :

(1) Ce discours est une parodie de ceux de Nestor dans l'Iliade, ch. III, v. 254 ; VII, v. 124.

(2) Nestor se vante aussi d'avoir bravé seul et renversé le géant Ereuthalion (Il., VII, v. 152).

(3) *Courages*. Cette expression s'emploie rarement au pluriel. V. Art poét., ch. IV, v. 156.

(4) Voyez Iliade, l. I.

Marchez, courez, volez où l'honneur vous appelle.
Que le prélat, surpris d'un changement si prompt,
Apprenne la vengeance aussitôt que l'affront. »
En achevant ces mots, la déesse guerrière
De son pied trace en l'air un sillon de lumière ;
Rend aux trois champions leur intrépidité,
Et les laisse tout pleins de sa divinité [1].
C'est ainsi, grand Condé, qu'en ce combat célèbre [2]
Où ton bras fit trembler le Rhin, l'Escaut, et l'Ebre,
Lorsqu'aux plaines de Lens nos bataillons poussés
Furent presque à tes yeux ouverts et renversés,
Ta valeur, arrêtant les troupes fugitives,
Rallia d'un regard leurs cohortes craintives,
Répandit dans leurs rangs ton esprit belliqueux,
Et força la victoire à te suivre avec eux.
La colère à l'instant succédant à la crainte,
Ils rallument le feu de leur bougie éteinte.
Ils rentrent : l'oiseau sort : l'escadron raffermi
Rit du honteux départ d'un si faible ennemi.
Aussitôt dans le chœur la machine emportée
Est sur le banc du chantre à grand bruit remontée.
Ses ais demi-pourris, que l'âge a relâchés,
Sont à coups de maillet unis et rapprochés.
Sous les coups redoublés tous les bancs retentissent :
Les murs en sont émus, les voûtes en mugissent,
Et l'orgue même en pousse un long gémissement.
Que fais-tu, chantre, hélas ! dans ce triste moment ?
Tu dors d'un profond somme, et ton cœur sans alarmes
Ne sait pas qu'on bâtit l'instrument de tes larmes ?
Oh ! que si quelque bruit, par un heureux réveil,
T'annonçait du lutrin le funeste appareil ;
Avant que de souffrir qu'on en posât la masse,
Tu viendrais en apôtre expirer dans ta place,
Et, martyr glorieux d'un point d'honneur nouveau,

(1) Virgile a dit de la Sybille : Afflata est numine quando
Jam propiore Dei. (Æn., vi, v. 50.)

(2) La grande bataille de Lens, gagnée par le prince de Condé le 29 août 1648.

Offrir ton corps aux clous et ta tête au marteau.
Mais déjà sur ton banc la machine enclavée
Est, durant ton sommeil, à ta honte élevée :
Le sacristain achève en deux coups de rabot,
Et le pupitre enfin tourne sur son pivot[1].

CHANT QUATRIÈME.

Les cloches, dans les airs, de leurs voix argentines,
Appelaient à grand bruit les chantres à matines ;
Quand leur chef[2], agité d'un sommeil effrayant,
Encor tout en sueur, se réveille en criant.
Aux élans redoublés de sa voix douloureuse,
Tous ses valets tremblants quittent la plume oiseuse[3] :
Le vigilant Girot[4] court à lui le premier.
C'est d'un maître si saint le plus digne officier ;
La porte dans le chœur à sa garde est commise :
Valet souple au logis, fier huissier à l'église.
Quel chagrin, lui dit-il, trouble votre sommeil ?
Quoi ! voulez-vous au chœur prévenir le soleil ?
Ah ! dormez ; et laissez à ces chantres vulgaires
Le soin d'aller si tôt mériter leurs salaires. »
Ami, lui dit le chantre, encor pâle d'horreur,
N'insulte point, de grâce, à ma juste terreur :
Mêle plutôt ici tes soupirs à mes plaintes,
Et tremble en écoutant le sujet de mes craintes.
Pour la seconde fois un sommeil gracieux

(1) Nous n'avons pas eu la prétention de faire remarquer la beauté de la poésie de ce troisième chant, parce qu'il nous aurait fallu nous arrêter presque à chaque expression. Nous nous contenterons de dire que nulle part l'auteur n'a répandu plus de charmes sur les détails les plus secs et les plus médiocres en apparence.

(2) Le chantre (Boileau).

(3) *Oiseuse* exprime l'habitude de l'inaction, tandis que *oisif* signifie seulement une inaction passagère.

(4) Brunot, le valet de chambre du chantre, était aussi huissier de la Sainte-Chapelle.

Avait sous ses pavots appesanti mes yeux :
Quand, l'esprit enivré d'une douce fumée,
J'ai cru remplir au chœur ma place accoutumée.
Là, triomphant aux yeux des chantres impuissants,
Je bénissais le peuple et j'avalais l'encens,
Lorsque, du fond caché de notre sacristie,
Une épaisse nuée à grands flots est sortie,
Qui, s'ouvrant à mes yeux, dans son bleuâtre éclat,
M'a fait voir un serpent conduit par le prélat.
Du corps de ce dragon, plein de soufre et de nitre,
Une tête sortait en forme de pupitre,
Dont le triangle affreux, tout hérissé de crins,
Surpassait en grosseur nos plus épais lutrins.
Animé par son guide, en sifflant il s'avance :
Contre moi, sur mon banc, je le vois qui s'élance [1].
J'ai crié, mais en vain : et fuyant sa fureur,
Je me suis réveillé plein de trouble et d'horreur. »
Le chantre, s'arrêtant à cet endroit funeste,
A ses yeux effrayés laisse dire le reste.
Girot enfin l'assure [2], et, riant de sa peur,
Nomme sa vision l'effet d'une vapeur :
Le désolé vieillard, qui hait la raillerie,
Lui défend de parler, sort du lit en furie.
On apporte à l'instant ses somptueux habits,
Où sur l'ouate molle éclate le tabis [3].
D'une longue soutane il endosse la moire,
Prend des gants violets, les marques de sa gloire ;
Et saisit, en pleurant, ce rochet qu'autrefois
Le prélat trop jaloux lui rogna de trois doigts [4]

(1) Cette admirable description mérite d'être étudiée dans le plus grand détail.

(2) Racine et Corneille emploient aussi *assurer* dans le sens de *rassurer*. Aujourd'hui on ne pourrait plus le faire.

(3) « Quel choix d'expressions et de circonstances ! dit la Harpe ; l'ouate ne semble pas faite pour figurer dans un vers ; mais le poëte, en faisant tomber doucement la césure sur *l'ouate molle* et la relevant pour y faire *éclater le tabis*, vient à bout d'en tirer de l'élégance et de l'harmonie. »

(4) « Ce style, dit la Harpe en terminant la critique de ces beaux

Aussitôt d'un bonnet [1] ornant sa tête grise,
Déjà l'aumusse en mains il marche vers l'église,
Et, hâtant de ses ans l'importune langueur,
Court, vole, et, le premier, arrive dans le chœur.
O toi qui, sur ces bords qu'une eau dormante mouille,
Vis combattre autrefois le rat et la grenouille [2];
Qui, par les traits hardis d'un bizarre pinceau,
Mis l'Italie en feu pour la perte d'un seau [3];
Muse, prête à ma bouche une voix plus sauvage,
Pour chanter le dépit, la colère, la rage,
Que le chantre sentit allumer dans son sang,
A l'aspect du pupitre élevé sur son banc.
D'abord pâle et muet, de colère immobile,
A force de douleur, il demeura tranquille :
Mais sa voix s'échappant au travers des sanglots,
Dans sa bouche à la fin fit passage à ces mots :
La voilà donc, Girot, cette hydre épouvantable
Que m'a fait voir un songe, hélas ! trop véritable !
Je le vois ce dragon tout prêt à m'égorger,
Ce pupitre fatal qui me doit ombrager !
Prélat, que t'ai-je fait? quelle rage envieuse
Rend pour me tourmenter ton âme ingénieuse?
Quoi ! même dans ton lit, cruel, entre deux draps,
Ta profane fureur ne se repose pas !
O ciel ! quoi ! sur mon banc une honteuse masse
Désormais va me faire un cachot de ma place !
Inconnu dans l'église, ignoré dans ce lieu,
Je ne pourrai donc plus être vu que de Dieu !
Ah ! plutôt qu'un moment cet affront m'obscurcisse,
Renonçons à l'autel, abandonnons l'office;
Et, sans lasser le ciel par des chants superflus,

vers, montre la science de tout embellir, et le néologisme ne montre que l'impuissance. » (*Lycée*, t. VII, p. 332.)

(1) Boileau avait mis d'abord : *Alors d'un domino couvrant sa tête grise.* Louis XIV lui fit remarquer que l'aumusse n'allait pas avec le domino, parce que le premier était l'habit d'été et le second l'habit d'hiver. Sur cette observation le poëte changea sur-le-champ le premier hémistiche de son vers.

(2) Homère a fait le poëme de la Guerre des rats et des grenouilles.

(3) *La Secchia rapita*, poëme italien.

Ne voyons plus un chœur où l'on ne nous voit plus.
Sortons... Mais cependant mon ennemi tranquille
Jouira sur son banc de ma rage inutile,
Et verra dans le chœur le pupitre exhaussé
Tourner sur le pivot où sa main l'a placé!
Non, s'il n'est abattu, je ne saurais plus vivre.
A moi, Girot, je veux que mon bras m'en délivre.
Périssons, s'il le faut; mais de ses ais brisés
Entraînons en mourant les restes divisés [1].
A ces mots, d'une main par la rage affermie,
Il saisissait déjà la machine ennemie,
Lorsqu'en ce sacré lieu, par un heureux hasard,
Entrent Jean le choriste [2], et le sonneur Girard [3],
Deux Manceaux renommés, en qui l'expérience
Pour les procès est jointe à la vaste science.
L'un et l'autre aussitôt prend part à son affront;
Toutefois condamnant un mouvement trop prompt :
« Du lutrin, disent-ils, abattons la machine :
Mais ne nous chargeons pas tout seuls de sa ruine;
Et que tantôt, aux yeux du chapitre assemblé,
Il soit, sous trente mains, en plein jour accablé. »
Ces mots des mains du chantre arrachent le pupitre.
« J'y consens, leur dit-il; assemblons le chapitre.
Allez donc de ce pas, par de saints hurlements,
Vous-mêmes appeler les chanoines dormants.
Partez. » Mais ce discours les surprend et les glace.
« Nous! qu'en ce vain projet, pleins d'une folle audace.
Nous allions, dit Girard, la nuit nous engager!
De notre complaisance osez-vous l'exiger?
Hé! seigneur, quand nos cris pourraient, du fond des rues,
De leurs appartements percer les avenues,
Réveiller les valets autour d'eux étendus,
De leur sacré repos ministres assidus,

(1) On peut remarquer la chaleur et l'éclat de tous les discours que Boileau met dans la bouche de tous ses personnages. Cette éloquence anime l'action.

(2) Jean le choriste est un personnage supposé.

(3) Le sonneur Girard était mort longtemps avant la composition de ce poëme, Boileau l'avait connu dans son enfance (BROSSETTE).

Et pénétrer des lits au bruit inaccessibles,
Pensez-vous, au moment que les ombres paisibles
A ces lits enchanteurs ont su les attacher,
Que la voix d'un mortel les en puisse arracher ?
Deux chantres feront-ils, dans l'ardeur de vous plaire,
Ce que depuis trente ans six cloches n'ont pu faire? »
« Ah ! je vois bien où tend tout ce discours trompeur,
Reprend le chaud vieillard : le prélat vous fait peur.
Je vous ai vus cent fois, sous sa main bénissante,
Courber servilement une épaule tremblante.
Eh bien ! allez ; sous lui fléchissez les genoux :
Je saurai réveiller les chanoines sans vous.
Viens, Girot, seul ami qui me reste fidèle :
Prenons du saint jeudi la bruyante crécelle [1].
Suis-moi. Qu'à son lever le soleil aujourd'hui
Trouve tout le chapitre éveillé devant lui. »
Il dit. Du fond poudreux d'une armoire sacrée
Par les mains de Girot la crécelle est tirée.
Ils sortent à l'instant, et, par d'heureux efforts,
Du lugubre instrument font crier les ressorts.
Pour augmenter l'effroi, la Discorde infernale
Monte dans le palais, entre dans la grand'salle,
Et, du fond de cet antre, au travers de la nuit,
Fait sortir le démon du tumulte et du bruit.
Le quartier alarmé n'a plus d'yeux qui sommeillent ;
Déjà de toutes parts les chanoines s'éveillent :
L'un croit que le tonnerre est tombé sur les toits,
Et que l'église brûle une seconde fois [2] ;
L'autre, encore agité de vapeurs plus funèbres,
Pense être au jeudi saint, croit que l'on dit ténèbres ;
Et déjà tout confus, tenant midi sonné,
En soi-même frémit de n'avoir point dîné.
Ainsi, lorsque tout prêt à briser cent murailles,
Louis, la foudre en main, abandonnant Versailles [3],

(1) Instrument dont on se sert le jeudi saint au lieu de cloches.
(2) Le toit de la Sainte-Chapelle fut brûlé en 1618.
(3) On peut trouver que ce genre de comparaison revient souvent. Mais la poésie en est toujours si riche qu'on n'ose le reprocher à l'auteur.

Au retour du soleil et des zéphirs nouveaux,
Fait dans les champs de Mars déployer ses drapeaux ;
Au seul bruit répandu de sa marche étonnante,
Le Danube s'émeut, le Tage s'épouvante :
Bruxelle attend le coup qui doit le foudroyer,
Et le Batave encore est prêt à se noyer.
Mais en vain dans leurs lits un juste effroi les presse :
Aucun ne laisse encor la plume enchanteresse.
Pour les en arracher Girot s'inquiétant,
Va crier qu'au chapitre un repas les attend.
Ce mot dans tous les cœurs répand la vigilance :
Tout s'ébranle, tout sort, tout marche en diligence.
Ils courent au chapitre, et chacun se pressant
Flatte d'un doux espoir son appétit naissant.
Mais, ô d'un déjeuner vaine et frivole attente !
A peine ils sont assis, que, d'une voix dolente,
Le chantre désolé, lamentant son malheur,
Fait mourir l'appétit et naître la douleur.
Le seul chanoine Evrard [1], d'abstinence incapable,
Ose encor proposer qu'on apporte la table.
Mais il a beau presser, aucun ne lui répond,
Quand, le premier rompant ce silence profond,
Alain [2] tousse et se lève, Alain, ce savant homme,
Qui de Bauni [3] vingt fois a lu toute la Somme,
Qui possède Abéli [4], qui sait tout Raconis [5].
Et même entend, dit-on, le latin d'A-Kempis [6].

(1) Sous ce nom Boileau a désigné le chanoine Roger Danse, qui aimait également la bonne chère et la propreté. Il mourut à Ivri au mois d'octobre 1699 (Brossette).

(2) Cet Alain se nommait Aubry. Il avait un esprit très-médiocre et était fort opposé aux jansénistes (Id.).

(3) Le P. Bauni, jésuite, publia en 1634 une *Somme des péchés qui se commettent en tous états.*

(4) Abéli, théologien qui était alors assez renommé. Il a fait la *Moelle théologique* (*Medulla theologica*).

(5) Raconis, ancien docteur de Sorbonne, prédicateur et aumônier de Louis XIII, puis évêque de Lavaur. Il fit imprimer une Philosophie en 1617.

(6) A-Kempis dispute à Gerson l'honneur d'avoir composé l'Imitation.

« N'en doutez point, leur dit ce savant canoniste,
Ce coup part, j'en suis sûr, d'une main janséniste.
Mes yeux en sont témoins ; j'ai vu moi-même hier
Entrer chez le prélat le chapelain Garnier [1].
Arnauld, cet hérétique ardent à nous détruire,
Par ce ministre adroit tente de le séduire.
Sans doute il aura lu dans son saint Augustin [2]
Qu'autrefois saint Louis érigea ce lutrin :
Il va nous inonder des torrents de sa plume.
Il faut, pour lui répondre, ouvrir plus d'un volume.
Consultons sur ce point quelque auteur signalé ;
Voyons si des lutrins Bauni [3] n'a point parlé:
Etudions enfin, il en est temps encore ;
Et, pour ce grand projet, tantôt dès que l'aurore
Rallumera le jour dans l'onde enseveli,
Que chacun prenne en main le moelleux Abéli. »
Ce conseil imprévu de nouveau les étonne :
Surtout le gras Evrard d'épouvante en frissonne.
Moi, dit-il, qu'à mon âge, écolier tout nouveau,
J'aille pour un lutrin me troubler le cerveau !
O le plaisant conseil ! Non, non, songeons à vivre ;
Va maigrir, si tu veux, et sécher sur un livre.
Pour moi, je lis la Bible autant que l'Alcoran :
Je sais ce qu'un fermier nous doit rendre par an ;
Sur quelle vigne à Reims nous avons hypothèque [4] :
Vingt muids rangés chez moi font ma bibliothèque.
En plaçant un pupitre on croit nous rabaisser :
Mon bras seul, sans latin, saura le renverser.
Que m'importe qu'Arnauld me condamne ou m'approuve?
J'abats ce qui me nuit partout où je le trouve :

(1) Louis le Fournier, chapelain perpétuel de la Sainte-Chapelle. Il s'éloigna de toutes les luttes qui s'élevèrent à cette époque, et souvent il voyait Arnauld.

(2) Anachronisme fait à dessein pour rendre ridicule le savant canoniste.

(3) Trait mordant lancé contre le P. jésuite et sa compilation.

(4) L'abbaye de Saint-Nicaise de Reims était unie au chapitre de la Sainte-Chapelle, et par suite chaque chanoine devait avoir un muid de vin. C'est ce fait que Boileau rappelle ici.

C'est là mon sentiment. A quoi bon tant d'apprêts ?
Du reste déjeunons, messieurs, et buvons frais.
  Ce discours, que soutient l'embonpoint du visage,
Rétablit l'appétit, réchauffe le courage ;
Mais le chantre surtout en paraît rassuré.
« Oui, dit-il, le pupitre a déjà trop duré.
Allons sur sa ruine assurer ma vengeance :
Donnons à ce grand œuvre une heure d'abstinence ;
Et qu'au retour tantôt un ample déjeuner
Longtemps nous tienne à table, et s'unisse au dîner.
  Aussitôt il se lève, et la troupe fidèle
Par ces mots attirants sent redoubler son zèle.
Ils marchent droit au chœur d'un pas audacieux,
Et bientôt le lutrin se fait voir à leurs yeux.
A ce terrible objet aucun d'eux ne consulte :
Sur l'ennemi commun ils fondent en tumulte ;
Ils sapent le pivot, qui se défend en vain :
Chacun sur lui d'un coup veut honorer sa main.
Enfin sous tant d'efforts la machine succombe,
Et son corps entr'ouvert chancelle, éclate, et tombe.
Tel sur les monts glacés des farouches Gélons [1]
Tombe un chêne battu des voisins aquilons ;
Ou tel, abandonné de ses poutres usées,
Fond enfin un vieux toit sous ses tuiles brisées.
Le masse est emportée, et ses ais arrachés
Sont aux yeux des mortels chez le chantre cachés [2]. »

(1) Peuples de Sarmatie, voisins du Borysthène.

(2) Boileau publia d'abord ces quatre premiers chants en 1674. Il s'excusait dans sa préface d'offrir au public cette bagatelle avant qu'elle fût achevée. Il prit son temps pour y mettre la dernière main, car ce ne fut que neuf ans après, en 1683, qu'il donna les deux derniers chants.

CHANT CINQUIÈME.

L'Aurore cependant, d'un juste effroi troublée,
Des chanoines levés voit la troupe assemblée,
Et contemple longtemps, avec des yeux confus,
Ces visages fleuris qu'elle n'a jamais vus [1].
Chez Sidrac aussitôt Brontin, d'un pied fidèle,
Du pupitre abattu va porter la nouvelle.
Le vieillard de ses soins bénit l'heureux succès,
Et sur un bois détruit bâtit mille procès.
L'espoir d'un doux tumulte échauffant son courage,
Il ne sent plus le poids ni les glaces de l'âge;
Et chez le trésorier, de ce pas, à grand bruit,
Vient étaler au jour les crimes de la nuit.
Au récit imprévu de l'horrible insolence,
Le prélat hors du lit, impétueux s'élance.
Vainement d'un breuvage à deux mains apporté,
Gilotin avant tout le veut voir humecté :
Il veut partir à jeun. Il se peigne, il s'apprête ;
L'ivoire trop hâté deux fois rompt sur sa tête,
Et deux fois de sa main le buis tombe en morceaux [2] :
Tel Hercule filant rompait tous les fuseaux.
Il sort demi-paré. Mais déjà sur sa porte
Il voit de saints guerriers une ardente cohorte,
Qui tous, remplis pour lui d'une égale vigueur,
Sont prêts, pour le servir, à déserter le chœur.
Mais le vieillard condamne un projet inutile.
« Nos destins sont, dit-il, écrits chez la Sibylle :
Son antre n'est pas loin ; allons la consulter,
Et subissons la loi qu'elle nous va dicter. »
Il dit : à ce conseil, où la raison domine,
Sur ses pas au barreau la troupe s'achemine,

(1) Expression remarquable, imitée du latin.
(2) Avec quelle adresse Boileau sait ennoblir tous ces détails.

Et bientôt, dans le temple, entend, non sans frémir,
De l'antre redouté les soupiraux gémir [1].
Entre ces vieux appuis dont l'affreuse grand'salle
Soutient l'énorme poids de sa voûte infernale,
Est un pilier fameux [2], des plaideurs respecté,
Et toujours de Normands à midi fréquenté.
Là, sur des tas poudreux de sacs et de pratique,
Hurle tous les matins une Sibylle étique :
On l'appelle Chicane ; et ce monstre odieux
Jamais pour l'équité n'eut d'oreilles ni d'yeux.
La Disette au teint blême, et la triste Famine,
Les Chagrins dévorants, et l'infâme Ruine,
Enfants infortunés de ses raffinements,
Troublent l'air d'alentour de longs gémissements.
Sans cesse feuilletant les lois et la coutume,
Pour consumer autrui, le monstre se consume ;
Et, dévorant maisons, palais, châteaux entiers,
Rend pour des monceaux d'or de vains tas de papiers [3].
Sous le coupable effort de sa noire insolence,
Thémis a vu cent fois chanceler sa balance.
Incessamment il va de détour en détour :
Comme un hibou, souvent il se dérobe au jour.
Tantôt les yeux en feu, c'est un lion superbe ;
Tantôt, humble serpent, il se glisse sous l'herbe :
En vain, pour le dompter, le plus juste des rois
Fit régler le chaos des ténébreuses lois [4] :
Ses griffes, vainement par Pussort [5] accourcies,
Se rallongent déjà, toujours d'encre noircies ;
Et ses ruses, perçant et digues et remparts,
Par cent brèches déjà rentrent de toutes parts.

(1) Virgile avait dit de la Sybille :

Sub pedibus mugire solum, et juga cœpta moveri
Sylvarum, visæque canes ululare per umbram,
Adventante Deâ. (Æn., VI, v. 256 et suiv.)

(2) Le pilier des consultations.

(3) Ce portrait est achevé.

(4) Allusion aux ordonnances du roi de 1676 et de 1677.

(5) Pussort, conseiller d'Etat et l'oncle de Colbert, est celui qui a le plus contribué à ces ordonnances.

Le vieillard humblement l'aborde et le salue ;
Et faisant, avant tout, briller l'or à sa vue :
« Reine des longs procès, dit-il, dont le savoir
Rend la force inutile, et les lois sans pouvoir.
Toi, pour qui dans le Mans le laboureur moissonne,
Pour qui naissent à Caen tous les fruits de l'automne ;
Si, dès mes premiers ans, heurtant tous les mortels,
L'encre a toujours pour moi coulé sur tes autels,
Daigne encor me connaître en ma saison dernière.
D'un prélat qui t'implore exauce la prière.
Un rival orgueilleux, de ma gloire offensé,
A détruit le lutrin par nos mains redressé.
Epuise en sa faveur ta science fatale :
Du Digeste[1] et du code ouvre-nous le dédale ;
Et montre-nous cet art, connu de tes amis,
Qui, dans ses propres lois, embarrasse Thémis.
La Sibylle, à ces mots, déjà hors d'elle-même,
Fait lire sa fureur dans son visage blême[2] ;
Et, pleine du démon qui la vient oppresser,
Par ces mots étonnants tâche à le repousser :
Chantres, ne craignez plus une audace insensée.
Je vois, je vois au chœur la masse replacée :
Mais il faut des combats. Tel est l'arrêt du sort,
Et surtout évitez un dangereux accord.
Là bornant son discours, encor tout écumante,
Elle souffle aux guerriers l'esprit qui la tourmente,
Et dans leurs cœurs brûlants de la soif de plaider
Verse l'amour de nuire, et la peur de céder.
Pour tracer à loisir une longue requête,
A retourner chez soi leur brigade s'apprête.
Sous leurs pas diligents le chemin disparoît,
Et le pilier, loin d'eux, déjà baisse et décroît[3].

(1) Le *Digeste* est un recueil de lois publiées par Justinien (Voyez Sat. VIII, v. 52).

(2) At Phœbi nondum patiens, immanis in antro
Bacchatur vates, magnum si pectore possit
Excussisse Deum... (Æn., VI, v. 77 et suiv.)

(3) Ces deux rimes sont du genre de celles que nous avons remarquées plus haut.

Loin du bruit cependant les chanoines à table
Immolent trente mets à leur faim indomptable.
Leur appétit fougueux, par l'objet excité,
Parcourt tous les recoins d'un monstrueux pâté ;
Par le sel irritant la soif est allumée :
Lorsque d'un pied léger la prompte Renommée,
Semant partout l'effroi, vient au chantre éperdu
Conter l'affreux détail de l'oracle rendu.
Il se lève, enflammé de muscat et de bile [1],
Et prétend à son tour consulter la Sibylle.
Evrard a beau gémir du repas déserté,
Lui-même est au barreau par le nombre emporté.
Par les détours étroits d'une barrière oblique,
Ils gagnent les degrés, et le perron antique
Où sans cesse, étalant bons et méchants écrits,
Barbin vend aux passants des auteurs à tout prix [2].
Là le chantre à grand bruit arrive et se fait place,
Dans le fatal instant que, d'une égale audace,
Le prélat et sa troupe, à pas tumultueux,
Descendaient du Palais l'escalier tortueux.
L'un et l'autre rival, s'arrêtant au passage,
Se mesure des yeux, s'observe, s'envisage ;
Une égale fureur anime leurs esprits :
Tels deux fougueux taureaux [3], de jalousie épris,
Auprès d'une génisse au front large et superbe
Oubliant tous les jours le pâturage et l'herbe,
A l'aspect l'un de l'autre embrasés, furieux,
Déjà le front baissé, se menacent des yeux.
Mais Evrard, en passant coudoyé par Boirude,
Ne sait point contenir son aigre inquiétude :
Il entre chez Barbin, et, d'un bras irrité,
Saisissant du Cyrus [4] un volume écarté,

(1) *De muscat et de bile,* heureux rapprochement.
(2) Barbin, le libraire de Boileau, se piquait de savoir vendre.
(3) Pascitur in magnâ sylvâ formosa juvenca :
Illi alternantes multâ vi prælia miscent.
(Georg., III, v. 219 et suiv.)
(4) Voy. Sat. III, v. 44.

Il lance au sacristain le tome épouvantable.
Boirude fuit le coup : le volume effroyable
Lui rase le visage, et, droit dans l'estomac,
Va frapper en sifflant l'infortuné Sidrac.
Le vieillard, accablé de l'horrible Artamène [1],
Tombe aux pieds du prélat, sans pouls et sans haleine ;
Sa troupe le croit mort, et chacun empressé
Se croit frappé du coup dont il le voit blessé.
Aussitôt contre Evrard vingt champions s'élancent;
Pour soutenir leur choc les chanoines s'avancent.
La Discorde triomphe, et du combat fatal
Par un cri donne en l'air l'effroyable signal.
Chez le libraire absent tout entre, tout se mêle :
Les livres sur Evrard fondent comme la grêle
Qui, dans un grand jardin, à coups impétueux,
Abat l'honneur naissant des rameaux fructueux [2].
Chacun s'arme au hasard du livre qu'il rencontre :
L'un tient l'Edit d'amour [3], l'autre en saisit la Montre [4];
L'un prend le seul Jonas qu'on ait vu relié ;
L'autre un Tasse français [5] en naissant oublié.
L'élève de Barbin, commis à la boutique,
Veut en vain s'opposer à leur fureur gothique [6] ;
Les volumes, sans choix à la tête jetés,
Sur le perron poudreux volent de tous côtés :
Là, près d'un Guarini [7], Térence tombe à terre ;
Là, Xénophon dans l'air heurte contre un la Serre [8].

(1) Voy. Art poét., v. 100. Boileau accumule les épithètes d'*épouvantable, horrible, effroyable,* pour faire connaître le caractère de ces ouvrages.

(2) Virgile a peint le même phénomène, mais le poëte français est resté bien au-dessous de ce vers du poëte latin :

Tum multa in tectis crepitans salit horrida grando.
(Georg., I, v. 447.)

(3) V. Sat. VII, v. 45.

(4) V. Sat. IX, v. 91.

(5) Traduction de le Clerc, qui publia les cinq premiers chants de la Jérusalem délivrée en vers français.

(6) *Gothique,* c'est-à-dire barbare.

(7) Guarini, poëte italien du XVIe siècle. Boileau l'oppose à Térence parce qu'il est aussi affecté que Térence est naturel.

(8) La Serre (V. Sat. III, v. 176). Il est opposé à Xénophon pour le même motif que Guarini à Térence.

Oh! que d'écrits obscurs, de livres ignorés,
Furent en ce grand jour de la poudre tirés!
Vous en fûtes tirés, Almérinde et Simandre [1] :
Et toi, rebut du peuple, inconnu Caloandre [2],
Dans ton repos, dit-on, saisi par Gaillerbois,
Tu vis le jour alors pour la première fois.
Chaque coup sur la chair laisse une meurtrissure;
Déjà plus d'un guerrier se plaint d'une blessure.
D'un le Vayer [3] épais Giraut est renversé :
Marineau d'un Brébeuf [4] a l'épaule blessé,
En sent par tout le bras une douleur amère;
Et maudit la Pharsale aux provinces si chère.
D'un Pinchêne in-quarto Dodillon étourdi
A longtemps le teint pâle et le cœur affadi [5].
Au plus fort du combat, le chapelain Garagne,
Vers le sommet du front atteint d'un Charlemagne [6],
(Des vers de ce poëme effet prodigieux!)
Tout prêt à s'endormir, bâille et ferme les yeux.
A plus d'un combattant la Clélie [7] est fatale :
Girout [8] dix fois par elle éclate et se signale.
Mais tout cède aux efforts du chanoine Fabri.
Ce guerrier, dans l'église aux querelles nourri,
Est robuste de corps, terrible de visage,
Et de l'eau dans son vin n'a jamais su l'usage.
Il terrasse lui seul et Guibert et Grasset,
Et Gorillon la basse, et Grandin le fausset [9],
Et Gerbais l'agréable, et Guérin l'insipide.
Des chantres désormais la brigade timide
S'écarte, et du Palais regagne les chemins.
Telle, à l'aspect d'un loup, terreur des champs voisins,

(1) Almérinde et Simandre, petit roman publié en 1646.
(2) Roman italien traduit par Scudéri.
(3) C'est le père (V. Sat. IV, v. 1).
(4) V. Ep. VII, v. 53.
(5) Caractère des œuvres de Pinchêne (V. Ep. V, v. 17).
(6) V. Ep. VIII, v. 57.
(7) V. Art poét., ch. III, v. 115.
(8) *Dix fois*. Il y avait dix volumes dans cet ouvrage.
(9) Tous ces noms sont supposés.

Fuit d'agneaux effrayés une troupe bêlante :
Ou tels devant Achille, aux campagnes du Xanthe,
Les Troyens se sauvaient à l'abri de leurs tours [1],
Quand Brontin à Boirude adresse ce discours :
Illustre porte-croix, par qui notre bannière
N'a jamais en marchant fait un pas en arrière,
Un chanoine lui seul triomphant du prélat
Du rochet à nos yeux ternira-t-il l'éclat !
Non, non : pour te couvrir de sa main redoutable [2],
Accepte de mon corps l'épaisseur favorable.
Viens, et sous ce rempart, à ce guerrier hautain
Fais voler ce Quinault [3] qui me reste à la main.
A ces mots, il lui tend le doux et tendre ouvrage.
Le sacristain, bouillant de zèle et de courage,
Le prend, se cache, approche, et, droit entre les yeux,
Frappe du noble écrit l'athlète audacieux.
Mais c'est pour l'ébranler une faible tempête,
Le livre sans vigueur mollit contre sa tête.
Le chanoine les voit, de colère embrasé :
Attendez, leur dit-il, couple lâche et rusé,
Et jugez si ma main, aux grands exploits novice,
Lance à mes ennemis un livre qui mollisse.
A ces mots, il saisit un vieil Infortiat [4],
Grossi des visions d'Accurse et d'Alciat [5]
Inutile ramas de gothique écriture.
Dont quatre ais mal unis formaient la couverture,

(1) V. l'*Iliade*, l. XXI, les derniers vers.
(2) V. l'*Iliade*, l. VIII, v. 267.
(3) V. Sat. II, v. 20.
(4) *Infortiat*, livre de droit d'une grosseur énorme (BOILEAU). C'est la seconde partie du *Digeste*.
(5) Accurse, jurisconsulte du XIIe siècle ; Alciat, autre jurisconsulte du XVIe siècle. La longueur de leurs commentaires les a fait citer ici par Boileau. Ces vers semblent d'ailleurs avoir été inspirés par ceux de Corneille :

Si vous avez besoin de lois et de rubriques,
Je sais le Code entier avec les authentiques,
Le Digeste nouveau, le vieux, l'Infortiat,
Ce qu'en a dit Jason, Balde, Accurse, Alciat.
(Le Menteur, act. I, sc. VI.)

Entourée à demi d'un vieux parchemin noir,
Où pendait à trois clous un reste de fermoir.
Sur l'ais qui le soutient auprès d'un Avicenne [1]
Deux des plus forts mortels l'ébranleraient à peine :
Le chanoine pourtant l'enlève sans effort,
Et, sur le couple pâle et déjà demi-mort,
Fait tomber à deux mains l'effroyable tonnerre.
Les guerriers de ce coup vont mesurer la terre,
Et, du bois et des clous meurtris et déchirés,
Longtemps, loin du perron, roulent sur les degrés.
Au spectacle étonnant de leur chute imprévue,
Le prélat pousse un cri qui pénètre la nue.
Il maudit dans son cœur le démon des combats,
Et de l'horreur du coup il recule six pas.
Mais bientôt rappelant son antique prouesse,
Il tire du manteau sa dextre [2] vengeresse ;
Il part, et, de ses doigts saintement allongés,
Bénit tous les passants, en deux files rangés.
Il sait que l'ennemi, que ce coup va surprendre,
Désormais sur ses pieds ne l'oserait attendre,
Et déjà voit pour lui tout le temple en courroux
Crier aux combattants : Profanes, à genoux !
Le chantre qui de loin voit approcher l'orage,
Dans son cœur éperdu cherche en vain du courage.
Sa fierté l'abandonne, il tremble, il cède, il fuit.
Le long des sacrés murs sa brigade le suit :
Tout s'écarte à l'instant ; mais aucun n'en réchappe ;
Partout le doigt vainqueur les suit et les rattrape.
Evrard seul, en un coin prudemment retiré,
Se croyait à couvert de l'insulte sacré [3] :
Mais le prélat vers lui fait une marche adroite :
Il l'observe de l'œil ; et, tirant vers la droite,
Tout d'un coup tourne à gauche, et d'un bras fortuné

(1) Avicenne, auteur arabe.
(2) *Dextre* est un vieux mot rajeuni qui devient ici très-plaisant.
(3) *L'insulte sacré.* Insulte était regardé alors comme masculin par l'Académie, bien qu'elle eût observé dans son dictionnaire, 1674, que plusieurs le faisaient féminin.

Bénit subitement le guerrier consterné.
Le chanoine, surpris de la foudre mortelle,
Se dresse, et lève en vain une tête rebelle;
Sur ses genoux tremblants il tombe à cet aspect,
Et donne à la frayeur ce qu'il doit au respect.
Dans le temple aussitôt le prélat, plein de gloire,
Va goûter les doux fruits de sa sainte victoire :
Et de leur vain projet les chanoines punis
S'en retournent chez eux, éperdus et bénis[1].

CHANT SIXIÈME.

Tandis que tout conspire à la guerre sacrée,
La Piété sincère, aux Alpes retirée[2],
Du fond de son désert entend les tristes cris
De ses sujets cachés dans les murs de Paris.
Elle quitte à l'instant sa retraite divine :
La Foi, d'un pas certain, devant elle chemine;
L'Espérance au front gai l'appuie et la conduit;
Et, la bourse à la main, la Charité la suit.
Vers Paris elle vole, et, d'une audace sainte,
Vient aux pieds de Thémis proférer cette plainte :
« Vierge, effroi des méchants, appui de mes autels,
Qui, la balance en main, règles tous les mortels,
Ne viendrai-je jamais en tes bras salutaires
Que pousser des soupirs et pleurer mes misères !
Ce n'est donc pas assez qu'au mépris de tes lois
L'Hypocrisie ait pris et mon nom et ma voix;
Que, sous ce nom sacré, partout ses mains avares
Cherchent à me ravir crosses, mitres, tiares !
Faudra-t-il voir encor cent monstres furieux
Ravager mes Etats usurpés à tes yeux !

(1) Ce chant termine très-plaisamment. Sous tous les rapports il est digne des précédents. On trouve la même verve et la même poésie.
(2) La grande Chartreuse est dans les Alpes.

Dans les temps orageux de mon naissant empire
Au sortir du baptême on courait au martyre.
Chacun, plein de mon nom, ne respirait que moi :
Le fidèle, attentif aux règles de sa loi,
Fuyant des vanités la dangereuse amorce,
Aux honneurs appelé, n'y montait que par force :
Ces cœurs que les bourreaux ne faisaient point frémir,
A l'offre d'une mitre étaient prêts à gémir ;
Et, sans peur des travaux, sur mes traces divines
Couraient chercher le ciel au travers des épines[1].
Mais, depuis que l'Eglise eut, aux yeux des mortels,
De son sang en tous lieux cimenté ses autels,
Le calme dangereux succédant aux orages,
Une lâche tiédeur s'empara des courages :
De leur zèle brûlant l'ardeur se ralentit ;
Sous le joug des péchés leur foi s'appesantit ;
Le moine secoua le cilice et la haire :
Le chanoine indolent apprit à ne rien faire ;
Le prélat, par la brigue aux honneurs parvenu,
Ne sut plus qu'abuser d'un ample revenu,
Et pour toutes vertus fit, au dos d'un carrosse,
A côté d'une mitre armorier sa crosse.
L'Ambition partout chassa l'Humilité ;
Dans la crasse du froc logea la Vanité.
Alors de tous les cœurs l'union fut détruite.
Dans mes cloîtres sacrés la Discorde introduite
Y bâtit de mon bien ses plus sûrs arsenaux ;
Traîna tous mes sujets au pied des tribunaux[2].
En vain à ses fureurs j'opposai mes prières ;
L'insolente, à mes yeux, marcha sous mes bannières.
Pour comble de misère, un tas de faux docteurs
Vint flatter les péchés de discours imposteurs ;

(1) Ces vers rappellent ceux de Louis Racine dans son poëme de *la Religion*.

Dans ces temps où la foi conduisait aux supplices,
D'un troupeau condamné glorieuses prémices,
Les pasteurs ne briguaient qu'un supplice plus grand.
(Ch. IV.)

(2) Les communautés religieuses étaient alors souvent en procès.

Infectant les esprits d'exécrables maximes,
Voulut faire à Dieu même approuver tous les crimes [1].
Une servile peur tint lieu de charité [2] ;
Le besoin d'aimer Dieu passa pour nouveauté :
Et chacun à mes pieds, conservant sa malice,
N'apporta de vertu que l'aveu de son vice.
« Pour éviter l'affront de ces noirs attentats,
Je vins [3] chercher le calme au séjour des frimas,
Sur ces monts entourés d'une éternelle glace
Où jamais au printemps les hivers n'ont fait place [4].
Mais, jusque dans la nuit de mes sacrés déserts,
Le bruit de mes malheurs fait retentir les airs.
Aujourd'hui même encore une voix trop fidèle
M'a d'un triste désastre apporté la nouvelle :
J'apprends que, dans ce temple où le plus saint des rois [5]
Consacra tout le fruit de ses pieux exploits,
Et signala pour moi sa pompeuse largesse [6],
L'implacable Discorde et l'infâme Mollesse,
Foulant aux pieds les lois, l'honneur et le devoir,
Usurpent en mon nom le souverain pouvoir.
Souffriras-tu, ma sœur, une action si noire ?
Quoi ! ce temple, à ta porte élevé pour ma gloire,
Où jadis des humains j'attirais tous les vœux,
Sera de leurs combats le théâtre honteux !
Non, non ! il faut enfin que ma vengeance éclate :
Assez et trop longtemps l'impunité les flatte.
Prends ton glaive, et, fondant sur ces audacieux,
Viens aux yeux des mortels justifier les cieux. »
Ainsi parle à sa sœur cette vierge enflammée :
La grâce est dans ses yeux d'un feu pur allumée.

(1) Allusion aux casuistes relâchés.
(2) V. l'Épître XII, sur l'*Amour de Dieu*.
(3) *Je vins*, pour *j'allai*.
(4) Ce vers paraît faible, surtout quand on se rappelle celui de Virgile :

Arvaque Riphæis *nunquàm viduata* pruinis.

(5) Saint Louis, fondateur de la Sainte-Chapelle.
(6) La Sainte-Chapelle avait coûté 40,000 livres, environ 800,000 francs de notre monnaie.

Thémis sans différer lui promet son secours,
La flatte, la rassure, et lui tient ce discours :
« Chère et divine sœur, dont les mains secourables
Ont tant de fois séché les pleurs des misérables,
Pourquoi toi-même, en proie à tes vives douleurs,
Cherches-tu sans raison à grossir tes malheurs ?
En vain de tes sujets l'ardeur est ralentie ;
D'un ciment éternel ton Eglise est bâtie,
Et jamais de l'enfer les noirs frémissements
N'en sauraient ébranler les fermes fondements [1].
Au milieu des combats, des troubles, des querelles,
Ton nom encor chéri vit au sein des fidèles.
Crois-moi, dans ce lieu même où l'on veut t'opprimer,
Le trouble qui t'étonne est facile à calmer :
Et, pour y rappeler la paix tant désirée,
Je vais t'ouvrir, ma sœur, une route assurée.
Prête-moi donc l'oreille, et retiens tes soupirs...
« Vers ce temple fameux, si cher à tes désirs,
Où le ciel fut pour toi si prodigue en miracles,
Non loin de ce palais où je rends mes oracles,
Est un vaste séjour des mortels révéré,
Et de clients soumis à toute heure entouré.
Là, sous le faix pompeux de ma pourpre honorable,
Veille au soin de ma gloire un homme incomparable [2],
Ariste [3], dont le Ciel et Louis ont fait choix
Pour régler ma balance et dispenser mes lois.
Par lui dans le barreau sur mon trône affermie,
Je vois hurler en vain la chicane ennemie :
Par lui la vérité ne craint plus l'imposteur,
Et l'orphelin n'est plus dévoré du tuteur.
Mais pourquoi vainement t'en retracer l'image ?
Tu le connais assez ; Ariste est ton ouvrage :
C'est toi qui le formas dès ses plus jeunes ans :

(1) C'est la traduction de ces mots de l'Evangile : Tu es Petrus et super hanc petram ædificabo Ecclesiam meam, et portæ inferi non prævalebunt adversùs eam (Matth., XVI, 18).

(2) M. de Lamoignon, premier président.

(3) Ariste, du grec Ἄριστος, *meilleur*, pseudonyme parfaitement choisi.

Son mérite sans tache est un de tes présents.
Tes divines leçons, avec le lait sucées,
Allumèrent l'ardeur de ses nobles pensées.
Aussi son cœur, pour toi brûlant d'un si beau feu,
N'en fit point dans le monde un lâche désaveu ;
Et son zèle hardi, toujours prêt à paraître,
N'alla point se cacher dans les ombres d'un cloître[1].
Va le trouver, ma sœur : à ton auguste nom,
Tout s'ouvrira d'abord en sa sainte maison.
Ton visage est connu de sa noble famille ;
Tout y garde tes lois, enfants, sœur, femme, fille[2].
Tes yeux d'un seul regard sauront le pénétrer ;
Et, pour obtenir tout, tu n'as qu'à te montrer. »
Là s'arrête Thémis. La Piété charmée
Sent renaître la joie en son âme calmée.
Elle court chez Ariste, et s'offrant à ses yeux :
« Que me sert, lui dit-elle, Ariste, qu'en tous lieux
Tu signales pour moi ton zèle et ton courage,
Si la Discorde impie à ta porte m'outrage ?
Deux puissants ennemis, par elle envenimés,
Dans ces murs, autrefois si saints, si renommés,
A mes sacrés autels font un profane insulte[3],
Remplissent tout d'effroi, de trouble et de tumulte.
De leur crime à leurs yeux va-t'en peindre l'horreur :
Sauve-moi, sauve-les de leur propre fureur. »
Elle sort à ces mots. Le héros en prière
Demeure tout couvert de feux et de lumière.
De la céleste fille il reconnaît l'éclat,
Et mande au même instant le chantre et le prélat.
Muse, c'est à ce coup que mon esprit timide

(1) V. Ep. III, v. 81-82.

(2) M. de Lamoignon avait dix enfants, cinq fils et cinq filles ; il avait épousé Magdeleine Pothier, la fille de Nicolas Pothier, secrétaire d'Etat. Sa sœur, Magdeleine de Lamoignon, était une personne très-charitable. M. de Lamoignon n'avait probablement plus qu'une fille chez lui au moment où Boileau composa ces vers ; ses autres filles étaient au couvent ou mariées. Fléchier a fait l'éloge de cette famille dans son *Oraison funèbre de M. de Lamoignon*.

(3) V. plus haut, ch. V, v. 236.

Dans sa course élevée a besoin qu'on le guide,
Pour chanter par quels soins, par quels nobles travaux,
Un mortel sut fléchir ces superbes rivaux.
Mais plutôt [1], toi qui fis ce merveilleux ouvrage,
Ariste, c'est à toi d'en instruire notre âge.
Seul tu peux révéler par quel art tout-puissant
Tu rendis tout à coup le chantre obéissant [2].
Tu sais par quel conseil rassemblant le chapitre,
Lui-même, de sa main, reporta le pupitre ;
Et comment le prélat, de ses respects content.
Le fit du banc fatal enlever à l'instant.
Parle donc : c'est à toi d'éclaircir ces merveilles.
Il me suffit pour moi d'avoir su, par mes veilles,
Jusqu'au sixième chant pousser ma fiction,
Et fait d'un vain pupitre un second Ilion.
Finissons. Aussi bien, quelque ardeur qui m'inspire,
Quand je songe au héros qui me reste à décrire,
Qu'il faut parler de toi mon esprit éperdu,
Demeure sans parole, interdit, confondu.
Ariste, c'est ainsi qu'en ce sénat illustre
Où Thémis, par tes soins, reprend son premier lustre,
Quand, la première fois, un athlète nouveau
Vient combattre en champ clos aux joûtes du barreau,
Souvent sans y penser ton auguste présence
Troublant par trop d'éclat sa timide éloquence,
Le nouveau Cicéron, tremblant, décoloré,
Cherche en vain son discours sur sa langue égaré :
En vain, pour gagner temps, dans ses transes affreuses,
Traîne d'un dernier mot les syllabes honteuses ;

(1) Il eût été mieux au contraire que le poëte amenât lui-même le dénoûment.

(2) M. le premier président fit comprendre au trésorier que ce pupitre n'ayant été anciennement érigé devant la place du chantre que pour la commodité de ses prédécesseurs, il n'était pas juste qu'on obligeât M. Bassin à le souffrir s'il lui était incommode. Néanmoins, pour accorder quelque chose à la satisfaction du trésorier, M. le premier président fit consentir le chantre à remettre le pupitre devant son siége, où il demeurerait un jour ; et le trésorier à le faire enlever le lendemain ; ce qui fut exécuté de part et d'autre.

Il hésite, il bégaie, et le triste orateur
Demeure enfin muet aux yeux du spectateur [1].

« Ce sixième chant, dit Lebrun, a trop de discours et trop peu d'action. Les personnages en sont trop sérieux pour un poëme héroï-comique. Qu'attendre de plaisant de la Piété sortant de la Grande-Chartreuse avec la Foi, l'Espérance et la Charité, et venant faire un discours de soixante et dix vers à Thémis sur les désordres de l'Église? Thémis, par un autre discours de quarante-quatre vers, lui conseille gravement de s'adresser au premier président, cet homme pieux et incomparable. La Piété court lui faire un petit discours et laisse là *le héros en prière, couvert de feux et de lumière*. Il faut convenir que dans tout cela il n'y a rien de plaisant, rien de convenable, du ton des cinq premiers chants. On n'y revient que dans les derniers vers; il n'est plus temps, le lecteur s'est ennuyé. Malgré ce défaut, la versification de ce dernier chant est très-belle et très-soutenue. »

DISCOURS SUR L'ODE.

L'ode suivante a été composée à l'occasion de ces étranges dialogues [2] qui ont paru depuis quelque temps, où tous les plus grands écrivains de l'antiquité sont traités d'esprits médiocres, de gens à être mis en parallèle avec les Chapelains et avec les Cotins, et où, voulant faire honneur à notre siècle, on l'a en quelque sorte diffamé, en faisant voir qu'il s'y trouve des hommes capables de choses si peu sensées. Pindare y est des plus maltraités. Comme les beautés de ce poëte sont extrêmement renfermées dans sa langue, l'auteur de ces dialogues [3], qui vraisemblablement ne sait point de grec, et qui n'a lu Pindare que dans des traductions latines assez défectueuses, a pris pour galimatias tout ce que la faiblesse de ses lumières ne lui permettait pas de comprendre. Il a surtout traité de ridicules ces endroits merveilleux où le poëte, pour marquer un esprit entièrement hors de soi, rompt quelque-

(1) L'orateur demeurant muet, il n'y a plus d'auditeurs : il reste seulement des spectateurs.
(2) Parallèle des anciens et des modernes, en forme de dialogue.
(3) Perrault était l'auteur de ces dialogues.

fois de dessein formé la suite de son discours ; et afin de mieux entrer dans la raison, sort, s'il faut ainsi parler, de la raison même, évitant avec grand soin cet ordre méthodique et ces exactes liaisons de sens qui ôteraient l'âme à la poésie lyrique. Le censeur dont je parle n'a pas pris garde qu'en attaquant ces nobles hardiesses de Pindare, il donnait lieu de croire qu'il n'a jamais conçu le sublime des psaumes de David, où, s'il est permis de parler de ces saints cantiques à propos de choses si profanes, il y a beaucoup de ces sens rompus, qui servent même quelquefois à en faire sentir la divinité. Ce critique, selon toutes les apparences, n'est pas fort convaincu du précepte que j'ai avancé dans mon Art poétique, à propos de l'ode :

> Son style impétueux souvent marche au hasard :
> Chez elle un beau désordre est un effet de l'art.

Ce précepte effectivement, qui donne pour règle de ne point garder quelquefois de règles, est un mystère de l'art qu'il n'est pas aisé de faire entendre à un homme sans aucun goût, qui croit que la Clélie et nos opéras sont les modèles du genre sublime; qui trouve Térence fade, Virgile froid, Homère de mauvais sens, et qu'une espèce de bizarrerie d'esprit rend insensible à tout ce qui frappe ordinairement les hommes. Mais ce n'est pas ici le lieu de lui montrer ses erreurs. On le fera peut-être plus à propos un de ces jours dans quelque autre ouvrage.

Pour revenir à Pindare, il ne serait pas difficile d'en faire sentir les beautés à des gens qui se seraient un peu familiarisé le grec. Mais comme cette langue est aujourd'hui assez ignorée de la plupart des hommes, et qu'il n'est pas possible de leur faire voir Pindare dans Pindare même, j'ai cru que je ne pouvais mieux justifier ce grand poëte qu'en tâchant de faire une ode en français à sa manière, c'est-à-dire pleine de mouvements et de transports, où l'esprit parût plutôt entraîné du démon de la poésie, que guidé par la raison. C'est le but que je me suis proposé dans l'ode qu'on va voir. J'ai pris pour sujet la prise de Namur, comme la plus grande action de guerre qui se soit faite de nos jours, et comme la matière la plus propre à échauffer l'imagination d'un poëte. J'y ai jeté, autant que j'ai pu, la magnificence des mots ; et à l'exemple des anciens poëtes dithyrambiques, j'y ai employé les figures les plus audacieuses, jusqu'à y faire un astre de la plume blanche que le roi porte ordinairement à son chapeau, et qui est comme une espèce de comète fatale à nos ennemis, qui se jugent perdus dès qu'ils l'aperçoivent. Voilà le dessein de cet ouvrage. Je ne réponds pas d'y avoir réussi, et je ne sais si le public, accoutumé aux sages emportements de Malherbe, s'accommodera de ces saillies et de ces excès pindariques. Mais, supposé que j'y aie échoué, je m'en consolerai du moins par le commencement de cette fameuse ode latine d'Horace, *Pindarum quisquis studet æmulari, etc.* [1], où Horace donne assez à entendre que, s'il eût voulu lui-même s'élever à la hauteur de Pindare, il se serait cru en grand hasard de tomber.

Au reste, comme parmi les épigrammes qui sont imprimées à la suite de cette ode, on trouvera encore une autre petite ode de ma façon, que je n'avais point jusqu'ici insérée dans mes écrits ; je suis bien aise, pour ne me point brouiller avec les Anglais d'aujourd'hui, de faire ici ressouvenir le lecteur que les Anglais que j'attaque dans ce petit poëme, qui est un ouvrage de ma première jeunesse, ce sont là les Anglais du temps de Cromwel.

J'ai joint aussi à ces épigrammes un arrêt burlesque donné au Parnasse, que j'ai composé autrefois, afin de prévenir un arrêt très-sérieux, que l'université songeait à obtenir du parlement, contre ceux qui enseigneraient dans les écoles de philosophie d'autres principes que ceux d'Aristote. La plaisanterie y descend un peu bas, et est toute dans les termes de la pratique ; mais il fallait qu'elle fût ainsi, pour faire son effet, qui fut très-heureux [2], et obligea, pour ainsi dire, l'université à supprimer la requête qu'elle doit présenter.

Ridiculum acri
Fortiùs ac meliùs magnas plerumque secat res.

(1) L. IV, od. I.

(2) Nous ne reproduisons pas cet *arrêt burlesque* dans ce recueil, où il ne s'agit que des poésies de Boileau, mais nous sommes bien aises de faire remarquer en passant que l'idée de cette pièce honore grandement son auteur.

ODES.

ODE SUR LA PRISE DE NAMUR.

Quelle docte et sainte ivresse
Aujourd'hui me fait la loi?
Chastes nymphes du Permesse,
N'est-ce pas vous que je voi?
Accourez, troupe savante;
Des sons que ma lyre enfante
Ces arbres sont réjouis.
Marquez-en bien la cadence :
Et vous, vents, faites silence;
Je vais parler de Louis.

Dans ses chansons immortelles,
Comme un aigle audacieux,
Pindare, étendant ses ailes,
Fuit loin des vulgaires yeux.
Mais, ô ma fidèle lyre!
Si, dans l'ardeur qui m'inspire,
Tu peux suivre mes transports;
Les chênes des monts de Thrace[1]
N'ont rien ouï que n'efface
La douceur de tes accords.

Est-ce Apollon ou Neptune
Qui, sur ces rocs sourcilleux,
Ont, compagnons de fortune[2],
Bâti ces murs orgueilleux?
De leur enceinte fameuse
La Sambre, unie à la Meuse,

(1) Hémus, Rhodope, et Pangée.
(2) Ils s'étaient loués à Laomédon pour rebâtir les murs de Troie.

Défend le fatal abord :
Et, par cent bouches horribles,
L'airain sur ces monts terribles
Vomit le fer et la mort.

Dix mille vaillants Alcides,
Les bordant de toutes parts,
D'éclairs au loin homicides
Font pétiller leurs remparts;
Et, dans son sein infidèle,
Partout la terre y recèle,
Un feu prêt à s'élancer,
Qui, soudain perçant son gouffre,
Ouvre un sépulcre de soufre
A quiconque ose avancer.

Namur, devant tes murailles,
Jadis la Grèce eût, vingt ans,
Sans fruit vu les funérailles
De ses plus fiers combattants.
Quelle effroyable puissance
Aujourd'hui pourtant s'avance,
Prête à foudroyer tes monts !
Quel bruit, quel feu l'environne!
C'est Jupiter en personne,
Ou c'est le vainqueur de Mons.

N'en doute point, c'est lui-même;
Tout brille en lui, tout est roi.
Dans Bruxelles Nassau blême
Commence à trembler pour toi.
En vain il voit le Batave,
Désormais docile esclave,
Rangé sous ses étendards;
En vain au lion belgique
Il voit l'aigle germanique
Uni sous les léopards.

Plein de la frayeur nouvelle
Dont ses sens sont agités,

A son secours il appelle
Les peuples les plus vantés ;
Ceux-là viennent du rivage
Où s'enorgueillit le Tage
De l'or qui roule en ses eaux ;
Ceux-ci, des champs où la neige
Des marais de la Norwége
Neuf mois couvre les roseaux.

Mais qui fait enfler la Sambre ?
Sous les Gémeaux effrayés[1],
Des froids torrents de décembre
Les champs partout sont noyés.
Cérès s'enfuit éplorée
De voir en proie à Borée
Ses guérets d'épis chargés,
Et, sous les urnes fangeuses
Des Hyades orageuses,
Tous ses trésors submergés.

Déployez toutes vos rages,
Princes, vents, peuples, frimas ;
Ramassez tous vos nuages,
Rassemblez tous vos soldats :
Malgré vous, Namur en poudre
S'en va tomber sous la foudre
Qui dompta Lille, Courtrai,
Gand la superbe Espagnole,
Saint-Omer, Besançon, Dole,
Ypres, Maestricht et Cambrai.

Mes présages s'accomplissent :
Il commence à chanceler ;
Sous les coups qui retentissent
Ses murs s'en vont s'écrouler.
Mars en feu, qui les domine,
Souffle à grand bruit leur ruine ;

(1) Le siége se fit au mois de juin, et il tomba durant ce temps de furieuses pluies.

Et les bombes, dans les airs
Allant chercher le tonnerre,
Semblent, tombant sur la terre,
Vouloir s'ouvrir les enfers.

Accourez, Nassau, Bavière,
De ces murs l'unique espoir :
A couvert d'une rivière,
Venez, vous pouvez tout voir.
Considérez ces approches :
Voyez grimper sur ces roches
Ces athlètes belliqueux ;
Et dans les eaux, dans la flamme,
Louis, à tout donnant l'âme,
Marcher, courir avec eux.

Contemplez dans la tempête
Qui sort de ces boulevards
La plume[1] qui sur sa tête
Attire tous les regards.
A cet astre[2] redoutable
Toujours un sort favorable
S'attache dans les combats ;
Et toujours avec la gloire
Mars amenant la victoire
Vole, et le suit à grands pas.

Grands défenseurs de l'Espagne,
Montrez-vous, il en est temps.
Courage ! vers la Méhagne[3]
Voilà vos drapeaux flottants.
Jamais ses ondes craintives
N'ont vu sur leurs faibles rives
Tant de guerriers s'amasser.
Courez donc ; qui vous retarde ?

(1) Le roi porte toujours à l'armée une plume blanche.
(2) Homère, *Iliade*, l. XIX, v. 381, dit que l'aigrette d'Achille étincelait comme un astre.
(3) Rivière près Namur.

Tout l'univers vous regarde :
N'osez-vous la traverser?

Loin de fermer le passage
A vos nombreux bataillons,
Luxembourg a du rivage
Reculé ses pavillons.
Quoi! leur seul aspect vous glace!
Où sont ces chefs pleins d'audace,
Jadis si prompts à marcher,
Qui devaient de la Tamise
Et de la Drave[1] soumise,
Jusqu'à Paris nous chercher?

Cependant l'effroi redouble
Sur les remparts de Namur :
Son gouverneur, qui se trouble,
S'enfuit sous son dernier mur.
Déjà jusques à ses portes
Je vois monter nos cohortes
La flamme et le fer en main;
Et sur les monceaux de piques,
De corps morts, de rocs, de briques,
S'ouvrir un large chemin.

C'en est fait : je viens d'entendre
Sur ces rochers éperdus
Battre un signal pour se rendre.
Le feu cesse : ils sont rendus.
Dépouillez votre arrogance,
Fiers ennemis de la France;
Et, désormais gracieux,
Allez à Liége, à Bruxelles,
Porter les humbles nouvelles
De Namur pris à vos yeux.

Pour moi, que Phébus anime
De ses transports les plus doux,

(1) Rivière qui passe à Belgrade en Hongrie.

Rempli de ce dieu sublime,
Je vais, plus hardi que vous,
Montrer que, sur le Parnasse,
Des bois fréquentés d'Horace
Ma muse dans son déclin
Sait encor les avenues,
Et des sources inconnues
A l'auteur du Saint-Paulin[1].

ODE [2]

Sur un bruit qui courut, en 1656, que Cromwell et les Anglais allaient faire la guerre à la France.

Quoi ! ce peuple aveugle en son crime,
Qui, prenant son roi pour victime,
Fit du trône un théâtre affreux,
Pense-t-il que le ciel, complice
D'un si funeste sacrifice,
N'a pour lui ni foudre ni feux ?

Déjà sa flotte à pleines voiles,
Malgré les vents et les étoiles,
Veut maîtriser tout l'univers,
Et croit que l'Europe étonnée
A son audace forcenée
Va céder l'empire des mers.

Arme-toi, France, prends la foudre.
C'est à toi de réduire en poudre
Ces sanglants ennemis des lois.
Suis la victoire qui t'appelle,
Et va sur ce peuple rebelle
Venger la querelle des rois.

(1) Poëme héroïque de M. Perrault.
(2) Je n'avais que dix-huit ans quand je fis cette ode ; mais je l'ai accommodée.

Jadis on vit ces parricides,
Aidés de nos soldats perfides,
Chez nous, au comble de l'orgueil,
Briser tes plus fortes murailles,
Et, par le gain de vingt batailles,
Mettre tous tes peuples en deuil.

Mais bientôt le ciel en colère,
Par la main d'une humble bergère
Renversant tous leurs bataillons,
Borna leurs succès et nos peines :
Et leurs corps, pourris dans nos plaines,
N'ont fait qu'engraisser nos sillons[1].

(1) Ces deux odes sont bien peu remarquables. Malgré les élans pindariques que Boileau a affectés dans la première, on n'y retrouve pas les accents de la vraie poésie. La dernière n'est pas moins faible, mais nous avons voulu les reproduire l'une et l'autre pour prouver, comme l'a dit Boileau lui-même et en très-beaux vers, que la nature *sait entre les auteurs partager les talents.*

ÉPIGRAMMES.

ÉPIGRAMME PREMIÈRE.

A un médecin.

Oui, j'ai dit dans mes vers qu'un célèbre assassin,
Laissant de Galien la science infertile,
D'ignorant médecin devint maçon habile[1],
Mais de parler de vous je n'eus jamais dessein,
Perrault, ma muse est trop correcte.
Vous êtes, je l'avoue, ignorant médecin,
Mais non pas habile architecte.

I.

A M. Racine.

Racine, plains ma destinée.
C'est demain la triste journée
Où le prophète Desmarets[2],
Armé de cette même foudre
Qui mit le Port-Royal en poudre,
Va me percer de mille traits.
C'en est fait, mon heure est venue.
Non que ma muse soutenue
De tes judicieux avis,
N'ait assez de quoi le confondre :
Mais, cher ami, pour lui répondre,
Hélas ! il faut lire Clovis[3] !

(1) V. l'Art poét., ch. IV.
(2) Desmarets était un fanatique que Nicole tourna en ridicule dans des lettres qu'on intitula *les Visionnaires*.
(3) Poëme de Desmarets, ennuyeux à la mort.

III.

Contre Saint-Sorlin.

Dans le Palais, hier Bilain[1]
Voulait gager contre Ménage[2]
Qu'il était faux que Saint-Sorlin
Contre Arnauld eût fait un ouvrage.
Il en a fait, j'en sais le temps,
Dit un des plus fameux libraires.
Attendez... C'est depuis vingt ans.
On en tira cent exemplaires.
C'est beaucoup ! dis-je en m'approchant,
La pièce n'est pas si publique[3]
Il faut compter, dit le marchand,
Tout est encor dans ma boutique.

IV.

A MM. Pradon et Bonnecorse, qui firent en même temps paraître contre moi chacun un volume d'injures.

Venez, Pradon et Bonnecorse[4],
Grands écrivains de même force,
De mes vers recevoir le prix :
Venez prendre dans mes écrits
La place que vos noms demandent.
Linière et Perrin vous attendent.

V.

Sur une satire très-mauvaise que l'abbé Cotin avait faite, et qu'il faisait courir sous mon nom.

En vain par mille et mille outrages
Mes ennemis, dans leurs ouvrages,

(1) Bilain, avocat célèbre.
(2) Ménage (V. Sat. II, v. 35).
(3) *La pièce n'est pas si publique.* Mauvais vers.
(4) Cette épigramme fut faite en 1686. Pradon et Bonnecorse avaient publié chacun un volume d'injures contre Boileau (BROSSETTE).

Ont cru me rendre affreux aux yeux de l'univers.
Cotin, pour décrier mon style,
A pris un chemin plus facile :
C'est de m'attribuer ses vers.

VI.

Contre le même.

A quoi bon tant d'efforts, de larmes et de cris,
Cotin, pour faire ôter ton nom de mes ouvrages !
Si tu veux du public éviter les outrages,
Fais effacer ton nom de tes propres écrits.

VII.

Contre un athée.

Alidor, assis[1] dans sa chaise,
Médisant du ciel à son aise,
Peut bien médire aussi de moi.
Je ris de ses discours frivoles :
On sait fort bien que ses paroles
Ne sont pas articles de foi[2].

VIII.

Vers, en style de Chapelain, pour mettre à la fin de son poëme de la *Pucelle*.

Maudit soit l'auteur, dur, dont l'âpre et rude verve,
Son cerveau tenaillant, rima malgré Minerve ;
Et, de son lourd marteau martelant le bon sens,
A fait de méchants vers douze fois douze cents[3] !

(1) Il était tellement goutteux qu'il ne pouvait marcher.

(2) Alidor désigne dans cette épigramme Saint-Pavin, dont Boileau a parlé dans sa satire I, v. 128.

(3) Le *Pucelle* a douze livres chacun de douze cents vers.

IX.

Epitaphe.

Ci gît, justement regretté,
Un savant homme sans science,
Un gentilhomme sans naissance,
Un très-bon homme sans bonté.

X.

Imitation de Martial[1].

Paul, ce grand médecin, l'effroi de son quartier,
Qui causa plus de maux que la peste et la guerre,
Est curé maintenant et met les gens en terre.
Il n'a point changé de métier.

XI.

Sur une harangue d'un magistrat, dans laquelle les procureurs étaient fort maltraités.

Lorsque, dans ce sénat à qui tout rend hommage,
Vous haranguez en vieux langage,
Paul, j'aime à vous voir, en fureur,
Gronder maint et maint procureur;
Car leurs chicanes sans pareilles
Méritent bien ce traitement.
Mais que vous ont fait nos oreilles,
Pour les traiter si durement?

XII.

Sur l'Agésilas de M. Corneille.

J'ai vu l'Agésilas.
Hélas!

(1) Voici l'épigramme de Martial, qui paraît mieux tournée et plus vive que celle de Boileau :

Nuper erat medicus, nunc est vespillo Diantus :
Quod vespillo facit, fecerat et medicus. (L. I, Ep. 48.)

XIII.

Sur l'Attila du même auteur [1].

Après l'Agésilas,
Hélas!
Mais après l'Attila,
Holà.

XIV.

Sur la manière de réciter du poëte Santeuil.

Quand j'aperçois sous ce portique
Ce moine au regard fanatique
Lisant ses vers audacieux,
Faits pour les habitants des cieux [2],
Ouvrir une bouche effroyable,
S'agiter, se tordre les mains;
Il me semble en lui voir le diable
Que Dieu force à louer les saints.

XV.

Sur la fontaine de Bourbon, où l'auteur était allé prendre les eaux, et où il trouva un poëte médiocre, qui lui montra des vers de sa façon.

Il s'adresse à la fontaine.

Oui, vous pouvez chasser l'humeur apoplectique,
Rendre le mouvement au corps paralytique,
Et guérir tous les maux les plus invétérés.
Mais quand je lis ces vers par votre onde inspirés,
Il me paraît, admirable fontaine,
Que vous n'eûtes jamais la vertu d'Hippocrène.

(1) V. Sat. IX, v. 178.
(2) Il a fait des hymnes à la louange des saints.

XVI.

L'amateur d'horloges.

Sans cesse autour de six pendules,
De deux montres, de trois cadrans,
Lubin[1], depuis trente et quatre ans,
Occupe ses soins ridicules;
Mais à ce métier, s'il vous plaît,
A-t-il acquis quelque science?
Sans doute, et c'est l'homme de France
Qui sait le mieux l'heure qu'il est.

XVII.

Sur ce qu'on avait lu à l'Académie des vers contre Homère et contre Virgile [2].

Clio vint l'autre jour se plaindre au dieu des vers
Qu'en certain lieu de l'univers
On traitait d'auteurs froids, de poëtes stériles,
Les Homères et les Virgiles.
Cela ne saurait être, on s'est moqué de vous,
Reprit Apollon en courroux :
Où peut-on avoir dit une telle infamie?
Est-ce chez les Hurons, chez les Topinambous?
— C'est à Paris. — C'est donc dans l'hôpital des fous?
— Non, c'est au Louvre, en pleine Académie.

XVIII.

Sur le même sujet.

J'ai traité de Topinambous
Tous ces beaux censeurs, je l'avoue,
Qui, de l'antiquité si follement jaloux,
Aiment tout ce qu'on hait, blâment tout ce qu'on loue :

(1) Ce Lubin était un parent de Boileau.

(2) Cette épigramme a été beaucoup estimée. Le prince de Conti la regardait comme la meilleure que Boileau ait faite.

Et l'Académie, entre nous,
Souffrant chez soi de si grands fous,
Me semble un peu Topinamboue.

XIX.

Sur le même sujet.

Ne blâmez pas Perrault de condamner Homère,
Virgile, Aristote, Platon.
Il a pour lui monsieur son frère,
G... N... Lavau, Caligula, Néron,
Et le gros Charpentier, dit-on.

XX.

A M. Perrault, sur les livres qu'il a faits contre les anciens.

Pour quelque vain discours sottement avancé
Contre Homère, Platon, Cicéron ou Virgile,
Caligula partout fut traité d'insensé,
Néron de furieux, Adrien d'imbécile.
Vous donc, qui, dans la même erreur,
Avec plus d'ignorance et non moins de fureur,
Attaquez ces héros de la Grèce et de Rome,
Perrault, fussiez-vous empereur,
Comment voulez-vous qu'on vous nomme?

XXI.

Sur le même sujet [1].

D'où vient que Cicéron, Platon, Virgile, Homère,
Et tous ces grands auteurs que l'univers révère,
Traduits dans vos écrits nous paraissent si sots?
Perrault, c'est qu'en prêtant à ces esprits sublimes
Vos façons de parler, vos bassesses, vos rimes,
Vous les faites tous des Perraults.

(1) Racine estimait beaucoup cette épigramme, il la préférait à la xxe.

XXII.

Au même [1].

Ton oncle, dis-tu, l'assassin
M'a guéri d'une maladie :
La preuve qu'il ne fut jamais mon médecin,
C'est que je suis encore en vie.

XXIII.

Au même.

Le bruit court que Bacchus, Junon, Jupiter, Mars,
Apollon, le dieu des beaux-arts,
Les Ris mêmes, les Jeux, les Grâces et leur mère,
Et tous les dieux enfants d'Homère,
Résolus de venger leur père,
Jettent déjà sur vous de dangereux regards.
Perrault, craignez enfin quelque triste aventure.
Comment soutiendrez-vous un choc si violent?
Il est vrai, Visé [2], vous assure
Que vous avez pour vous Mercure,
Mais c'est le *Mercure galant.*

XXIV.

Parodie burlesque de la première ode [3] de Pindare, à la louange de M. Perrault.

Malgré son fatras obscur,
Souvent Brébeuf étincelle.

(1) Le P. Commire a ainsi traduit cette épigramme :

Mene tuus, clades quondam urbis publica, frater
Eripuit morbo difficili atque gravi?
Mentiris : medico non sum usus fratre, Peralti.
Vis testem? vita perfruor incolumis.

(2) Auteur du *Mercure galant.*

(3) J'avais résolu de parodier l'ode, mais dans ce temps-là nous nous raccommodâmes M. Perrault et moi. Ainsi il n'y eut que ce couplet de fait (BOILEAU).

Un vers noble, quoique dur,
Peut s'offrir dans la Pucelle.
Mais, ô ma lyre fidèle!
Si du parfait ennuyeux
Tu veux trouver le modèle,
Ne cherche point dans les cieux
D'astre au soleil préférable;
Ni dans la foule innombrable
De tant d'écrivains divers
Chez Coignard[1] rongés des vers,
Un poëte comparable
A l'auteur inimitable[2]
De Peau d'âne mis en vers.

XXV.

Sur la réconciliation de l'auteur et de M. Perrault.

Tout le trouble poétique
A Paris s'en va cesser;
Perrault l'anti-pindarique
Et Despréaux l'homérique
Consentent de s'embrasser.
Quelque aigreur qui les anime,
Quand, malgré l'emportement,
Comme eux l'un l'autre on s'estime,
L'accord se fait aisément;
Mon embarras est comment
On pourra finir la guerre
De Pradon et du Parterre.

XXVI.

Aux RR. PP. Jésuites, auteurs du Journal de Trévoux[3].

Mes révérends Pères en Dieu,
Et mes confrères en satire,

(1) Coignard, libraire de Perrault.
(2) M. Perrault, dans ce temps-là, avait rimé le conte de *Peau d'âne*.
(3) Nous avons dit le motif qui avait animé Boileau contre les jésuites de Trévoux.

Dans vos écrits, en plus d'un lieu,
Je vois qu'à mes dépens vous affectez de rire.
Mais ne craignez-vous point que, pour rire de vous,
Relisant Juvénal, refeuilletant Horace,
Je ne ranime encor ma satirique audace?
Grands Aristarques de Trévoux,
N'allez point de nouveau faire courir aux armes
Un athléte tout prêt à prendre son congé,
Qui, par vos traits malins au combat rengagé,
Peut encore aux rieurs faire verser des larmes.
Apprenez un mot de Regnier,
Notre célèbre devancier :
« Corsaires attaquant corsaires
Ne font pas, dit-il, leurs affaires. »

XXVII.

Réponse des journalistes de Trévoux à M. Despréaux.

Les journalistes de Trévoux,
Illustre héros du Parnasse,
N'ont point cru vous mettre en courroux,
Ni ranimer en vous la satirique audace
Dont par le grand Arnauld vous vous croyez absous.
Ils vous blâment si peu d'avoir suivi la trace
De ces grands hommes, qu'avec grâce
Vous traduisez en plus d'un lieu;
Que, pour l'amour de vous, ils voudraient bien qu'Horace
Eût traité de l'amour de Dieu.

XXVIII.

Réplique de Boileau aux mêmes.

Non, pour montrer que Dieu veut être aimé de nous,
Je n'ai rien emprunté de Perse ni d'Horace,
Et je n'ai point suivi Juvénal à la trace.
Car, bien qu'en leurs écrits ces auteurs, mieux que vous,
Attaquent les erreurs dont nos âmes sont ivres,

La nécessité d'aimer Dieu
Ne s'y trouve jamais prêchée en aucun lieu,
Mes Pères, non plus qu'en vos livres.

XXIX.

Sur le livre des Flagellants, composé par mon frère le docteur de Sorbonne[1].

AUX MÊMES.

Non, le livre des Flagellants
N'a jamais condamné, lisez-le bien, mes Pères,
Ces rigidités salutaires
Que, pour ravir le ciel, saintement violents,
Exercent sur leurs corps tant de chrétiens austères.
Il blâme seulement cet abus odieux
D'éclater et d'offrir aux yeux
Ce que leur doit toujours cacher la bienséance;
Et combat vivement la fausse piété
Qui, sous couleur d'éteindre en nous la volupté,
Par l'austérité même et par la pénitence
Sait allumer le feu de la lubricité.

(1) L'abbé Boileau publia *Historia flagellantium,* dont les auteurs du journal de Trévoux firent en 1703 la critique.

POÉSIES DIVERSES.

STANCES A M. DE MOLIÈRE,

Sur sa comédie de *l'Ecole des femmes*, que plusieurs gens frondaient [1].

En vain mille jaloux esprits,
Molière, osent avec mépris
Censurer ton plus bel ouvrage :
Sa charmante naïveté
S'en va pour jamais, d'âge en âge,
Divertir la postérité.

Que tu ris agréablement !
Que tu badines savamment !
Celui qui sut vaincre Numance [2],
Qui mit Carthage sous sa loi,
Jadis sous le nom de Térence,
Sut-il mieux badiner que toi ?

Ta muse avec utilité
Dit plaisamment la vérité ;
Chacun profite à ton école :
Tout en est beau, tout en est bon ;
Et ta plus burlesque parole
Vaut souvent un docte sermon.

Laisse gronder tes envieux :
Ils ont beau crier en tous lieux
Qu'en vain tu charmes le vulgaire,

(1) Ces stances ont bien peu de valeur par elles-mêmes, mais elles sont une preuve du goût sûr de Boileau, qui soutint Molière et Racine contre les critiques maladroites de leurs ennemis.

(2) Scipion.

Que tes vers n'ont rien de plaisant,
Si tu savais un peu moins plaire,
Tu ne leur déplairais pas tant.

FABLE D'ÉSOPE.

Le Bûcheron et la Mort [1].

Le dos chargé de bois, et le corps tout en eau,
Un pauvre bûcheron, dans l'extrême vieillesse,
Marchait en haletant de peine et de détresse.
Enfin, las de souffrir, jetant là son fardeau,
Plutôt que de s'en voir accablé de nouveau,
Il souhaite la Mort, et cent fois il l'appelle.
La Mort vint à la fin : Que veux-tu? cria-t-elle.
Qui ? moi ! dit-il alors prompt à se corriger :
Que tu m'aides à me charger.

Le débiteur reconnaissant.

Je l'assistai dans l'indigence,
Il ne me rendit jamais rien.
Mais, quoiqu'il me dût tout son bien,
Sans peine il souffrait ma présence.
Oh ! la rare reconnaissance !

Vers pour mettre au-devant de la Macarise, roman allégorique de l'abbé d'Aubignac, où l'on expliquait toute la morale des stoïciens.

Lâches partisans d'Epicure,
Qui, brûlant d'une flamme impure,
Du Portique [2] fameux fuyez l'austérité,
Souffrez qu'enfin la raison vous éclaire,
Ce roman plein de vérité
Dans la vertu la plus sévère
Vous peut faire aujourd'hui trouver la volupté.

(1) Comparez cette fable avec celle de la Fontaine, l. I, fab. xv et xvi.
(2) L'école de Zénon.

Sur un portrait de Rossinante, cheval de don Quichotte.

Tel fut ce roi des bons chevaux,
Rossinante, la fleur des coursiers d'Ibérie,
Qui, trottant jour et nuit et par monts et par vaux,
Galopa, dit l'histoire, une fois en sa vie.

Chanson à boire, que je fis au sortir de mon cours de philosophie, à l'âge de dix-sept ans.

Philosophes rêveurs, qui pensez tout savoir,
Ennemis de Bacchus, rentrez dans le devoir :
Vos esprits s'en font trop accroire.
Allez, vieux fous, allez apprendre à boire.
On est savant quand on boit bien :
Qui ne sait boire ne sait rien.

S'il faut rire ou chanter au milieu d'un festin,
Un docteur est alors au bout de son latin :
Un goinfre en a toute la gloire.
Allez, vieux fous, allez apprendre à boire.
On est savant quand on boit bien :
Qui ne sait boire ne sait rien.

Chanson à boire, faite à Bâville, où était le P. Bourdaloue.

Que Bâville me semble aimable,
Quand des magistrats le plus grand
Permet que Bacchus à sa table
Soit notre premier président !

Trois muses, en habit de ville,
Y président à ses côtés :
Et ses arrêts par Arbouville[1]
Sont à plein verre exécutés.

Si Bourdaloue, un peu sévère,
Nous dit : Craignez la volupté,
Escobar, lui dit-on, mon père,
Nous la permet pour la santé.

(1) Gentilhomme; parent de M. le premier président.

Contre ce docteur authentique
Si du jeûne il prend l'intérêt,
Bacchus le déclare hérétique,
Et janséniste, qui pis est[1].

Sur Homère[2].

Quand, la dernière fois, dans le sacré vallon,
La troupe des neuf sœurs, par l'ordre d'Apollon,
Lut l'Iliade et l'Odyssée,
Chacune à le louer se montrant empressée :
Apprenez un secret qu'ignore l'univers,
Leur dit alors le dieu des vers :
Jadis avec Homère, aux rives du Permesse,
Dans ce bois de lauriers où seul il me suivait,
Je les fis toutes deux, plein d'une douce ivresse.
Je chantais, Homère écrivait[2].

Vers pour mettre sous le buste du roi, fait par M. Girardon l'année que les Allemands prirent Belgrade.

C'est ce roi si fameux dans la paix, dans la guerre,
Qui seul fait à son gré le destin de la terre.
Tout reconnaît ses lois, ou brigue son appui.
De ses nombreux combats le Rhin frémit encore ;
Et l'Europe en cent lieux a vu fuir devant lui
Tous ces héros si fiers que l'on voit aujourd'hui
Faire fuir l'Ottoman au delà du Bosphore.

Vers pour mettre au bas d'un portrait de monseigneur le duc du Maine, alors encore enfant, et dont on avait imprimé un petit volume de lettres au-devant desquelles ce prince était peint en Apollon, avec une couronne sur la tête.

Quel est cet Apollon nouveau
Qui, presque au sortir du berceau,
Vient régner sur notre Parnasse?

(1) La rigidité de Bourdaloue voulait s'offenser de la liberté du poëte, mais le P. Rapin lui fit mieux prendre la plaisanterie.

(2) Ἤειδον μὲν ἐγών · ἐχάρασσε δὲ θεῖος Ὅμηρος (Anthologie). Cantabam quidem ego, scribebat autem divus Homerus.

Qu'il est brillant, qu'il a de grâce!
Du plus grand des héros je reconnais le fils :
Il est déjà tout plein de l'esprit de son père ;
Et le feu des yeux de sa mère
A passé jusqu'en ses écrits.

Vers pour mettre au bas du portrait de Mlle de Lamoignon.

Aux sublimes vertus nourrie en sa famille,
Cette admirable et sainte fille
En tous lieux signala son humble piété ;
Jusqu'aux climats où naît et finit la clarté[1]
Fit ressentir l'effet de ses soins secourables ;
Et, jour et nuit pour Dieu pleine d'activité,
Consuma son repos, ses biens et sa santé,
A soulager les maux de tous les misérables.

A Mme la présidente de Lamoignon, sur le portrait du P. Bourdaloue, qu'elle m'avait envoyé.

Du plus grand orateur dont la chaire se vante
M'envoyer le portrait, illustre présidente,
C'est me faire un présent qui vaut mille présents.
J'ai connu Bourdaloue ; et dès mes jeunes ans
Je fis de ses sermons mes plus chères délices.
Mais lui, de son côté, lisant mes vains caprices,
Des censeurs de Trévoux n'eut point pour moi les yeux.
Ma franchise surtout gagna sa bienveillance.
Enfin, après Arnauld, ce fut l'illustre en France
Que j'admirai le plus et qui m'aima le mieux.

Vers pour mettre au bas du portrait de Tavernier le célèbre voyageur.

De Paris à Dehli[2], du couchant à l'aurore,
Ce fameux voyageur courut plus d'une fois :
De l'Inde et de l'Hydaspe[3] il fréquenta les rois ;

(1) Mlle de Lamoignon, sœur de M. le premier président, faisait tenir de l'argent à beaucoup de missionnaires jusque dans les Indes orientales et occidentales (Boileau).
(2) Ville et royaume des Indes.
(3) Fleuve du même pays.

Et sur les bords du Gange on le révère encore.
En tous lieux sa vertu fut son plus sûr appui;
Et, bien qu'en nos climats de retour aujourd'hui
En foule à nos yeux il présente
Les plus rares trésors que le soleil enfante[1],
Il n'a rien rapporté de si rare que lui.

Vers pour mettre au bas du portrait de mon père, greffier à la grand' chambre du parlement de Paris [2].

Ce greffier doux et pacifique
De ses enfants au sang critique
N'eut point le talent redouté;
Mais, fameux par sa probité,
Reste de l'or du siècle antique,
Sa conduite, dans le Palais,
Partout pour exemple citée,
Mieux que leur plume si vantée
Fit la satire des Rollets [3].

Epitaphe de la mère de l'auteur.

C'est elle qui parle.

Epouse d'un mari doux, simple, officieux,
Par la même douceur je sus plaire à ses yeux :
Nous ne sûmes jamais ni railler ni médire.
Passant, ne t'enquiers point si de cette bonté
Tous mes enfants ont hérité;
Lis seulement ces vers, et garde-toi d'écrire[4].

(1) Il était revenu des Indes avec près de trois millions de pierreries.

(2) Le père de Boileau mourut en 1657, âgé de 73 ans, mais ces vers ne furent faits qu'en 1670.

(3) V. la satire I, v. 52.

(4) Anne de Nielle, la mère de Boileau, mourut en 1637. Ses trois enfants, Gilles, Jacques et Nicolas Boileau, ont été des écrivains très-célèbres.

Vers pour mettre sous le portrait de M. de la Bruyère, au devant de son livre des Caractères du temps.

C'est lui qui parle.

Tout esprit orgueilleux qui s'aime
Par mes leçons se voit guéri,
Et dans mon livre si chéri
Apprend à se haïr soi-même.

Epitaphe de M. Arnauld [1].

Au pied de cet autel de structure grossière,
Gît sans pompe, enfermé dans une vile bière,
Le plus savant mortel qui jamais ait écrit,
Arnauld, qui, sur la grâce instruit par Jésus-Christ,
Combattant pour l'Eglise, a, dans l'Eglise même,
Souffert plus d'un outrage et plus d'un anathème.
Plein du feu qu'en son cœur souffla l'Esprit divin,
Il terrassa Pélage, il foudroya Calvin,
De tous les faux docteurs confondit la morale.
Mais, pour fruit de son zèle, on l'a vu rebuté,
En cent lieux opprimé par leur noire cabale,
Errant, pauvre, banni, proscrit, persécuté;
Et même par sa mort leur fureur mal éteinte
N'aurait jamais laissé ses cendres en repos,
Si Dieu lui-même ici de son ouaille sainte
A ces loups dévorants n'avait caché les os.

Vers pour mettre au bas du portrait de M. Hamon, médecin [2].

Tout brillant de savoir, d'esprit et d'éloquence,
Il courut au désert chercher l'obscurité;
Aux pauvres consacra ses biens et sa science;
Et, trente ans, dans le jeûne et dans l'austérité,

(1) Arnauld mourut à la Haye le 8 août 1694, et fut enterré à Bruxelles dans un faubourg. Boileau excuse ici ses torts parce qu'il était attaché lui-même à la secte des jansénistes.

(2) Ce M. Hamon fut beaucoup plus célèbre par son attachement à Port-Royal que par son titre de médecin.

Fit son unique volupté
Des travaux de la pénitence.

Vers pour mettre au bas du portrait de M. Racine.

Du théâtre français l'honneur et la merveille,
Il sut ressusciter Sophocle en ses écrits;
Et, dans l'art d'enchanter les cœurs et les esprits,
Surpasser Euripide, et balancer Corneille.

SUR MON PORTRAIT.

M. le Verrier, mon illustre ami, ayant fait graver mon portrait par Drevet, célèbre graveur, fit mettre au bas de ce portrait quatre vers où l'on me fait ainsi parler :

Au joug de la raison asservissant la rime,
Et, même en imitant, toujours original,
J'ai su dans mes écrits, docte, enjoué, sublime,
Rassembler en moi Perse, Horace et Juvénal.

A quoi j'ai répondu par ces vers :

Oui, le Verrier, c'est là mon fidèle portrait;
Et le graveur, en chaque trait,
A su très-finement tracer sur mon visage
De tout faux bel esprit l'ennemi redouté.
Mais, dans les vers pompeux qu'au bas de cet ouvrage
Tu me fais prononcer avec tant de fierté,
D'un ami de la vérité,
Qui peut reconnaître l'image!

Pour un autre portrait du même.

Ne cherchez point comment s'appelle
L'écrivain peint dans ce tableau :
A l'air dont il regarde et montre la Pucelle,
Qui ne reconnaîtrait Boileau?

ers pour mettre au bas d'une méchante gravure qu'on a faite de moi.

u célèbre Boileau tu vois ici l'image.
uoi! c'est là, diras-tu, ce critique achevé?
'où vient le noir chagrin qu'on lit sur son visage?
C'est de se voir si mal gravé.

Sur le buste de marbre qu'a fait de moi M. Girardon, premier sculpteur du roi.

Grâce au Phidias de notre âge,
Me voilà sûr de vivre autant que l'univers :
Et, ne connût-on plus ni mon nom ni mes vers,
Dans ce marbre fameux taillé sur mon visage,
De Girardon toujours on vantera l'ouvrage.

On verra peut-être ici avec plaisir quatre vers latins que l'abbé Boileau fit pour être placés sous le portrait de son père, gravé par le célèbre Nanteuil.

Desine flere tuum, proles numerosa, parentem
Quem rapuit votis sors inimica tuis.
Ecce tibi audaci scalpro magis œre perennem,
Æmula naturæ reddit amica manus.

FIN.

TABLE

DES PIÈCES CONTENUES DANS CE VOLUME.

SATIRES.

ÉPITRES.

L'ART POÉTIQUE.

LE LUTRIN.

ODES.

ÉPIGRAMMES.

POÉSIES DIVERSES.

www.ingramcontent.com/pod-product-compliance
Ingram Content Group UK Ltd.
Pitfield, Milton Keynes, MK11 3LW, UK
UKHW031833260826
14628UKWH00001B/371

9 782011 862693